复旦政治学评论

FUDAN POLITICAL SCIENCE REVIEW

复旦政治学评论
FUDAN POLITICAL SCIENCE REVIEW
复旦大学国际关系与公共事务学院
中文社会科学索引（CSSCI）来源

主　编：陈明明
学术委员会（以姓氏或首字音序排序）

曹沛霖	复旦大学
陈　峰	香港浸会大学
国分良成	日本庆应义塾大学
何包钢	澳大利亚迪肯大学
肖　滨	中山大学
景跃进	清华大学
林尚立	复旦大学
牛铭实	美国杜克大学
孙关宏	复旦大学
王绍光	香港中文大学
徐湘林	北京大学

编辑委员会（以姓氏或首字音序排序）

包刚升　陈云　陈明明　陈周旺　郭定平　洪涛
李辉　林涓　刘春荣　刘建军　邱柏生　任军锋
桑玉成　熊易寒　臧志军

百年政治学与中国政治学自主知识体系的建构

复旦政治学评论

复旦大学出版社

目　录

纪念复旦政治学科100年

关于中国特色社会主义制度理论研究的几个基本问题
………………………………………… 林尚立　　3
中国政治学自主知识体系的十论 ……… 苏长和　 31
"事"与"治事"：政府治理的行动结构 ……… 李瑞昌　 61
复旦大学政治学科的百年传承与学术品格 …… 郭定平　 83
孙寒冰的政治学研究
　　——兼论早期复旦大学教学培养方式与政治学系的发展
………………………………………… 束　赟　 110

中国政治

社会治理专业化何以可能：以社会组织参与社区治理为
　考察对象 ………………………… 宋道雷　 143
父母教养行为如何影响个体的政治效能感
………………………… 余泓波　苗红娜　 172

马克思主义研究

马克思政治概念的重新理解
——一项基于历史存在论的初步研究 ············ 张 磊 199

政治理论

初论现代欧美尚贤民主观 ············ 由 迪 贝淡宁 229

比较政治

**历史遗产、民族国家与族群冲突：缅甸"罗兴亚问题"的内在
历史政治逻辑** ············ 陈 宇 261

**地区议价能力、政党地区策略与地区性政党的选举表现：基于
英国三个地区性政党的比较分析** ······ 李小丹 何俊志 295

中国政治史

国家兴衰的精英基础
——精英吸纳、精英网络与魏、蜀、吴三国国家构建的不同命运
············ 黄 晨 杨端程 333

Contents

Fundamental Issues in the Theoretical Research
of the Socialist System with Chinese Characteristics ············ 29

Ten Reflections on the Construction of Knowledge
System of Politics in China ·································· 60

Affairs and Governing the Public Affairs: The Action
Structure of Government Governance ···························· 81

The Centenary Developments and Academic Characteristics
of Political Science in Fudan University ······················ 109

Sun Hanbing's Research on Political Science: An Additionally
Discussion on the Early Pedagogical Methods and Development
of the Department of Political Science at Fudan University
·· 139

How Is the Specialization of Social Governance Possible:
Taking the Participation of Social Organizations in
Community Governance as an Example ···························· 170

How Parenting Behaviors Affect Individuals' Political Efficacy:
Experience from a Survey of Freshmen at Six Universities in

the S Province ········· 194

A New Understanding of Marx's Political Concepts: A Preliminary Study Based on Historical Ontology ········· 225

A Preliminary Discussion on Modern European and American Views of Meritocratic Democracy ········· 258

Historical Heritage, Nation-State and Ethnic Conflict: the Historical and Political Logic in Myanmar's "Rohingya Issue" ········· 293

Regional Bargaining Power, Party Regional Strategies and Regionalist Party's Performance: A Comparative Analysis of Three Regionalist Parties in the UK ········· 328

The Elite Foundation for the Rise and Fall of Nations: Elite Recruitment, Elite Network, and the Different State Buildings of Wei, Shu and Wu ········· 369

纪念复旦政治学科 100 年

关于中国特色社会主义制度理论研究的几个基本问题

林尚立

［内容提要］ 中国特色社会主义制度是马克思主义原理同中国实际相结合、社会主义文明同中华文明相结合的产物。中国特色社会主义制度植根于中国大地,代表了中华文明发展的新境界,代表了社会主义文明建设的新高度,是人类制度文明史上的伟大创造,蕴含了深刻的历史逻辑、理论逻辑和实践逻辑。从理论上揭示中国特色社会主义制度的机理,是中国社会科学知识体系自主性建构的重要任务,也是当代中国社会科学发展和繁荣的必要基础。

［关键词］ 马克思主义;中华文明;制度机理;人民民主;自我完善

中国特色社会主义制度,代表了社会主义在人类文明发展中的新高度,代表了中华文明在长期历史演进中发展的新境界,是人类制度文明史上划时代的伟大创造。习近平总书记指出:中国特色社会主义制度是"以马克思主义为指导、植根中国大地、具有深厚中华文化根基、深得人民拥护的制度和治理体系"。①

中国是拥有5 000多年文明史的文明大国,是东方文明的代表;同时,中国又是成功进行社会主义现代化建设的大国,是社会主义文明的代表。中国特色社会主义制度文明作为人类制度文明

---

① 习近平:《坚持和完善中国特色社会主义制度 推进国家治理体系和治理能力现代化》,《求是》2020年第1期。

史上的伟大创造,是在积极吸收和消化包括5 000多年中华文明在内的人类一切文明成果基础上形成和发展的,内在地蕴含深刻历史逻辑、理论逻辑和实践逻辑,拥有既属于自己,也属人类制度文明的学术体系、理论体系和话语体系,需要我国哲学社会科学界从理论和学理性上揭示其内在逻辑、呈现其完整体系。这是21世纪中国哲学社会科学繁荣发展的光荣使命和崇高责任。中国哲学社会科学理应在这最具自主性、创造性、世界性的学术探索和研究中,以成功构筑中国制度建设理论的学术体系、理论体系、话语体系的昂扬姿态,真正走向世界。

一、中国特色社会主义制度的理论基础是马克思主义

全世界已有公认,到目前为止,对资本主义社会运动规律、对人类社会发展规律研究最系统、分析最深刻、把握最科学的,当属马克思以及马克思主义。习近平总书记指出:"从《共产党宣言》发表到今天,170年过去了,人类社会发生了翻天覆地的变化,但马克思主义所阐述的一般原理整个来说仍然是完全正确的。我们要坚持和运用辩证唯物主义和历史唯物主义的世界观和方法论,坚持和运用马克思主义立场、观点、方法,坚持和运用马克思主义关于世界的物质性及其发展规律,关于人类社会发展的自然性、历史性及其相关规律,关于人的解放和自由全面发展的规律,关于认识的本质及其发展规律等原理,坚持和运用马克思主义的实践观、群众观、阶级观、发展观、矛盾观,真正把马克思主义这个看家本领学精悟透用好。"①中国特色社会主义制度的理论基础是马克思主

---

① 习近平:《坚持用马克思主义及其中国化创新理论武装全党》,《求是》2021年第22期。

义,只有像习近平总书记说的那样"真正把马克思主义这个看家本领学精悟透用好"①,我们才能科学地构筑起中国特色社会主义制度理论体系。

马克思从研究古希腊哲学起步,从法学、历史学进入政治经济学,从现代追溯到古代,从西方跨越到东方,以其科学的方法、宏大的视野、缜密的观察,独创性地探索实现人类解放的道路。因此,要在人类社会发展规律和整个人类文明体系中,把握不同文明的关系、探究资本主义制度文明和社会主义制度文明的本质差别,就必须坚持以马克思主义为指导,充分挖掘"马克思在他所研究的每一个领域"都有的"独到的发现",从而更全面系统地用马克思主义的立场、观点和方法把握中国特色社会主义制度的内在逻辑和科学体系,为构筑中国特色社会主义制度理论研究的学术体系、理论体系和话语体系,提供科学的理论基础和有说服力的学理支撑。

作为一种制度文明的中国特色社会主义制度,既是马克思主义基本原理同中国实际相结合的产物,同时也是科学社会主义所奠定的社会主义文明,同 5 000 多年中华文明相结合的产物。因此,科学把握中国特色社会主义制度理论,需要同时在两个维度上展开。一个维度是我们常用常新的马克思主义基本原理同中国实际相结合的维度;另一个维度是社会主义文明和中华文明相结合的维度。前一个维度,是中国共产党人的伟大创造,是马克思主义中国化的成功之路;后一个维度,源于马克思晚年最具创造性的科学探索,是马克思从历史哲学上为非西方国家展望的通往社会主义社会的新路。

为了全面揭示人类社会发展规律,马克思晚年把研究重心转向了史前社会和东方社会。他在大量人类学笔记基础上形成了两

---

① 习近平:《坚持用马克思主义及其中国化创新理论武装全党》,《求是》2021年第22期。

个重大理论成果：一是从原始共产主义中找到人类迈向共产主义社会的人类学依据，认为共产主义社会将是原始共产主义在高级形式下的复活；二是论证了俄国可把实行土地共有的农村公社，作为迈向未来社会主义社会的"直接出发点"，而不必"通过资本主义制度的卡夫丁峡谷"。① 这两个在丰富发展马克思唯物史观基础上形成的重大理论成果，打通了没有经历过资本主义发展阶段的非西方国家，可以直接探索迈向社会主义社会的道路。马克思打通这条道路的理论工程，除了对史前社会和东方社会的人类学考察之外，就是对资本主义社会形态内在局限性的科学研究和精准把握。

马克思认为，俄国之所以可以把农村公社作为通向社会主义社会的直接出发点，乃是因为那时的俄国正处于资本主义统治世界的时代，完全可通过直接吸收资本主义时代人类创造的一切文明成果，进而迈向社会主义，而不必先经历发展资本主义这个中间环节。这样，俄国就既抓住了"历史所能提供给一个民族的最好的机会"，又避免了"遭受资本主义制度所带来的一切灾难性的波折"。② 在马克思看来，资本主义对俄国来说并不是其历史发展的必然。马克思指出，虽然资本主义已统治了世界，但迈向资本主义的"历史必然性"，不必然是对全人类而言的，它是被"明确地限制在西欧各国的范围内"的。③ 换言之，资本主义社会虽然是人类社会发展的必然阶段，但不必然是世界各国、各民族发展必经的历史阶段；相反，随着资本主义把各国、各民族联系成世界，资本主义却为各国、各民族共同迈向共产主义提供了现实基础、创造了历史必然。

马克思是"发现了现代资本主义生产方式和它所产生的资产

---

① 《马克思恩格斯选集》第3卷，人民出版社，2012年，第830页。
② 同上书，第728页。
③ 同上书，第820页。

阶级社会的特殊的运动规律"的伟大思想家①，凭借对西欧的资本主义形成发展过程和规律的深刻把握，马克思认为西欧资本主义发展道路，并不是世界各国都要遵循的一般发展道路。马克思明确指出，那些"把我关于西欧资本主义起源的历史概述彻底变成一般发展道路的历史哲学理论，一切民族，不管它们所处的历史环境如何，都注定要走这条道路"的做法，既"会给我过多的荣誉，同时也会给我过多的侮辱"。②因为，"在资本主义制度的基础上，生产者和生产资料彻底分离了……全部过程的基础是对农民的剥夺。这种剥夺只是在英国才彻底完成了……但是，西欧的其他一切国家都正在经历着同样的运动"。③"可见，这一运动的'历史必然性'明确地限制在西欧各国。"④"在这种西方的运动中，问题是把一种私有制形式变为另一种私有制形式"，而如果要求像俄国这样存在农村公社的社会也进行这种运动，那就是"要把他们的公有制变为私有制"。⑤

马克思基于对这些问题的深刻分析，形成了两个"放之四海而皆准"的重要结论：一是资本主义不是世界各国社会发展的历史必然，因而，资本主义制度也不是世界各国都要实行的制度；二是非西方国家可将从古代社会延续下来的、具有未来意义的社会基础作为起点，通过积极吸收资本主义时代人类创造的一切文明成果，直接迈向比资本主义更高形态的社会主义社会。马克思还特别强调，在这方面"不应该过分地害怕'古代'一词"。⑥马克思的这两个重要结论，虽然不是在分析中国社会的历史发展中得出的，但却为我们研究根植5 000多年中华文明的中国特色社会主

---

① 《马克思恩格斯选集》第3卷，人民出版社，2012年，第1002页。
② 同上书，第730页。
③ 《马克思恩格斯全集》第43卷，人民出版社，2017年，第769—771页。
④ 《马克思恩格斯选集》第3卷，人民出版社，2012年，第833页。
⑤ 同上。
⑥ 同上书，第822页。

义制度,提供了十分重要的指导思想、科学理论和实践探索的逻辑起点。

以上的历史回顾和理论溯源启示我们:研究中国特色社会主义制度理论,既不能离开马克思主义理论,也不能把马克思主义理论简单化、概念化。我们需要深入马克思主义思想体系、理论体系、学术体系的所有"真理"的颗粒之中,进行全面挖掘、系统整理,唯有下这样的深功夫,才能在马克思主义理论的基础上构建起中国特色社会主义制度理论。舍此之外,别无他途。

二、中国特色社会主义制度的历史逻辑起点在中华文明

中国特色社会主义制度是在中国历史发展中形成的,具有深厚的历史底蕴。习近平总书记指出,"在几千年的历史演进中,中华民族创造了灿烂的古代文明,形成了关于国家制度和国家治理的丰富思想","形成了一套包括朝廷制度、郡县制度、土地制度、税赋制度、科举制度、监察制度、军事制度等各方面制度在内的国家制度和国家治理体系"。① 中国特色社会主义制度的历史逻辑起点就在这具有悠久历史的中华文明之中。

马克思说过,"历史是认真的"。② 每一个创造了文明历史的民族,都是从古代走来的,不同的发展历史铸就了不同的文明。中华文明和西方文明发生于不同地域,从不同的历史逻辑起点出发,都各自创造了既属于自己、同时也属于人类的文明发展"轴心时代",各自都形成了独立完整的文明体系。从古希腊走来的西方文

---

① 习近平:《坚持和完善中国特色社会主义制度 推进国家治理体系和治理能力现代化》,《求是》2020年第1期。
② 《马克思恩格斯选集》第1卷,人民出版社,2012年,第6页。

明,在自己创造的资本主义时代走向世界,影响了整个人类社会;从夏商周走来的中华文明,开创了诸子百家的"轴心时代",打造了维系 2 000 年的大一统国家格局,成功跨过"资本主义制度的卡夫丁峡谷",迈入社会主义社会,"成为人类历史上唯一一个绵延 5 000 多年至今未曾中断的灿烂文明"。① 西方文明的发展产生了资本主义社会,确立了资本主义制度,而中华文明却根本没有这方面的基因。

恩格斯早在《家庭、私有制和国家起源》中指出,"国家是文明社会的概括"②,一个民族从野蛮时代迈入文明时代的重要标志,就是氏族社会被国家所代替。马克思和恩格斯认为,从人类学上讲,原始社会是各民族共同经历的最初社会形态,在不同的自然条件下,各民族在生产实践中形成了不同的生产方式、生活方式和交往方式,从而形成了不同的社会结构、社会组织,这决定了各民族走出原始社会并建立国家的形式是不同的。恩格斯认为,西方社会至少有雅典、罗马和德意志三种国家起源形式。而马克思在研究东方社会的科学发现则表明,恩格斯总结的这三种形式,能够说明西方、不能说明东方,因为由这三种形式产生的西方国家,都是在私有制的发展使原始社会陷入严重阶级对立、并最终走向解体的基础上形成的,而东方社会直到 19 世纪依然保留着以土地公有为基础的农村公社。换言之,东方国家不是建立在因私有制和阶级对抗而解体的原始社会废墟之上的,相反,是建立在从氏族公社演变而来的农村公社基础上的。因此,马克思认为西方的资本主义是"一种私有制形式变为另一种私有制形式"的产物③,而东方

---

① 习近平:《在庆祝改革开放 40 周年大会上的讲话》,《人民日报》2018 年 12 月 19 日,第 2 版。
② 《马克思恩格斯选集》第 4 卷,人民出版社,2012 年,第 193 页。
③ 同上书,第 821 页。

社会"一旦倒进资本主义制度的怀抱"①,就是从公有制变成私有制;如果这样,东方社会就不是离社会主义越来越近了,而是越来越远了。

由于东方社会没有产生土地私有制,恩格斯认为,"在这样的地方,国家政权便以专制政体的形式出现"。② 相反,从私有制和阶级对立中起源的西方各国,根据私有制所决定的社会阶级结构和对立状况的差异,形成了不同政体。这也就解释了古希腊是一种城邦,而中国春秋战国各诸侯国都统一实行君主专制政体的缘由所在。可见,从东西方各自迈进国家门槛的那时起,各自的制度文明就走上了不同发展道路,创造了两种不同的政治文明。

《共产党宣言》指出:"现代资产阶级本身是一个长期发展过程的产物,是生产方式和交换方式的一系列变革的产物。"③这个"长期发展过程",就是从古希腊产生国家以来的过程;这个"一系列变革"就是导致西方原始社会解体的私有制的一系列变革和发展。就"现代的资产阶级私有制是建立在阶级对立上面、建立在一些人对另一些人的剥削"而言④,资产阶级私有制同古希腊奴隶主私有制仅有形式上的差异,而无本质上的区别。因此,西方文明与生俱来地拥有产生资本主义的土壤,资本主义是其发展的历史必然。

但在中华文明中,在"普天下之,莫非王土;率土之滨,莫非王臣"的古老神圣原则之下,古代中国社会一直是由国家掌握所有土地,即使秦之后历代王朝都不同程度出现了土地可以兼并买卖的土地私有倾向,也没有根本改变"普天之下,莫非王土"的土地所有属性。因此,中华文明无论如何也不可能产生出以发达私有制为基础的资本主义。中国共产党正是因为清楚地认识到这一点,所

---

① 《马克思恩格斯选集》第4卷,人民出版社,2012年,第730页。
② 《马克思恩格斯全集》第25卷,人民出版社,2001年,第259页。
③ 《马克思恩格斯选集》第1卷,人民出版社,2012年,第402页。
④ 同上书,第414页。

以对中国社会性质早就作出了科学判断:"中国过去三千年来的社会是封建社会"①,1840年的鸦片战争之后的社会是半殖民地半封建的社会,而不是资本主义社会。毛泽东同志说:"认清中国社会的性质,就是说,认清中国的国情,乃是认清一切革命问题的基本的根据。"②中国的革命道路就是在这样的认识论基础上探索出来的。这条道路不仅明确了中国革命的对象、任务、动力和性质,而且明确了革命的前途和路径,即先完成由中国共产党领导的"资产阶级民主主义性质的革命",即新民主主义的革命,"并准备在一切必要条件具备的时候把它转变到社会主义革命的阶段上去"。③

正是基于对中国社会性质的科学把握,中国共产党在革命年代就准确定位了革命胜利之后中国国家政权组织形式,为此后形成的中国特色社会主义制度规定了形态、奠定了基础。1940年,毛泽东同志在《新民主主义论》中明确指出,中国的社会性质和阶级结构,决定了新民主主义革命成功后建立的共和国,既不是资产阶级专政共和国,也不是苏联式的无产阶级专政共和国,"只能是在无产阶级领导下的一切反帝反封建的人们联合专政的民主共和国"④,国体是各革命阶级联合专政,政体是民主集中制。

以上的历史回顾和理论溯源启迪我们:中华文明特别是中华制度文明,从来就没有产生资本主义制度的基因,但它却为中国特色社会主义制度在我国的确立和发展,提供了历史逻辑起点,也为根植中国社会的中国特色社会主义制度成长、发展和完善提供了丰厚的历史和文化基础。

---

① 《毛泽东选集》第2卷,人民出版社,1991年,第626页。
② 同上书,第633页。
③ 同上书,第651页。
④ 同上书,第675页。

三、中国特色社会主义制度高度契合中华文明发展

2014年4月,习近平总书记访问西方文明的发源地——欧洲,在布鲁日欧洲学院的演讲中说道:"在世界几大古代文明中,中华文明是没有中断、延续发展至今的文明,已经有五千多年历史了。"①对于延续5 000多年至今未曾中断的中华文明来说,中国特色社会主义制度,既是其历经几千年发展至今的最新文明成果,也是其继续迈向更加辉煌未来的根本保证。历史和现实都表明,中国特色社会主义制度高度契合中华文明发展。

中西文明都拥有丰富的制度文明成就,但两者的侧重点有所不同,西方文明侧重政体的制度安排,中华文明则侧重治理的制度安排。政体的制度安排,即政治制度,解决的是国家权力的配置和组织;而治理制度安排解决的是国家治理的组织和运行。政治制度安排虽然决定治理体系和方式,但它不能决定治理的好坏,古希腊城邦各种政体,都因治理问题而发生兵变的事实充分说明了这一点。而贯穿几千年中国古代历史的政治制度,就是君主专制政体。在"百代都行秦政法"的一贯制下,中华民族创造了十分发达的关于国家治理的制度体系,使地域广阔、人口众多、民族多元的中华大地,在几千年时间里始终保持着大一统的格局,创造了人类文明发展史上独一无二的国家治理奇迹。

不论西方文明,还是中华文明,其形成和发展的过程都是制度和文明相互塑造、相互促进的过程,因此,西方制度有西方文明的规定性,中国制度同样有中华文明的规定性。虽然现代西方制度在建构原则、组织形态和运行方式上完全不同于古希腊城邦制度,

---

① 《习近平外交演讲集》第1卷,中央文献出版社,2022年,第125页。

但是两个时代的西方制度所秉承的文明规定性却是共同的,即都是把权利和权力的制度性安排作为制度建构的轴心。反观中华文明,先秦前后的制度有很大差异,秦前是周制,秦后是秦制,但秉承的制度文明规定性却是相同的,都是围绕安民和平天下这对关系来安排国家治理的制度体系。

文明是制度合理性和有效性的基础;而制度则是文明延续和发展的保证。一旦制度和文明相互背离,制度会颓败,文明也会消亡。西方文艺复兴在实现人和神分离的同时,也实现了现代制度和西方文明传统的合体。由西方列强入侵导致的近代中国"体用危机",实质上就是制度失效、文明失范所带来的危机。为了挽救民族危亡,人们开始学习西方,想用西方的那套制度来改造中国,延续中华文明。第一次实验是以"中体西用"方式进行的,指望通过学习西方,改革传统君主专制,搞君主立宪制;第二次实验是以"西体中用"方式进行的,辛亥革命推翻封建统治后,搞全盘西化,在"揖美追欧,旧邦新造"的中华民国国歌声中,引进欧美制度,在中国搞资本主义。两次实验,虽然在两种社会状态下进行、由两种力量承担、用两种方式进行,但都以失败告终。这足以说明:一个社会实行什么样的制度,不是人的主观意志所能决定的,根本上还是决定于特定的社会、历史和文化,决定于社会发展的内在规律,决定于社会发展所处的时代潮流。

新中国成立前夕,毛泽东同志在就新中国的国家制度发表的重要文章——《论人民民主专政》中,对中国选择社会主义制度的历史逻辑,给出了一个三段论式的分析:其一,"自从一八四〇年鸦片战争失败那时起,先进的中国人,经过千辛万苦,向西方国家寻找真理"。其二,"中国人向西方学得很不少,但是行不通,理想总是不能实现",不仅如此,西方这位"先生"还老是"侵略学生",从而"打破了中国人民学西方的迷梦"。其三,"中国人找到了马克思列宁主义这个放之四海而皆准的普遍真理,中国的面目就起了变化"。① 这个三段论式的分析,合乎逻辑地解释了中国选择社会主义制度的历史必然性。

一是中国人民选择社会主义的历史必然。首先,近代中国在实践资本主义遭遇破产的同时,自由资本主义也在世界范围面临各种危机,用社会主义挽救资本主义危机是那个时代的必然选择,而用社会主义挽救中华民族危亡则是现代中国人民的唯一选择。其次,社会主义革命在俄国这样的大国取得成功,不仅给中国,而且给世界带来了前所未有的新希望、新方向和新路径。十月革命的成功,一方面给中国人民带来了马克思列宁主义,使中国人民有了科学认识世界、把握世界和改造社会的思想理论武器;另一方面也给中国人民带来一个全新的希望和选择,从而唤醒在黑暗中摸索的全体中国人民,使"中国人在精神上就由被动转入主动"。② 如同理论一经掌握群众,就会变成物质力量一样;实践一旦转为自觉和主动,就会成为强大的社会运动。

二是中华文明趋向社会主义的历史必然。中华文明对中国制度形成了两大文明规定性:一是安民,"人者,天地之心也","民者,国之基也",人民为中华文明之魂,安民为中华制度之本。二是平天下,近则"天下一家",远则"天下大同",其基础就是确保中华民族和中华大地始终延续在"大一统"的格局之中。"大一统者,天地之常经,古今之通谊也。"③因此,当近代中国陷入全面危机、中华民族遭受前所未有苦难的时候,中华文明要保存、要延续,就自然而然地倾向能够实现人民解放、维系国家统一的社会主义制度。中国人试验过的所有理论和实践都表明,在价值上同中华文明难以契合的资本主义制度,在实践上也实现不了中华民族千古不变的人民本位和国家一统的政治理想,因此它才会被中国人民"弃之如敝履"。

---

① 《毛泽东选集》第 4 卷,人民出版社,1991 年,第 1469—1470 页。
② 同上书,第 1516 页。
③ 班固:《汉书·董仲舒传》,中华书局,2005 年,第 1918 页。

历史和实践表明,中华民族不论在古代,还是在当代,都能够从中华文明的规定性出发,创造确保中华文明繁荣发展的有效制度。中国特色社会主义制度创造了世所罕见的经济快速发展和社会长期稳定这两大奇迹,使中华民族迎来了从站起来、富起来到强起来的伟大飞跃。中华5 000多年文明奠定了中国特色社会主义制度的文明根基,而中国特色社会主义制度在新时代则延续和发展了中华文明、并推动其迈向伟大复兴。

四、中国特色社会主义制度的制度机理自成体系

人民代表大会制度是我国的根本政治制度,是党和人民的伟大创造。在庆祝全国人民代表大会成立六十周年大会上,习近平总书记道出了我国政治制度的成功秘诀:这就是立足自己的历史和现实,把制度的根牢牢扎在中国大地上,自主创造制度,使制度自成体系。他深刻指出:"设计和发展国家政治制度,必须注重历史和现实、理论和实践、形式和内容有机统一。要坚持从国情出发、从实际出发,既要把握长期形成的历史传承,又要把握走过的发展道路、积累的政治经验、形成的政治原则,还要把握现实要求、着眼解决现实问题,不能割断历史,不能想象突然就搬来一座政治制度上的'飞来峰'。""在政治制度上,看到别的国家有而我们没有就简单认为有欠缺,要搬过来;或者,看到我们有而别的国家没有就简单认为是多余的,要去除掉。这两种观点都是简单化的、片面的,因而都是不正确的。""只有扎根本国土壤、汲取充沛养分的制度,才最可靠、也最管用。"[①]我们今天之所以有强大的制度自信底

---

① 习近平:《在庆祝全国人民代表大会成立60周年大会上的讲话》(2014年9月5日),载中共中央文献研究室编:《十八大以来重要文献选编》(中),中央文献出版社,2016年,第15—16页。

气,就在于中国特色社会主义制度是自成体系的制度。

资本主义制度是西方文明的集中体现,是实现资本统治,维护资产阶级利益的制度,正如《共产党宣言》所阐明的:"现代的国家政权不过是管理整个资产阶级的共同事务的委员会罢了。"①西方制度的阶级属性,足以表明中西制度的巨大差异。但是,从制度文明上来把握中西制度的差异,还需要深入制度的机理之中。纵观古今,根植于中国社会的中国特色社会主义制度在机理上同西方制度完全不同,它属于原创、首创和独创,并且完全自成体系。

第一,制度生成机理。从人类文明发展史来看,西方制度是随着私有制的出现而出现、并随着私有制演变而发展的;中国制度文明是在土地国家所有的基础上生成;当代中国特色社会主义制度建立在社会主义公有制基础之上。

从中国特色社会主义制度和西方资本主义制度的历史逻辑前提来看,我国是以人民大众的解放为前提、以人民当家作主为基础;而西方则是以个体解放为前提,以利己的个人自由为基础。马克思认为,资产阶级革命所带来的政治解放一方面把人"变成利己的、独立的个人,另一方面把人变成公民,变成法人"。② 西方的资本主义制度,就是在利己个人构成的市民社会和法人公民构成的公民社会基础上形成的,市民社会和公民社会,只是资本主义社会的不同表现形式,本质上都是原子化的、利己的个人组成的社会,"人和人之间除了赤裸裸的利害关系,除了冷酷无情的'现金交易',就再也没有任何别的联系了"。③

这种制度生成机理的差异,就像自然界中栽什么种子开什么花、结什么果一样。

---

① 《马克思恩格斯选集》第 1 卷,人民出版社,2012 年,第 402 页。
② 《马克思恩格斯全集》第 3 卷,人民出版社,2012 年,第 189 页。
③ 《马克思恩格斯选集》第 1 卷,人民出版社,2012 年,第 403 页。

第二,制度功能机理。恩格斯从西方国家起源中得出国家是阶级矛盾不可调和的产物、是调和阶级对抗的第三种力量、超越于社会之上的结论。因此,任何阶级为了掌握国家权力,都要把自己说成全社会的代表,并试图在实践中让国家扮演相对自主性的角色。

然而,在中国,不论是古代国家制度,还是当代中国特色社会主义制度,其核心功能都是确保国家秩序和社会发展的统一,实现国泰民安的有效治理。这个国家秩序不是生成于不可调和的阶级对抗,而是生成于社会有机体的自身运行和发展,在中国特色社会主义社会条件下,生成于不断解放和发展社会生产力、解放和发展社会活力的社会运行之中。

第三,制度设计机理。一是中西制度设计的逻辑起点不同。德国社会学家斐迪南·滕尼斯(Ferdinand Tönnies)针对西方资本主义社会,从社会哲学的角度,把"社会"同"共同体"区别开来,认为"在共同体里,尽管有种种的分离,仍然保持着结合;在社会里,尽管有种种的结合,仍然保持着分离"。① 这样的"社会",就是马克思讲的资产阶级的市民社会。因此,西方制度设计的逻辑起点是利己的个人;而中国制度设计的逻辑起点是民族共同体、命运共同体的人民,即以全体人民、以中华民族为逻辑起点。

二是中西制度设计的理论体系不同。理论体系的差异,除了与逻辑起点不同有关之外,还与理论本身的逻辑不同有关。在西方理论体系中,作为西方制度逻辑起点的个人,不是现实的人,而是抽象的人,具体来说,就是把每个个体都抽象为一种理性人,由理性人凭借"天赋人权"签订"社会契约"组成国家,为了保证个人

---

① [德]斐迪南·滕尼斯:《共同体与社会》,林远荣译,商务印书馆,1999年,第95页。

自由，按三权分立制衡原则安排国家制度。于是，西方制度的合理性不是来自现实社会的合理要求，而是来自理性人的绝对理性。而马克思主义理论是直接把国家制度确立在人的实践活动基础上，强调生产力决定生产关系，经济基础决定上层建筑，国家制度在社会发展中形成并保障和推动社会发展，它不是永恒的，而是必须随社会发展而发展，社会主义制度都是着眼于实现人和社会全面发展的制度。

第四，制度结构机理。西方制度具有内在的分散性：一是由阶级冲突导致的分散性，如多党政治；二是由社会和国家二元分化导致的分散性，正如即使强调中央集权的美国和英国，至今都时时面临着因地方保留其固有权力而产生种种离心力；三是由个人权利和国家利益紧张导致的分散性，如国家权力部门受利益集团左右而产生的相互冲突。

中国的制度从古至今，都与西方制度不同，都主张要保持内在的整体性。一是由共同体的有机性带来的整体性，即国家是统一的有机整体，不是部分凑合的整体。孙中山先生认为，美国搞联邦制是从分散走向集中，但中国如果也搞联邦制，那就是从集中走向分散。因为，几千年大一统的中国社会，历来是整体性存在的社会。二是由民为邦本带来的整体性。民为邦本是中华民族千古不变的信念；以人民为中心是中国共产党人心目中几代人毫不动摇的宗旨，由此决定了国家权力不能归属于任何特殊社会利益集团，而必须永远属于全体人民。三是由国家和社会一体带来的整体性。在我国，国家和社会从古至今都保持相互依存、相互决定的关系，国家不是超越社会的力量。马克思从巴黎公社实践中发现的"社会共和国"，就是要把由资产阶级掌握的国家重新收回到全体人民手中，使之回归社会，不再是资产阶级统治的工具，而是联合起来的社会劳动者用于实现社会整体利益的工具。因此，在中国特色社会主义制度下，我国的国家同社会是有机统一的。

第五,制度动力机理。在西方文明中,从当年的资产阶级启蒙思想家到当今提出"历史终结论"的福山(Francis Fukuyama),都秉承着一个不变的理念,即西方价值是普世的真理、西方制度是永恒的制度。对此,恩格斯曾尖锐地批判说:被视为体现"永恒的真理"和"永恒的正义"的"理性的王国不过是资产阶级的理想化的王国"①;恩格斯还认为,法国大革命后出现的反革命恐怖和拿破仑专制充分说明,"当法国革命把这个理性的社会和这个理性的国家实现了的时候,新制度就表明,不论它较之旧制度如何合理,却绝不是绝对合乎理性的。理性的国家完全破产了"。② 事实表明,西方制度在自我神圣化中逐渐失去了内在发展动力。

相反,中国特色社会主义理论始终认为,社会主义制度是先进的、并非终极的制度,它是随着经济和社会发展而发展的,是在为实现人类解放而奋斗中不断吸收一切人类文明优秀成果,与时俱进地完善和发展自身的。因此,中国特色社会主义制度是不懈追求自我发展和自我完善的制度,是面向人类、面向世界、面向未来的制度,将始终在推动社会发展和进步中实现自我发展和自我完善。

五、中国特色社会主义制度的理论内核是人民民主

习近平总书记指出:"人民民主是社会主义的生命。没有民主就没有社会主义,就没有社会主义的现代化,就没有中华民族伟大

---

① 《马克思恩格斯选集》第3卷,人民出版社,2012年,第776页。
② 同上书,第778页。

复兴。"①中国特色社会主义制度之所以具有强大的生命力和显著优越性,就在于"它深深根植于人民之中",具有名实相符的鲜明人民性。习近平总书记指出:"我们国家的名称,我们各级国家机关的名称,都冠以'人民'的称号,这是我们对中国社会主义政权的基本定位。""这一基本定位,什么时候都不能含糊、不能淡化。"②因此,要深刻把握中国特色社会主义制度理论,就必须立足于这个基本定位,紧扣人民民主这个理论内核。

法国思想家孟德斯鸠说过,研究各种政体,不仅要把握政体性质,而且要把握政体原则。政体性质决定政体构成,政体原则决定政体运作。③法国另一位思想家托克维尔(Alexis de Tocqueville)在《论美国的民主》一书中说过,支配美国政治制度的原则是人民主权。④可见,仅仅从制度性质来定性不同制度的差异是远远不够的,还需要考虑制度运行所依凭的制度原则。制度原则既是制度运行的基本规范,同时也是制度完善和发展的基本遵循。我们党的创新理论和实践都表明,只有不断深化对制度原则的理解和把握,才能触及制度理论的内核。

把握制度原则,不是制度概念和信条的简单套用,而是要把握制度原则背后的历史逻辑、理论逻辑和实践逻辑。社会主义理论和制度并不否定人民主权,但不能因此就把社会主义制度坚持的人民民主同托克维尔在美国政治制度中关注到的人民主权简单地等同起来。人民民主和人民主权,从字面上看差距不大,但一旦用于表达具体制度的原则,就会显现本质性的差异。美国的人民主权原则源于天赋人权,而社会主义的人民民主原则,源于无产阶级

---

① 习近平:《在庆祝全国人民代表大会成立60周年大会上的讲话》(2014年9月5日),载中共中央文献研究室编:《十八大以来重要文献选编》(中),中央文献出版社,2016年,第55页。
② 同上书,第12—13页。
③ [法]孟德斯鸠:《论法的精神》,钟书峰译,法律出版社,2020年,第22页。
④ [法]托克维尔:《论美国的民主》,董果良译,商务印书馆,2013年,第68页。

领导的社会主义革命,它是在消除私有制、消除国家的阶级统治属性、人民整体掌握国家权力即人民当家作主基础上形成的。马克思在研究巴黎公社的经验和教训后指出,公社是"可以使劳动在经济上获得解放的政治形式"①,其原则是人民掌握国家权力,国家属于人民,并不再作为统治阶级的工具驾驭社会。一句话,这个原则是表现为中国特色社会主义制度的人民当家作主的人民民主。可见,人民民主原则背后,蕴含的历史逻辑、理论逻辑和实践逻辑都是十分具体的,其所具有的历史感染力和理论说服力是远远大于"社会契约论""天赋人权论"的,关键是要把这个历史逻辑、理论逻辑和实践逻辑体系化地建构起来,形成支撑我们制度的理论体系。

在中国特色社会主义制度形成的历史上,我们党最初设想的共和国是工农共和国;1935年,为了团结一切可以团结的力量反对日本帝国主义,我们党把工农共和国改变为人民共和国。毛泽东同志认为,这种转变不仅有现实的战略需要,而且有现实的政治基础,这就是从长征中走出来的中国共产党,已经真正成为革命统一战线的"中心支柱",成为了人民的"中心力量"。这是历史性的政治论断,从此之后,新中国政治制度的探索和实践,都紧紧围绕着以中国共产党为核心力量的"人民"来展开。毛泽东同志的《新民主主义论》《论联合政府》《论人民民主专政》等著名理论篇章都是立足于"人民"来建构未来国家政治制度的。可见,中国特色社会主义制度理论和实践的逻辑起点就是"人民",人民当家作主是我们整个国家制度的最大原则。坚持党的领导、人民当家作主、依法治国有机统一、发展我国社会主义民主政治,乃是坚持和完善中国特色社会主义制度的内在要求。

在马克思主义理论体系中,"人民"是具有丰富内涵的集合概

---

① 《马克思恩格斯选集》第3卷,人民出版社,2012年,第102页。

念,它既可以指广大劳动者,也可以指广大人民群众;既可以指构成国家的全体人民,也可以指构成人类命运共同体的世界人民。马克思主义主张的人民民主,是建立在剥削阶级作为阶级已经消灭、社会已不存在阶级对抗、国家权力掌握在全体人民手中的社会和政治基础上的。它同西方资产阶级民主的最大区别就在于,国家权力不再是由特定阶级把持,而是真正归属全体人民所有;每个人都切实拥有平等参与政治、掌握国家权力的机会和途径。因此,人民民主既是一种新型的社会形态,也是一种新型的国家形态,进而也是一种新型的制度形态。中国特色社会主义制度就是建立在这样的社会形态和国家形态之上的制度,是一种新型的制度形态。显然,这同以"个体"为中心、以阶级对抗为基础、以阶级统治为本质的资本主义制度具有根本区别,尽管在他们的宪法中也主张国家权力来自人民。

回到中华文化,"人民"由"人"和"民"构成,在中国哲学逻辑中,"人"是天地之心,决定了"民"为邦国之本;人兴,则天地化育世界;民安,则邦国祥和昌盛。因此,在中华文化中,人民民主这个原则和概念也还有许多有价值的内涵可以挖掘和拓展,这也将为中国特色社会主义制度的自我完善和自我发展提供丰富的文化资源和创新空间。

可见,作为制度原则,人民民主在赋予中国特色社会主义制度价值先进性的同时,也赋予了其发展的无限性。人民民主,不是中国特色社会主义制度的一份标签,而是中国特色社会主义制度理论创新和实践创新的一大宝库。因此,理应全面、深入、系统地研究和把握人民民主这个理论内核,并在此基础上,构筑和阐发中国特色社会主义理论体系。只要努力从马克思主义的理论深度、中华文明的文化厚度和人类文明发展的实践广度上,充分挖掘人民民主在中国特色社会主义体系中的理论和实践内涵,我们就一定能为中国特色社会主义制度的理论大厦打下更加坚实的根基。

六、中国特色社会主义制度的实践逻辑是自我完善

中国特色社会主义制度是在党领导人民进行的伟大社会革命中形成和发展起来的。伟大社会革命铸就了中国特色社会主义制度,中国特色社会主义制度也必将随着伟大社会革命的深入而不断自我发展和自我完善。正如习近平总书记所说:"改革开放是坚持和发展中国特色社会主义的必由之路,所以必须始终把改革创新精神贯彻到治国理政各个环节,不断推进我国社会主义制度自我完善和发展。"①自我完善和发展,既是中国共产党的政治优势,也是中国特色社会主义制度的显著优势。习近平总书记认为,这种自我完善和发展不是一时的,它永远在路上,他告诫全党:"我们必须牢记邓小平同志语重心长说过的这段话:'我们搞社会主义才几十年,还处在初级阶段。巩固和发展社会主义制度,还需要一个很长的历史阶段,需要我们几代人、十几代人,甚至几十代人坚持不懈地努力奋斗'。"②这种永不停歇的、持续的自我完善和发展,不仅使中国特色社会主义制度从根本上区别于世界上其他制度,而且将使中国特色社会主义制度成为世界上最先进的制度。

中国共产党自成立以来,就带领人民探索中华民族的复兴之路,谋划新中国新社会之制。中国特色社会主义制度在党领导人民进行革命、建设和改革的长期奋斗中形成和发展,在治党、治国、

---

① 习近平:《紧紧围绕坚持和发展中国特色社会主义 学习宣传贯彻党的十八大精神——在十八届中共中央政治局第一次集体学习时的讲话》(2012年11月17日),载中共中央文献研究室编:《十八大以来重要文献选编》(上),中央文献出版社,2014年,第78页。

② 习近平:《在纪念邓小平同志诞辰110周年座谈会上的讲话》(2014年8月20日),载中共中央文献研究室编:《十八大以来重要文献选编》(中),中央文献出版社,2016年,第49页。

治军的不懈探索中健全和完善,展现出旺盛的生命力和巨大的优越性,成为确保实现中华民族伟大复兴的根本制度保障。中国共产党领导是中国特色社会主义制度的最大优势,人民当家作主是中国特色社会主义制度的最大原则,在不断自我发展中完善是中国特色社会主义制度的最大保障。

中国特色社会主义制度有自身生成、确立和发展的具体历史进程,它同西方国家的社会制度有完全不同的建构逻辑。《共产党宣言》指出:"共产主义革命就是同传统的所有制关系实行最彻底的决裂。""工人革命的第一步就是使无产阶级上升为统治阶级,争得民主。"[1]中国社会主义革命的性质和进程,决定了中国特色社会主义制度有自己的独特建构和发展逻辑:一是社会主义制度是通过革命建立的,即社会主义制度在任何国家都不能从历史上既有的制度中生成,而是要通过人民革命彻底推翻旧制度才得以建立。二是社会主义制度在任何国家都是从创建一种新型的政治制度开始的,以便无产阶级能够独立自主地掌握国家政权并用政权的力量消除私有制,确立社会主义公有制,从而奠定社会主义政治制度的经济基础。

纵观中国特色社会主义制度建设近百年的历程以及社会主义制度本身的建构和发展逻辑,可将迄今为止的中国特色社会主义制度建设历程,概括为三个时期:即建构国家秩序时期、推动全面发展时期和国家治理现代化时期。

第一,建构国家秩序时期的制度建设。革命就是推翻旧世界并建立新世界、颠覆旧秩序并建立新秩序的社会运动。要建立新世界、新秩序,就必须建立新制度,首先是政治制度,因此,革命始终伴随着探索和建构新政治制度的实践展开。近代以来的中国革命,首先登场的是资产阶级民主革命。辛亥革命虽然推翻了封建

---

[1] 《马克思恩格斯选集》第1卷,人民出版社,2012年,第421页。

君主专制统治,"使民主共和国的观念从此深入人心",①但它没有完成资产阶级革命任务。中国革命催生了中国共产党,在中国共产党的领导下,才彻底改变了中国革命的面貌,明确了中国革命的两大任务和两重使命。两大任务"就是对外推翻帝国主义压迫的民族革命和对内推翻封建地主压迫的民主革命"②;两重使命就是完成"资产阶级民主主义性质的革命(新民主主义的革命)和无产阶级社会主义性质的革命"。③ 中国革命的性质、任务和使命,决定了中国共产党在革命中所进行的制度建设,必然是以社会主义为取向和依归,围绕实现民族独立和国家统一的民族革命以及实现人民解放的民主革命这两大新民主主义革命任务来展开。

1939年,毛泽东同志创造性地总结了我们党在中国革命中战胜敌人的三大法宝,即统一战线、武装斗争和党的建设。历史实践表明,这三大法宝引领和保证了中国革命取得成功,同时,这三大法宝的实践运用,则是探索和实践了党领导的新型政治制度。首先,党的领导和党的建设既是探索新型政治制度的根本前提,同时也是探索新型政治制度的首要基础。从建党、建军以及革命成功后建国的历程看,新型政治制度是在建党和建军实践基础上展开的,因此,探索党的建设、加强党对军队的领导以及完善党对政权的领导,一开始就是有机统一的,并贯穿于新型政治制度探索和实践的全过程。因此,在党的领导、人民军队和国家政权这三者关系中的中国特色、中国优势,是在中国革命的历史进程中合乎历史逻辑地塑造的,也是中国革命取得成功的根本经验之所在。其次,统一战线贯穿中国新型政治制度探索和实践全过程,始终是党和人民探索实践新型政治制度的基础和资源所在。建立革命统一战

---

① 中共中央文献研究室编:《毛泽东文艺论集》,中央文献出版社,2002年,第45页。
② 《毛泽东选集》第2卷,人民出版社,1991年,第637页。
③ 同上书,第651页。

线、爱国统一战线,对中国革命来说,关系到革命力量和革命成败;对党的领导来说,关系到党的领导权和领导力;对政权建设来说,关系到政权性质和结构形式;对国家建设来说,关系到人民团结和国家统一。因此,在实践中,统一战线为新型政治制度的探索和实践提供了重要的政治途径、社会基础、运行机制和发展平台,从而长久地、源源不断地赋予中国新型政治制度以最鲜明的中国特色、最鲜活的民主空间。最后,由武装斗争开辟的各革命根据地、抗日根据地,是中国新型政治制度得以确立的基础和舞台。在中国革命发展的各个时期,通过这三大法宝的具体运用和实践,党领导中国人民以及人民军队在不同时期的根据地,进行了一系列党局部掌握的国家政权建设探索和实践,如早期的苏区政权建设实践,陕甘宁边区的政权建设实践,其中,延安十三年的政权建设实践,是最全面、最系统、最成形的,它在治党、治军、建设人民政权、发展经济社会等方面形成的一系列制度创新,为新中国的国家政权建设,提供了极为重要的实践基础和制度样本。

总之,新中国建立时所确立的人民民主专政的国家政治制度,不是天上掉下来的,也不是纸上画出来的,而是党和人民在党的建设、统一战线、武装斗争的实践中实实在在地探索出来的,是在实践中经过反复、比较、总结出来的。因此,中国民主同盟主席张澜在第一届全国政协会议上说:"这个新的政治制度,将不同于世界上任何一个国家的现有制度。"①

社会主义革命的性质和任务决定了无产阶级掌握国家政权之后的第一个任务,就是消灭私有制,建立让人民在经济上获得翻身和解放的社会主义公有制,并用先进的生产关系去解放和发展生产力。为此,新中国成立之后,国家在迅速恢复被战争破坏的经济

---

① 中共中央文献研究室编:《中华人民共和国开国文选》,中央文献出版社,1999年,第305页。

基础之上,很快就启动了社会主义改造,推动形成社会主义所有制。1954年,宪法明确了这项任务:"中华人民共和国依靠国家机关和社会力量,通过社会主义工业化和社会主义改造,保证逐步消灭剥削制度,建立社会主义社会。"①社会主义改造确立了我国社会主义公有制。社会主义公有制以及在其基础上形成的计划经济,为巩固新生的社会主义政治制度提供了必要的经济基础。我国社会主义的基本制度框架由此得以形成。

第二,推动全面发展时期的制度建设。改革开放前,是我国的社会主义的革命建设时期;改革开放后,是我国社会主义的改革发展时期。这两个时期的国家制度建设的侧重点不同:改革开放前,主要围绕着建构社会主义社会应有的国家秩序展开;而改革开放后,则主要围绕着发展社会主义社会展开。具体来说,就是围绕解放和发展社会生产力、解放和增强社会活力这个社会主义的本质要求展开。正如邓小平同志所说的那样,虽然我们建立了社会主义国家,但是社会主义到底是什么、落后国家如何建设社会主义,即使是苏联也没有完全搞清楚。因此,改革开放围绕社会主义本质要求展开的中国特色社会主义制度建设,是我们党领导人民进行的又一次伟大的制度创造。

同上一个时期的制度建设一样,这个时期的制度建设也不是从图纸中得来的,仍然是从实践中逐步探索和摸索出来的。在不断深化经济体制和政治体制以及各方面体制改革的基础上,我们党破除了传统的计划经济体制,创造性地确立了充满生机活力的社会主义市场经济体制,形成了我国社会主义初级阶段的基本经济制度。这对我国乃至世界上社会主义国家制度建设都具有革命性的意义。社会主义市场经济体制的确立,为国家各项制度的创新发展,打开

---

① 中共中央文献研究室编:《建国以来重要文献选编》第五册,中央文献出版社,1993年,第522页。

了一个全新空间,同时也为国家制度的健全和巩固,提供了稳定的经济制度基础。可以说,社会主义市场经济体制,既是这个时期我国制度建设的最大成果,也是这个时期国家制度建设的动力源泉。

发展是解决当代中国所有问题的硬道理。围绕发展而展开的制度建设,事关我国社会主义事业兴衰和国家前途命运。从改革开放伟大革命中走出来的中国特色社会主义道路,除依靠理论创新、实践创新外,就是依靠制度创新。中国特色社会主义制度同中国特色社会主义道路、理论、文化相伴而生,相互促进,有机统一为中国特色社会主义的科学组成部分。这个时期的制度建设为发展中国特色社会主义奠定了一系列重要制度基础。概括起来主要有:社会主义市场经济体制、现代化政府体系、社会主义法律体系、社会主义协商民主、社会主义基层民主、"一国两制"制度、社会保障制度体系以及包括现代企业制度、现代大学制度等一系列现代化发展所需要的基础制度体系。这些制度成果,既展现了党和人民所具有的强大制度建设能力,也展现了中国特色社会主义制度具有的强大自我变革、自我完善能力。实践表明,这两大方面的能力正是中国特色主义制度的活力所在、优势所在。

第三,国家治理现代化时期的制度建设。历史唯物主义表明,社会主义制度承载着不断解放和发展社会生产力的历史使命,它需要始终随生产力的发展而不断发展和完善,因此,社会主义制度的建设和发展只有进行时,没有完成时。如果说革命年代的制度建设,奠定了中国特色社会主义制度的基础框架,那么改革开放历史新时期的制度建设,则启动了中国特色社会主义制度自我完善和发展的机能。就像改革永远在路上一样,中国特色社会主义制度,从此也将成为永不停歇地在自我发展中完善的制度。这是中国特色社会主义制度同今天世界上所有制度的不同之处,也是中国特色社会主义制度必将成为人类制度文明最先进力量的根本所在。

随着中国特色社会主义进入新时代、中国改革开放也进入全面深化改革新时期,中国特色社会主义制度自我发展的建设同时进入了以实现国家治理现代化为目标任务的新时期。国家治理现代化对坚持和完善中国特色社会主义制度提出了全新要求:一是要把党的领导贯穿到国家治理各方面、各领域、各环节,使党的领导制度和国家制度有机协同起来,确保中国特色社会主义制度的整体协调和统一。二是全面建设社会主义法治体系,推动国家制度法制化,国家治理现代化,促进社会公平正义。三是把中国特色社会主义制度的内在优越性充分激发出来、并转化为治理效能,不断完善制度的结构和功能、体系和布局、机制和程序,提高制度治理能力。四是使制度形成对权力的全方位、全过程监督,形成世界上独一无二的自我监督体系。五是围绕国家现代化建设的五位一体总体布局,完善各方面具体制度,强化各方面制度协同,使中国特色社会主义制度成为确保党长期执政、国家长治久安、中华民族长盛不衰的系统化的制度体系。

这个时期是现阶段中国特色社会主义制度自我发展的新周期,从建设社会主义现代化强国、实现中华民族伟大复兴的奋斗目标来看,在这个时期的制度建设之后,还会有新的制度建设使命,因而还会形成又一个制度自我发展的新周期。中国特色社会主义制度必将在这样周期性地与时俱进、持续不断的自我发展中,不断攀上人类制度文明的新高峰,并为推动构建人类命运共同体建设提供中国方案、贡献中国智慧。

Fundamental Issues in the Theoretical Research of the Socialist System with Chinese Characteristics

Shangli LIN

Abstract: The socialist system with Chinese characteristics is a product of the integration of Marxist principles with China's practical conditions and the combination of socialist civilization with Chinese civilization. Rooted deeply in China, this system represents a new realm in the development of Chinese civilization and a new height in the construction of socialist civilization. It is a great creation in the history of human institutional civilization, embodying profound historical logic, theoretical logic, and practical logic. Revealing the mechanisms of the socialist system with Chinese characteristics is a crucial task for the autonomous construction of the knowledge system in Chinese social sciences and a necessary foundation for the development and prosperity of contemporary Chinese social sciences.

Keywords: Marxism; Chinese Civilization; Institutional Mechanism; People's Democracy; Self-Improvement

中国政治学自主知识体系的十论*

苏长和**

[内容提要] 本文从十个角度阐述了中国政治学自主知识体系构建的重点、取向和意义,这十个部分分别是:关于独立的政治学知识体系事关文化领导权和文化解释权问题,关于从食洋不化到创造性转化,关于政治学概念自觉,关于政治学话语体系与讲好中国政治发展故事,关于中国特色与世界意义,关于如何学会在为别人咨政育人的过程中促进社会科学走出去,关于政治学教学法改革问题,关于政治学研究中的价值和立场,关于政治学评价体系建设问题,以及关于政治学知识体系与中国政治学叙事确立。文章认为,独立的、自主的政治学知识体系在国家的经济建设、政治建设、社会建设、文化建设和意识形态安全中扮演重要作用。一个大国,若无独立的、自主的政治学知识体系,则其意识形态安全就会很脆弱,缺乏防御,容易为外界渗透和改变,失去发展所需要的良好理论和舆论环境,更难以为自身发展提供持续的文化和价值支撑。哲学社会科学理论话语体系和国家政治话语体系相互辅助,两者相得益彰,则国家意识形态和价值体系就稳固。中国是一个世界政治大国,也应该是一个政治学大国,一个政治大国必有阐释自己和阐释世界的且有

---

* 本文部分内容曾以《学术自觉与社会科学自主创新》为题发表于《复旦国际关系评论》第12辑,上海人民出版社,2013年。
** 苏长和,复旦大学国际关系与公共事务学院院长。

广泛影响力、感召力的政治理论。

[**关键词**] 政治学知识体系;政治学教育;政治叙事

一、独立的政治学知识体系事关文化领导权和文化解释权

恩格斯说过:"一个民族要站在科学的最高峰,就一刻也不能没有理论思维。"社会科学理论体系在国家的经济建设、政治建设、社会建设、文化建设和意识形态安全中起着重要作用。一个大国,若无独立的社会科学理论体系,则其意识形态安全就会很脆弱,缺乏防御,容易为外界渗透和改变,失去发展所需要的良好理论和舆论环境。有人说,如果没有自己的理论,那么就会成为别人的奴隶,说的就是这个道理。

改革开放以来,政治学和国际关系学在我国取得了较快的发展,但原创性的自主创新成果并不多。在引进西方尤其是英美学术成果方面可谓突飞猛进,但是能够与别人展开平等学术对话并能对别人产生启发甚至启蒙的成果并不多。究其原因,部分是在交流中失去了学术独立性和学术主体性,尤其是学术生产大多掉进了别人的概念框架下,为别人打工,忙着用自己的经验去验证别人的理论,不是说所有,至少相当一部分成果成了别人学术体系的陪衬和附庸,让人忧虑。

我们在自由思想的时候,如果缺少主体和自觉意识,很有可能在成为别人思想的奴隶的时候,没有自知,不能自拔,甚至还认为自己在"自由""独立"地思考。近年来,随着国力成长的需要,比较政治学这门分支学科开始在中国逐步兴盛起来,但观之发展态势,多为引进美国特色比较政治学概念体系和研究议程而已,如在起

步之初或者发展当中,始终缺少自己建立比较政治学体系的主体性认识和雄心抱负,现在个别学科发展所遇到的在西方概念体系下打转的窘境,一定会成为将来中国比较政治学之现实。自省是为了少走弯路。学人面对一些学科现状不暇自省而后人省之,后人省之而不鉴之,亦使后人复哀后人也。当下人们多在谈论中华民族伟大复兴,自以为于学术而言,近代以来一代代中国知识分子,追寻的无非是在知识的自我更新中实现中国学术的独立梦,用中国话构筑中国学术。大国之崛起,乃物力与思想之共同崛起也。崛起中的大国如没有一套成体系的理论解释自己以及自己与世界的关系,则难以让他人心服口服,更遑论推动国际知识格局的转移。从此意义上讲,保持强烈的主体性和察觉能力,不盲目排斥,在汲取古今中外一切优秀知识基础上而又不落入其窠臼,并能做到青出于蓝,大国的学术才可能成就学术的大国,傲立于琼林。

发展和繁荣政治学,中短期来讲是为两个一百年铸造共同思想政治基础,中长期来说是确立文化领导权和文化解释权。在全球化时代,文化领导权和文化解释权需要放在广泛的国际交往视野中来认识。西方真正确立自己在世界上的文化领导权和文化解释权,其实只是20世纪中后期的事情,时间并不长,但是其为此准备了几百年,现在在收获成果。因此,包括政治学在内的文化大繁荣、哲社大发展,要有长远眼光、世界眼光、战略眼光,将强盛的政治学建设同中国作为世界政治大国应所需要的政治软实力结合起来,为中国作为一个世界政治大国提供正当性和合理性论证。

当前,在文化解释权问题上,我们面临着两大形势:一是西方知识、学术、舆论和宣传试图夺取对中国的文化解释权,先试图将中国道路、理论、制度化到西学中,通过文化解释权的获得,进而夺取中国道路、中国制度、中国理论方面的文化领导权。二是自主创新的道路,即坚持用中国的经验和理论来解释中国道路、制度,笔者认为核心是我们在与西学交流过程中,不能再简单照搬和模仿了,而是要有自觉性有战略性地对别人的知识进行消化、吸收、改造、转化,创造出中国的社会科学话语体系。

二、关于从食洋不化到创造性转化

我国的社会科学界,有一股迷信洋学的风气,对我国学术的形式和内容伤害甚深。这个问题由来已久,反思从未中断。前人生活的时代,国力孱弱积弊,落后挨打,有心反思,无力成之;今人生活在中华民族伟大复兴的历史机遇时期,反思当更应深刻。此问题涉及立国兴国的学术精神支柱,但凡有骨气的学者均不能随波逐流,或置之度外。

批判反思人皆能之,但这只是第一步,指明一条出路才是关键。马克思和恩格斯的《德意志意识形态》开篇即言,有些人被重力思想迷住了,若不宣称这些幻想、臆想、教条的东西为迷信,从中解放出来,他们就有溺死的危险。我们常说"食洋不化",因此问题的根本不在食不食洋,问题的根本在"化"字。中国与世界的关系发生了历史性的变化,不了解世界,就难以深刻地认识自己、提高自己,了解世界中不能化之甚至被人所化,会失去主体性,乱了阵脚,因此,洋是要食的,但食之要消化,消化过程中能转化,最后求得更高的造化,才能食之而强大,这是走出崇洋媚外确立自己知识体系的根本,也是人们认识不断提高的不二法则和规律。

没有鉴别,就没有消化。我们读许多20世纪七八十年代翻译过来的书,内页上经常用黑体字注明"请读者注意鉴别"一句话,现在不可能每本书翻译过来都再这样,但是研究者心中须养成鉴别的意识和能力。鉴别既有学术鉴别,更要有政治鉴别。学术是要讲政治的,讲政治不是政治挂帅,而是要有基本的政治判断和国家利益观念。不了解人文社会科学的政治属性这个本质,就会在中外人文社会科学学术交流中丢了立场，乱了方寸，失了阵地。西方今天有关其域外的人文社会科学是从早期传教士、商人、对外殖民的过程中建立起来的，苦心构造了一整套域外世界的解释和叙事模式，今天其对域外叙述的方式形式变了，但一些基本精神和内容并无大变。这一点，我们只要多阅读一些中外关系史中的外人关于中国的游记和探险记，就能看得很清楚。有了这样的历史和政治意识，才能在食洋中拥有正确的鉴别能力。例如，西方有关中国的边疆学和新清史研究，主流的立场是将中国作为一个分裂的对象来研究，在国际学术交往中，如果我们将此视为国际学术前沿，进而趋从加入其研究，在不自觉中把自己的国史肢解了还以为是创新；现在全球史很流行，翻译过来的作品不少，被殖民过的国家在阅读或是参与研究的时候对其就要小心了，许多全球史作品将人类交流简单地写成物质和市场自愿交流，对东印度公司这样的殖民主义行径几乎只字不提，对殖民扩张中的种族屠杀轻描淡写，对非西方文明成就压低贬低。凡此种种，都是西方学术背后的政治。大学现在注重通识教育，在美国，通识教育类似其思想政治教育，如我们不加鉴别地拿来让我们学生读，怕不妥当。

鉴别不是口头上喊喊，一到践行的时候就又忘记了，鉴别的能力其实不难，把西方域外社会科学对非西方世界的价值规训体系原理看清楚，包括一整套评价体系、学术标准、议程设置、整合渗透、营销推广方式等，就会提高鉴别、消化、吸收能力。

在消化中有所转化，目的是立主导。洋学不是要不要了解的问题，而是在了解中为我所用，并要超越的问题。如何在多元观点中立主导，需要比较。光了解中国不了解外国，或者光了解外国不了解中国，都不是正确的兼容并包态度。中国是一个思想文化大国，其不怕比较，怕的是把自己虚无否定了去比较，或者总是将别人作为标准去比较。真的东西总是在与错误或晦涩繁琐的东西比较中立起来的。有个叫罗尔斯（John Rawls）的人，写了本《万民法》,这本书的逻辑与其《正义论》一脉相承,读不读? 当然要读! 只有读了,才能理解其学术是如何服务于新干涉主义强权政治的,这是他学术和政治紧密结合的一面。但将此与列宁的《帝国主义是资本主义的最高阶段》放在一起比较读,或者联系现实中大国肆意干涉小国内政的国际政治来读,读者和研究者心中的公理标准和公道价值才能立起来。讲经济思想和市场道德,大不可言必称斯密(Adam Smith),像《管子》《史记·货殖列传》《盐铁论》等重要经济文献,思想同样宏富。有个《罗伯特议事规则》挺受推崇,但是我们再读毛泽东的《党委会的工作方法》,就会在比较中找到源流,确立自信。若什么样的思想和观点都追溯到希腊、追溯到英美,三百年后自己的学术史必中断,自己的学问必难以为继。阅读也好,研习也好,比较的目的不是在别人体系下讲自己,而是努力做到在自己的体系下,将别人转化过来讲别人;没有比较,以及在比较中确立自己的主导,就很难通过在转化别人成果的基础上实现超越。

世界上许多事情,道理都是一样,但表述和话语会不一样。食洋要化,最终是要形成融通中外的哲学社会科学话语体系,达到创造性转化和创新性发展。所谓融通中外的哲学社会科学话语体系,并非迎合别人,一味用别人听得懂的价值和概念研究自己,而是用本土价值和概念将社会一般原理和特殊原理讲清楚。其中,学会讲中国话最重要,这涉及汉语作为社会科学表达和研究语言的文化主权问题。每个汉字的信息量都很大,词组千变万化,词意博大精深,让人越看越爱。汉语可以翻译任何外来的人文成果,但大多数外语翻译不了全部汉语成果,此为汉语之大,具备化外来任何概念的能力。德国知识界在兴国之初誓言德国学术界如果不用德国语研究学术,德国就不会有精神独立。这才是问题的本质,也是真正的学术独立精神。

近代初期,西人像利玛窦、安文思等来华传教,具有很鲜明的以儒释耶、以孔子化耶稣的特点,后来西人物质力量和文化自觉意识上升,至少到了李提摩太时期,已确立了强烈的自主意识和文化自信,改为以耶释儒,以耶稣化孔子。此为西人主体性的变化,阅读他们不同时代写的中国游记,就能感受到这一微妙的心理变化过程。今天观西人的中国学研究,多为以西释中,以中例西,读剑桥中国史系列,感受尤为明显;中国的社会科学若邯郸学步,鹦鹉学舌,一直停留在以西释中、以中例西精神情结上,自然会出现概念价值输入性之文化焦虑(如"普世价值"包含的一些概念在国人中产生的影响),此为画地为牢,或者作茧自缚,说来道去总难以跳出别人的手心。反过来,如果在主体性上为之一振一转,真正做到以中化外、以中释外,以自己的概念和价值研究自己,并深入别人内部研究别人,则本土价值和概念会一跃而从特殊到一般,输入性价值的焦虑则会一扫而空,此必为民族伟大复兴之文化光芒四射状态。当下是中外关系格局发生乾坤大扭转的时期,我国学术发展和文化战略应当抓住这难得的历史性机遇。

三、关于政治学概念自觉

美国近几年对华实行科技制裁,禁止中国公司使用美国高科技零部件,导致一些中国企业一时停摆。设想一下,如果美国禁止中国社会科学工作者使用美国创造的社会科学概念研究问题,那么中国社会科学工作者会不会也一时失语?这种情况当然不会发生,因为社会科学概念被外人使用越多越广泛,恰恰有利于其文化传播和文化软实力。但是它提醒人们,关键概念和标识性概念在一门学科的知识体系构建中的意义。

概念是理论话语体系的核心组成部分,西方社会科学中的绝大部分概念,都是从西方发展经验中提炼出来的,不能说它们的概念不可用,但是我们在使用时则必须结合本土实际,自觉地进行辨析和鉴别,否则,如果囫囵吞枣地拿来,既不能解释本土,对政策研究还会起误导作用,若全盘接受,则直接会对本国意识形态体系产生解构作用,对意识形态安全不利。

以贫困和饥荒的政治经济研究为例。有个诺贝尔经济学奖得主叫阿马蒂亚·森(Amartya Sen),他认为导致贫困和饥荒的根源在于个人自由权利的分配不当,或自由权利不够,若分配得当,贫困和饥荒则会大大减少。言下之意,第三世界普遍的贫困和饥荒问题解决之道,应该是自由先行。这是基于第一代人权概念得出的研究结论。实际上,贫困和饥荒问题有复杂的国际结构因素。然而,如果按照森的概念指导第三世界国家的社会建设和政治建设,在第三世界不切实际脱离国情地推广西方的自由民主理念,反而会加剧贫困和饥荒。第二次世界大战以来,第三世界已经有许多事例摆在那里。因此,要做到概念自觉,就需要超越森的自由先行概念,跳出第一代人权概念的陷阱,从第三代人权概念出发,研究第三世界国家的社会建设和政治建设,由此得出的研究结论,对第三世界国家政治发展可能更具有实际指导意义。

现在社会学界和政治学界流行从熟人社会到陌生人社会转变的社会管理研究,根据笔者观察,大部分研究都将精力放到陌生人社会管理研究上,并按照西方社会学思路,认为陌生人社会管理必须以契约为重。这是西方工商社会发展的逻辑,冷冰冰的,没有温情,西方早已经对陌生人社会中的异化现象进行了反思,我们还顺着其概念来研究中国的社会建设,则必走弯路。熟人社会的扩展,可以叫"拓展的熟人社会",这个概念则大大突破了西方概念体系,既尊重和符合中国的实际,其实,对解释其他国家的社会建设也有借鉴意义。我们在社会建设上提出构建和谐社会的目标。和谐社会绝不是陌生人社会,而应该是一种"拓展的熟人社会",没有人情和温暖,光靠冷冰冰的契约,和谐社会则会缺少情感根基。

中国坚定不移地走和平发展道路,如果用西方的霸权稳定论概念来解释中国崛起,则中国发展的逻辑结果是必霸必扩张。中国要走自己的民主政治发展道路,但如利用西方的选举概念研究中国并指导中国,则中国应走多党竞争、分权政治的道路;但是,如果我们用"选""举"结合的思维模式,则可提出与西方不同的"选""举"概念来。这也是中国协商民主的内在意义。如此等等,不再一一列举。这么说来,囫囵吞枣地使用西方社会科学概念解释中国,确实有误导。问题是,现在一些公共政策研究下意识、不自觉地在这么做,这种研究一旦转化为政策,自然会对中国的政治发展道路潜移默化地产生消极影响。例如,用美国"财政联邦主义"概念研究中国财政问题。我们国家不是联邦制国家,怎么能用"财政联邦主义"来研究中国大国财政问题呢?

概念自觉的核心,是警惕本国实践被别人的概念解释。一个大国如果过多迷信外人对自己历史的解释,其精神必不能独立。近几十年来,西方社会科学大举进入中国。西方社会科学的概念在中国很时髦很流行,似乎离开了西方社会科学的概念,中国就很难建立自己的社会理论体系。由于对西方社会科学概念甚至评价体系的过度依赖,使我们的一些社会科学知识生产处于国际知识生产的下游,替别人传销和打工。一些社会科学工作者习惯了简单地引进西方概念以解释中国问题的思维,而不是有鉴别地且从中国本土实践金矿中提炼概念。在近年比较热的中国模式和中国道路研究上,有的研究就简单利用西方概念,认为中国成功的政治经济学,就是专制加资本主义,并用这两个概念对中国特色社会主义制度进行偷梁换柱,甚至用"国家资本主义"概念来说中国,这无疑将中国道路和中国制度讲歪了。近些年,美国特色政治学好用"威权"这个概念研究中国,一些学者也跟着用,在用的时候不知道西方人这么使用背后的政治逻辑。总之,西方主流社会科学包括政治学,总是要将中国纳入其概念体系,使中国成为被解释的对象,这是西方的中国学研究一个很重要的特点。我们跟着其走,在西方的概念体系下打转,如丸之走盘,是难以走出自己政治学创新的大道来的。

当代中国政治研究不能成为别人概念解释和打扮的对象。我们中国学者研究当代中国政治和治理,需要自觉地用中国的概念来研究,并善于用中国的概念话语去讲世界故事。就政治学而言,研究当代中国的核心线索是中国特色社会主义道路,核心概念体系是中国特色社会主义制度。例如,前述有关中国和平发展道路的研究。周恩来早在1956年同巴基斯坦总理苏拉瓦底的会谈中,谈到中国和平共处与不对外扩张称霸问题上时,说中国不搞霸权主义和殖民主义,并不是口头说说而已,根本原因是"被制度和政策限制住了"。习近平主席在德国科尔伯基金会演讲中也提到,中国坚持走和平发展道路,我们在制度设计上是这样做的,在政策上也是这样的。那么,对我们研究者来说,就需要自觉研究我们的社会主义制度究竟如何保障着中国不对外搞霸权和殖民主义,把这个问题说清楚了,中国特色国际关系理论和外交理论就会在哲学社会科学体系中挺立起来。

有人可能会觉得,我们政治学自己可供使用的概念很少。笔者觉得也不是,关键在于研究者要有心和有信,去发觉。比如,"和谐世界""人类命运共同体"等都是充满东方智慧和哲学的概念,这是一个可以将人类秩序带到更高发展阶段的概念,其境界比自由民主的世界秩序观更高。再比如,中国人在探讨政治哲学问题时,有一个可以汲取的思想资源是"天下为公"这个概念。本质上,西方政治经济哲学包括世界秩序的核心是建立在"天下为私"的基础上的,而东方的政治哲学始终强调"公"。人类走到今天,再循着"天下为私"这个逻辑走下去,后果不堪设想。完全按照"私"来指导人类实践,怕是个绝境。若我们将公私关系讲透,中国的政治哲学以及国际政治哲学的话语体系应会独立起来。再比如,从比较政治角度看,"党国体制"怕是现代国家最重要的一个特征,我们潜意识觉得似乎只有中国是党国体制,其他国家则不是。实际上,当今世界近200个国家,大多都可以用"党国体制"这个概念来进行分析,差别只在于组织方式和运行不同而已。这个概念用得好,会改变外国对中国共产党的刻板印象,中国特色的政党制度自然会更好地被外人理解和尊重,且对中国的比较政治学体系建立具有重要意义。这就是用中国概念讲世界故事的理论力量所在。

也有人会说,你这些概念只是自说自话,对外讲的时候别人根本听不懂,与"国际"学术话语不接轨,无法融通。其实未必如此,关键是要有信念、信心以及战略性步骤,通过国际学术研究和新闻媒体等国际文化交流方式,将其一步一步推广出去,这个过程可能需要一、两个世纪。以"全过程人民民主"等概念为例子,若我们有意识地选择一二十个国家,让在华留学生与中国学者一起对当地国逐一研究,检验并完善这一概念,那么这一概念自然会逐步传播出去,从别人听不懂的概念变为别人理解甚至接受和使用的概念。美国特色哲学社会科学中很多概念不正是通过留学生培养、让留学生用美国概念和理论来研究本国问题,从而最终促进其政治学概念和理论的国际传播吗?

四、关于政治学话语体系与讲好中国故事

独立的政治学理论体系是讲好中国政治发展伟大故事和中国共产党伟大故事的关键。笔者是从事政治学和国际关系研究的,时常感到中国政治外交研究现状与新中国取得的不凡政治成就不相配。如何讲好我们时代中国政治发展故事,对培育和践行社会主义核心价值观以及国民教育,具有重要意义。现在越来越多的学者认识到,简单照搬西方特色的政治学和国际关系理论很难解释中国的治国理政和国家治理,毕竟,西方特色的政治学和国际关

系理论根本上体现的是西方国家崛起进程中,按照西方的世界观、价值观、认识论为指导,在对西方内部治理以及西方与世界关系发展经验基础上,所形成的具有地域特色的政治学和国际关系理论。因此,立足中国治国理政和国家治理的丰厚经验进行抽象提炼,形成中国大国特色、风格和气派的政治学和国际关系理论,对内对外讲清楚说明白中国民主政治发展道路,就是一个具有时代意义的理论命题。

第一,讲好中国政治发展故事,首先要有对自己制度的坚定信念,这是一个"总开关"问题。现在市面上有许多西方政治故事(不乏编造的故事),大多数是讴歌人家的政治和制度如何好的,这些政治故事对西方政治的美化连外人看了都会觉得不好意思。笔者觉得,这些讲者或有意或无意,但根子上是没有摆脱百年来的西制崇拜情结,缺乏对自己政治和制度的信念和自信。习近平总书记在论述制度以及制度比较时深刻地指出:"在政治制度问题上,看到别的国家有而我们没有就简单认为有欠缺,要搬过来;或者,看到我们有而别的国家没有就简单认为是多余的,要去除掉。这两种观点都是简单化的、片面的,因而都是不正确的。"①我们有时说思想解放,但思想解放讲得较少的一个内容是,其实我们要从西制迷信和西制崇拜中解放出来,回到中国政治和制度的信念上。有了信念,就有了标准,讲的政治故事虽千姿百态,但背后的大逻辑和大道理不会偏。

第二,有了信念为支撑,我们就可以在中国道路标准下确立中国政治发展故事的叙事逻辑。例如,党的集中统一领导是中国政治最根本的一个标准。习惯了西方的政党学说和政治思维,会问出"党的领导和民主政治是矛盾的"或者"党的领导和依法治国是

---

① 习近平:《在庆祝全国人民代表大会成立 60 周年大会上的讲话》(2014 年 9 月 5 日),《求是》2019 年第 18 期。

对立的"这样的假命题。但是在中国政治标准中,党的领导和民主政治以及依法治国是统一的关系。只有从统一而不是对立的逻辑上,才能理解和讲清楚两者的关系,从政治精神来说,"合"是中国政治精神的精髓,其迥然有别于西方政治精神中"分"的逻辑。讲解中国政治发展故事,还要重视珍惜和维护关键政治概念的发明权和专利权。比如,关于"协商民主"这个概念和实践,其根在中国,不是来自西方。在外译上,官方用的是 consultative democracy,而不是英语政治学教科书中的 deliberate democracy;设想一下,如果从后一个外来的概念研究中国的协商民主,文献的回溯就会追踪到别人那里,而从前一个概念研究协商民主,文献的主体应该是在中国,解释权也在中国学术界。这种讲故事或者研究的技巧,看上去是件小事情,但是它其实关涉政治学中核心概念的知识产权问题。我们中国学者,要珍惜并保护好我们自己政治创造的知识产权。

第三,除了信念这个"总开关"问题以外,讲解者既需要了解中国政治发展原理和政治实践,还需要尽可能多地了解外国政治发展原理和实践,在中外比较中用中国话、中国政治话语讲好中国政治故事。这需要讲解者有较强的融通和转化能力。例如,政治团结就是政治学研究和政治故事中的一个大主题。不少外国人对中国现代化进程中如何将十三亿多人团结起来的能力感到很惊奇。西方国家输出的民主模式重在选举模式,结果极易造成当地政治对立、分裂和冲突。围绕政治团结主题,中国传统政治文化、当下中国制度设计、中国政治实践,值得挖掘的故事和题材不胜枚举。其实,许多发展中国家在其政治发展过程中都需要学政治团结,没有政治团结的国家,经济和民生总是起伏不定。再比如,中国政治话语中常有"一代接着一代干"的说法,这与中国政党制度特点有关,也是中国新型政党制度的优势所在。观察西方政党制度,按照中国政治话语来对其叙事的话,应为"一代隔着一代干",甚至"一代对着一代干",其政策经常打架,缺连贯性和预期性,这是其两党或多党轮流的特点决定的。表现在外交上,我们就会发现,比较起来,别人与中国制度打交道的成本低,也有很大的确定性,但与两党或多党制国家打交道的成本会很高,不确定性强,因为政策经常反复多变。

善于在国际比较中讲解中国政治发展道路,既不是刻意拔高自己的政治发展道路,妄自尊大,更不是自我贬低自己的政治发展道路,妄自菲薄,而是要秉持实事求是的原则。例如,中国的和平发展是人类现代化史中宏大的一个事件。对比殖民主义、帝国主义侵略扩张道路和中国现代化道路,中国是世界上极少数没有通过殖民扩张和战争掠夺的方式迈向富强之路的国家,这种富强道路背后既有我们文化基因上的作用,与中国社会内部通过创新消化压力的方式有关,更根本的是与中国社会主义政治制度有关。

古人说"国之大事,在祀与戎"。这个"祀",用今日的政治话语来转换,其实就是政治仪式、价值体系、信仰信念等。政治学研究也好,普及融化到国民教育中的政治故事也好,抑或国庆庆典、阅兵、升旗仪式等,其实都是世界上任何大国无不格外重视的内容。思想政治教育和学术研究从来就是统一的关系而不是对立的关系,讲好有更强学理支撑的当代中国政治发展故事,对铸就中华民族伟大复兴中国梦共同思想政治基础意义重大。

五、关于中国特色与世界意义

社会科学具有强烈的现实关怀和国家关怀。不同国家的学术议程受到发展阶段、发展道路以及民族性的影响,其所要解决的问题会有很大的不同。社会科学工作者需要自觉地立足于国情和民情,选择研究的问题和设计研究议程。中国政治学知识体系构建首先是将"中国特色"功夫做好,然后才是从特色上升为一般的问题。

在一个政治世界中,每个大国的学术研究都会带有时代特色、民族特色、国家特色。大国在其成长的不同阶段,需要回答的时代命题和解决的时代难题不同,往往会决定其社会科学的生态。德国在其立国过程中,不只是完成了工业立国,假借人文复兴,同时也完成了精神立国。当然,第二次世界大战后,美国在德国驻军,对德国学术精神气伤害不小。第二次世界大战后,美国的区域国别或比较政治研究盛兴,更多是满足美国维护其庞大海外利益的需求,当然这是维护美国的霸权利益。不管怎么说,一国特别是大国的社会科学总要回应一个国家甚至人类的时代命题和时代难题,并在这一智力探索中,确立起一个接一个的学派。

当代中国政治学应该要在中国道路、中国制度、国家治理体系、中国式现代化等重要议题上给出系统的回答。中国特色社会主义道路和制度是我们开展当代中国政治学研究的一个基本价值前提。在选题和设计研究议程时,如果脱离这个大的价值前提,那么研究成果就会缺少国家建设的意义。例如,在如何提高中国国有企业效率问题研究上,一种研究取向是西方主流经济学提倡的私有化,另外一种研究取向是在保证公有制主体地位不变的刚性约束下,在吸取人类先进管理模式基础上,提高国有企业效率和责任。第一种研究成果来源于私有制,其成果若逐步转化为公共政策,可能很危险,会动及我国制度体系之经济之本。一些国家在转型阶段有过教训。其实,这类研究较为简单,只要直接将西方国家的概念拿过来套用和实践即可,且看上去挺美,也被"国际"学术界接受,有相当的迷惑性。第二种研究取向因为有刚性约束,所以研究者会很累,因为几无现成的理论与经验可参考,靠拿来已经不行了,只有在公有制主体不动摇的刚性约束下下功夫研究如何提高国有企业的效率和责任,但这种研究一旦成功,则是突破性的,为国家建设的贡献就很大,对他国国家建设也会有启发。我国国有企业改革取得较大的成功,是与坚持坚守这个刚性约束条件分不开的,它包含了中国人的创造性智慧和实践。

当代中国蕴藏着丰富的政治学研究金矿。中国是政治学研究的金矿:一是因为中国本身是个自洽的文明体、超大规模的国家、高度复杂化的社会;二是当代中国的现代化道路实践,出现了许多西方既有社会科学理论体系解释不透、解释不了的谜题。这就需要我们自觉地将宝贵的财力和精力集中到对这些谜题的解答上,而不是削足适履,辛辛苦苦用中国的经验去为西方理论作注脚,或者刻舟求剑,简单通过西方经验来指导中国的发展方向,或者胶柱鼓瑟,盲目对标一些所谓的"国际"学术议程。比如,关于和平发展现代化道路,就是个大命题。中国的现代化为什么没有走对外殖民、军事掠夺和武力扩张的道路,就不仅是国际关系学者要研究的,其实,从中国的国家性质、政治制度、市场经济体制、法律体系等多个视角,都可以对这种实践给出有说服力的学理解释。只要对一个个植根于民族文化传统、经济脉动原理、社会管理机制、国家独特属性等谜题竞相给出解释来,我们自己的政治学理论体系自然就会屹立于学林。

今天学术界,一种看法认为,过分专注于"中国特色"研究,会使自己的学术研究边缘化、孤立化,不便于国际交流,与"国际"学术无法兼容。其实,一个国家政治学的国际化和国际传播,首先是在立足研究自身或者以自身视角观察世界问题的基础上走向世界的。政治学——无论是对自身的研究或者对外部世界的研究,无不带有自己民族和文明特色。欧洲大陆和英美特色政治学,是在自己历史、社会、文化、政治经验基础上形成的,只不过随着其全球扩张,将这些带有自身特色的政治学假以普遍性和终极性话语来叙述而已。其独特性所以能转化为普遍性,恰恰在于其坚守自己特色,并在这一前提下借助文化扩张战略以及培养大批说自己话的海外知识阶层。当然,这么说,绝不是我们要模仿别人搞政治发展模式和政治制度输出。因此,问题不在于专注于"中国特色"研究会使自己边缘化,而在于国家要有系统的文化战略,有长远的战略耐心培养更多的外国学者利用中国特色政治学概念来研究问题,当更多这些概念为通晓汉语的海外学者所接受和使用的时候,自身的政治学知识体系就逐步具有普遍性的意义。

六、学会在为别人咨政育人的过程中促进政治学走出去

当今世界的哲学社会科学知识格局正在发生松动和变动。得益于教育的普及以及世界范围的文化自觉和文化复兴运动的发展,世界哲学社会科学知识的生产中心正在出现多极趋势和态势。中国学术界无疑是较早洞察并在努力推动国际知识格局变动的群体之一。学术界是否能抓住知识格局变动的机遇,全在需要有强烈的自觉和自主意识,摆脱惯常的受动和被动思维,以主动和能动的态度参与这一创新进程。应该说,汉语学术界在"看中国"的第一个层面的认识上已经愈来愈明确和清晰,其核心是确立中国特色的哲学社会科学话语体系和形成独立自主的社会科学知识体系。但是在"看世界"的第二个问题的认识上,重视得还不够,还有很大的空间,它同样关系到中国知识在国际知识格局中的地位和影响问题。

过去一百多年来,西方在其殖民扩张过程中通过对非西方世界物质和非物质资料(图书、档案、音像、博物等等)的占有,在学术领域形成了一套按照自己价值观和世界观为标准的对非西方世界历史、社会、文化、政治、经济进程的解释体系,这套解释体系确立了西方对非西方的话语权。客观地说,这套解释体系是西方现代

文明的重要组成部分,但其不足也多为发展中国家所诟病。越来越多的发展中国家学者开始抱怨,他们所阅读的关于亚非拉的学术著作,主要是在巴黎、伦敦或者纽约生产的,他们自身希望有自己对自己道路的解释体系,同样也希望看到比如来自中国生产的更为客观的亚非拉的思想和看法。发展中国家在发展道路上愈向前推进,这方面的文化自觉意识就愈强烈,这也是当前国际知识格局发生变动很重要的一个国际环境。

从中国自身来讲,改革开放以来,中国人开始睁眼看世界。学术界对外交往的对象国集中在西方,其中又以英美为主,来自西方特别是英语的学术读物大规模地被翻译引进了中国。在过去四十多年,这个阶段也许是必要的。但是过则必失,其对中国学者看世界来说,又有一叶障目之嫌,简单地说,如果过多地依靠英语学术背后的价值观和世界观以及一套概念系统认识西方和发展中国家,既会导致我们对西方世界缺乏客观的、以我为主的认识和解释体系,同时,发展中国家对我们按照西方的概念和解释体系去研究它们,又不乏微辞,觉得不是中国自己真正的理解。例如,按照美国特色政治学教科书告诉我们的美国政治理论去研究美国,学界恐怕怎么也预测不到美国政治中的世袭政治、贵族政治和非民主、反民主现象;同样,如果我们跟着英语政治学教材把一些发展中国家轻率地定性为威权甚至独裁国家,恐怕也会引起发展中国家的不满,至少它们会认为中国学界缺乏独立的见解和看法,不是自己怎么看,而是跟着别人怎么看。

就此而言,中国政治学进入一个新的看世界的阶段,也就是按照自己的价值观、世界观和认识论,树立全面的世界眼光,提高理解和阐释外部世界的能力。由此,这既需要大规模翻译发展中国家的文明成果,更为均衡地译介外部世界的知识,自身更需要拿起自己的望远镜而不是别人的有色望远镜,观察、理解和解释外部世界,形成自己关于外部世界的知识体系。近年来的共建"一带一路"倡议已经提出这个问题的紧迫性。人们发现完全依靠英语学术界关于"一带一路"共建国家的国情政情知识,局限性越来越明显,甚至还有误导效果。

进一步来说,一个大国的政治学知识话语权很大程度上是建立在对外部世界客观的理解和有效的解释能力上的。一国生产的政治学知识对别人的解释能够为别人所信服,这类知识不需要外译,别人也会主动地动用自己的人力财力将其请进去。为此,我们过去习惯的"外为中用"的思维,需要适当地将其转换为"中为外用"的思维。这种思维的转换会带来知识生产和奋进方向的变化。例如,目前我们在国外学社会科学的留学生,大多数还集中在国外研究中国问题,或者在伦敦和纽约研究发展中国家问题,这种局面需要逐步得到扭转,转而鼓励留学生直接深入当地做当地国国情政情社情研究,积攒当地国知识,如能对当地国的内部政治经济社会发展提供有竞争力的解释,并就发展提出合理化建议,这种知识就会得到别人的尊重和使用,也就是在"中为外用"的过程中推动中国知识走出去。实际上,已经有越来越多的中国顾问开始活跃在发展中国家的发展进程中,他们将中国对发展问题的理解带到了这些国家,受到了当地的尊重。

总之,中国的政治学知识要在多极国际知识格局中占有一席之地,两个努力方向都不可缺少,而核心是要增强学术自主自觉意识,形成独立自主的知识体系。其一,是构建自己的概念体系和表达方式,掌握对中国发展道路的解释权,确立独立自主的政治学知识体系。其二,在广泛参与国际合作的实践中,形成自身对外部世界的理解能力和解释体系,提高自有知识咨政服务他人的能力。当然,在第二个努力方向上,学界也要注意汲取西方知识对外推广中的教训,避免按照自己的价值标准随意解释、肢解甚至改造别人。在解释别人的过程中,不伤害他人文化尊严,应当成为一个基本的现代学术规范。当前,我国外交多以"治国理政经验交流"

表述这一对话进程,对政治学界来说,就需要用学理性语言概括中国共产党治国理政,使其概念化、逻辑化,并进而将其运用于治国理政国际经验交流对话中,促使中国政治学概念和话语的国际传播。

七、关于政治学知识体系中的价值和立场

自然科学可以没有国界,但社会科学一定是有国界的,这是由社会科学研究的对象决定的,由此也决定社会科学工作者总是有国界和立场的。政治学知识体系更是不能例外。

一些社会科学研究者喜欢谈价值中立。其实,任何社会科学研究都是有历史观和价值观的,没有历史观和价值指导的社会科学研究,就会失去"意义"二字。说到底,这个世界只要有政治的地方,就一定要有价值。所谓中立和客观,说的是研究者不要过多地将个人感情因素带到研究过程中,不爱屋及乌,也不恶其余胥,以免影响对研究对象的判断,而不是不带历史观和价值观研究问题。比如,我们研究日本,就不能因为研究者个人对日本的好恶而使研究的结论也跟着好恶走,因为不喜欢日本或者特别喜欢日本,就将这种喜欢或者不喜欢带到对日本的客观判断中。西方许多学者研究中国,先入为主地对中国共产党下负面判断,他们对当代中国研究不客观,对中国的研判常常失误,但这种失误性的判断转化为政策有时反而会帮我们的忙。现在,西方越来越多的学者认识到偏见给他们研究带来的局限,开始逐步客观地评价中国共产党。我们研究西方,也不能因为其与我们制度的不同,就感情用事将其一切往坏里说,那样势必也会影响我们对西方走势的判断,得出的结论就会偏颇,以此拟订内政外交政策,也会出问题。

但这不意味着放弃历史观和价值观指导开展研究,或者看待

研究。没有一定的历史观和价值观为指导,一些社会科学研究结论必定会出格。历史观是告诉"我们怎么来的,向什么方向去"这样的问题。例如,美洲大陆印第安人的灭绝与西方殖民者的入侵和屠杀直接相关。这是种族灭绝,或者种族屠杀或者反人类罪。但是,新近的西方环境史和疾病史研究则不大谈这点,大谈西方人到达美洲大陆后带来了各种病菌,导致印地安人人口的急剧减少,这种观点很有迷惑性。后一种研究就违背了基本的历史观,是在间接为殖民迫害史、种族灭绝史开脱罪行。在中国,有人认为圆明园被毁是中国人自己干的,英法联军的破坏甚至还没有中国人自己对圆明园的破坏大。最近甚至有种看法,认为中国要成为世界大国,必须放弃在国民中进行百年屈辱史教育,因为讲多了会成为中国作为世界大国的精神负担。这种研究也是没有立场和历史观的。像这类为殖民者、入侵者开脱罪行的研究有不少,就不一一列举了。任何一个有良心的社会科学学者,若不敢正视或者淡忘几百年殖民史侵略史给人类带来的莫大灾难,其在看人类未来的时候,必也缺乏公允和坦荡。

任何国家的社会科学,最终必定是要为国家利益和人民利益服务的,在此基础上有余力,进而兼济人类和天下。对当代中国社会科学工作者而言,其历史观和价值观应该自觉地与我国"建设什么样的社会主义国家、如何建设社会主义国家"这个宏大主题凝聚在一起。在这个大主题下,研究成果在为社会主义建设和人民利益服务过程中,才会产生尊严和骄傲,才能真正赢得世界的尊重!

中国政治学知识体系对内对外要强调自己的价值。习近平总书记说"站在历史正确的一边"。中国政治学知识体系构建有自己的价值立场,没有必要回避自己的价值。一段时间以来,一讲到价值,好像就是西方的价值代表着世界道义。习近平总书记还说"江山就是人民,人民就是江山",体现到中国政治学价值体系构建中,就是人民至上、人民中心等政治价值观。政治只要站住人民这个基本点,这个价值观放到世界任何地方讲,都不输理。用这个价值观,也可以检验世界上任何政治发展道路。在外交理论和实践上,我们有一段时间多谈务实合作,淡化讲价值。中国在外交中互不干涉内政,支持各国独立和自主发展能力,推动治国理政经验交流而不是强加、不附带政治条件的援助,讲公道人道反霸道,共商共建共享等等,这些都是中国外交的价值观,这些具有人类共同价值含义的价值观是构建新型国际关系和人类命运共同体的基础,区别于美西方对外搞的所谓"普世价值"以及输出。

一个政治大国,在政治话语和政治叙事上必先将自己的价值立起来。价值立起来,政治道义就会向我们聚拢。我国古代政治学知识体系通过政统和政道的构建将此确立起来。20世纪波澜壮阔的社会主义运动,影响如此之大,也是有一套价值的。近代以来,西方通过"自由民主政治学"叙事体形成确立其在世界政治中的攻势,但是这套叙事体的光环现在褪色了。中国政治学知识体系构建不应该回避价值和价值观的凝练任务。

八、关于中国政治学教学法

除了要重视自己政治学知识体系的构建,更要重视以自己的知识体系为基础的政治学、公共管理和国际关系的教学法改革和建设。知识体系立起来了,其一定会影响到政治学教学、政治学教育、政治学教材,说到底,教学法就是要解决"怎么教""教什么""为什么这么教"这些问题。中国政治学知识体系最后要转化普及,重要的一点是通过教学教材体系进课堂。比如,以政治学原理这门课为例,循着欧美政治学原理,是不讲党建的,那我们是不是就因此不讲了?中国政治学原理里面恐怕必须有这一块内容。比如,政治学里面还有民政,民政是中国古代政治知识很重要的一支,笔者认为其他国家的政治也不是不重视民政的。这次疫情期间各国治理有很大的政治差异,疫情治理的很大一块其实就是民政。西方政治知识体系里面没有"民政"这个概念,难道我们政治学知识体系里面就不要讲这个重要的内容吗?反过来,我们是不是可以用民政来研究对方?现在人们大多喜欢使用欧洲的福利政治概念,但是中国政治学知识体系中的民政概念无论在思想、内涵和实践中,都比福利政治概念要更为丰厚。政治思想史(含国际政治思想史)也是,我们主要按照欧美提供的几大流派来讲,那你写出来的教材,就不会超过别人。但是我们古今中外把它融合起来,比如有我们自己理解线索的政治思想史(结合马克思主义和中国传统政治中"天下为公"的政治哲学线索),这类成果现在很少看到。在国际政治教学中,需要改造和创造的也有很多。当然,知识体系立起来以后,不仅仅会促进我们目前政治学、公共管理、国际政治的教学教材体系改革,还会逐步促进评价体系的完善。

复旦大学国际关系与公共事务学院2022年发起组织了中国政治学讲习班活动,解决的问题就是新时代政治学"怎么教""教什么""为什么这么教"这些问题。古人说传道、授业、解惑,说的也是这个问题,当然时代不一样,"道""业""惑"内涵会有不同。现在全国高校在做课程思政,目的也是要解决这个问题。例如传道,这个"道"是马克思主义、是中国化马克思主义以及党的创新理论成果、是中华传统优秀的政治文化等的贯通合一。这个"道",不能在论坛上失语了,在教材里失踪了,在课堂上失声了。如果我们的政治学专业只传授别人的"道"而放弃了自己的"道",不仅建设不出世界一流学科,也培养不出社会主义事业的合格可靠的建设者和接班人。

在传道、授业、解惑之外,可以加上"创新"二字,就是要守正创新。创新当然要基于独立思考,复旦大学的校歌里面有"学术独立,思想自由",笔者认为,学术独立不是和政府保持距离甚至唱对台戏就是学术独立了,真正的学术独立是拥有自己的知识体系,有了自己的知识体系了,我们的学术独立就有了,只讲别人东西、传播别人的东西、为别人打工还不叫学术独立。因此,课程思政专业建设中鼓励独立思考,鼓励将所学知识转化为实践创新。独立思考包括批判性思维。但是批判性思维并不是批判政府、和国家对立就是批判性思维。另外,批判性思维也应敢于对外来权威进行质疑。过去一段时间,我们的教育一定程度上使得我们学生不敢挑战西方的权威,这方面的批判性精神不够。最后,独立思考还应包括建设性思维,建设性思维比批判性思维往往更重要,这个讲的是破立的关系。

九、关于政治学评价体系建设问题

有人认为,政治学学术研究应该"去政治"。这种看法是错误的。那些高喊"去政治""去价值""价值中立"的,往往是让你的政治和价值下去,让它的政治和价值上来。

政治学有其学术逻辑和规律,这个逻辑讲的是"多",也就是"百家争鸣、百花齐放",但也有其政统政道逻辑,这个逻辑讲的是"一",具体到中国政治学,也就是为中国共产党治国理政服务、为巩固和发展中国特色社会主义制度服务、为人民服务、为社会主义现代化服务、为人类政治文明进步服务。政治学学术研究要完全做到"价值中立"是很难的,对文明和制度自洽的国家来说,成体系的、逻辑自洽的政治学知识最终对国家意识形态和价值体系巩固具有关键的意义,两者合,则国家价值体系巩固,两者分,则国家价值体系散。政治学评价体系要辩证地处理"一""多"和"统"的关系。学术的规律是"多",政治的规律是"统",多中有一,一中生多,多不取代一,观察世界上主要大国的学术和政治关系,大致如此。

当我们完全用别人的概念和价值研究自己时,自身的意识形态和文化自信往往会被逐步蚕食掉,目前,我国的意识形态建设困境很大程度上就源于社会科学研究与意识形态的脱离,在有的领域出现英美评价体系(被说成国际评价体系)覆盖国内评价体系的现象。人们知道,政治评价体系一旦丢了、指挥棒丢了,政治发展道路方向、政治学知识体系构建方向一定会出大问题、栽大跟头。东欧剧变、发展中国家政治发展在这上面有过极大教训。

就政治学评价体系对国家意识形态建设和价值体系建设而言,我们讲"多元",但是世界上几乎任何大国,"多元"都是在"一"的前提下的多元,离开了"一"讲"多",社会必定涣散。当然,一个有活力的社会,一定有自信去包容"多",而不是无底线地纵容"多"。人们观察美国的哲学社会科学学术生态,看到的更多是其"多",但忽视了其"一分为多"、背后隐蔽的"一"的实质。因此,国家意识形态和价值体系建设核心是"一"和"统"。中国共产党在革命、建设、改革、新时代都高度重视"一"和"统",比如,反复强调承接了马克思主义的"统",继承了中华民族伟大复兴的"统",传承了中国传统优秀文化的"统",以及借鉴了世界其他优秀文化的"统"。在汲取人类先进文明上,中国其实是最开放的国家之一。读毛泽东、周恩来、邓小平的文选,会发现先辈们在不同场合反复强调只要我们将人类先进合理的文明学到了,中国就会成为一个大强国。这种学习精神不是每个民族都有的,你将别人优秀且对自己合理的东西学到了,文明的"统"就会逐步向自己一边汇合。

中国政治学知识的评价体系中基本标准大概是四个:一是更好为中国共产党治国理政服务;二是更好为巩固和发展中国特色社会主义制度服务;三是更好为中国特色大国外交和更好参与全球治理建设服务;四是为人类政治文明进步贡献来自中国的政治知识,推进世界政治学知识格局朝着多极化发展。

政治学成果评价体系建设,要有利于中国政治学知识"体系"的构建。一个国家的知识,往往不在于其产出的量,而在于其是否成"体系",唯有成体系成建制的知识,才能推广和扩散;零星散乱、支离破碎的知识,即使量再多,不成体系,那么也很容易被别的知识体系所击溃、吸纳或收编。政治学研究可以包容个性化很强的研究,鼓励自由探索,但是,作为引导、指导乃至确立主导的评价体系,最大的权重是导向鼓励探索中国政治学理论体系的创新成果。因此,对那些有利于自身理论体系构建的(例如学科体系、教材体系、概念体系、方法论、元知识研究等)研究,应给予更高的评价权重。应该要认识到,用英美概念和理论研究的中国政治发展成果(威权、"民主化"、"民主转型"等),即便在海外影响大的杂志发表了,还不是中国政治知识体系的代表成果,这些成果属于增加了英美政治学知识体系的影响。

从长远角度看,好的评价体系,一定要学会与国家语言战略结合起来,逐步鼓励外国学者(特别是从研究中国问题的外国学者先入手)用中文写学术文章,将这些研究成果纳入评价范畴。另外,评价体系需要将中国特色与世界眼光结合起来,使自身的研究成果既能够立足本土,也能够被域外学生所接受。美国通过留学生培养以及当地教育部门合作等方式,将其教材体系大规模推广到发展中国家,为其带来巨大的话语聚合资源。笔者接触到的许多发展中国家学生,这些国家由于缺乏独立的知识体系,其高等教育尤其是社会科学专业的教材,西方特色的教材占据显要位置。以笔者所从事的国际政治研究为例,美国特色的政治学和国际政治学教材,基本是为其霸权及美式自由民主辩护的,设想其他国家一代或两代的大学生是在阅读这些教材下成长起来的,其思维不变都难。这是今天全球青年教育面临的一大问题。我们通过自身评价体系建设,如能形成一整套有中国特色又有世界眼光的教科书系列,将中国人对和平发展、互利共赢、公平正义的理解化进教科书中,告诉给其他国家,也为贡献!唯有各国在这类问题上形成共识,人类新的政治历史才能展开。

十、关于政治学自主知识体系与中国政治学叙事的确立

人文社科的知识体系,说到底是对自己以及世界到底怎么看、为什么这么看的问题。对于这些问题的回答,有一套自洽概念和逻辑构成的认识体系。在政治世界里面,特别是政治学和国际政治,这套政治学知识体系往往又和意识形态、价值观、国内/国际政治的秩序紧密结合在一起。因此,它们需要解决的是政治最高的问题,我们过去将其称为"政统"问题。这个问题在学理上解决了,就有了一套服务政治稳定和政治秩序的知识体系。阅读中外那些重要的政治著作,背后其实都有一套维护"政统"的叙事和哲学,基督教世界、伊斯兰世界、近代西方、古代中国、当代世界等,均概莫能外。因此,各类政治学知识体系始终要解决"一"和"统"的问题。换句话说,政治学知识体系需要为国家或者一个文明树立一套政治价值和政治标准。政治价值和政治标准问题解决了,内部的政治稳定和秩序的共同思想基础就有了。当然,讲"一",并不是反对"多",现代政治似乎认为多元就是好的,一统就是不好的,这是不准确的,因为即使在现代政治中,没有以"一"为前提的"多",不会有政治秩序,今日欧美世界由于忽视"一"而突出多元,正在带来很多政治弊病。但是,人们阅读翻译过来的过去西方主流的政治史著作,不管什么政治思想学说,它的"一"和"统"很清楚,它的"一"和"统"无非是希腊、罗马、近代资产阶级革命,然后20世纪从欧洲转移到美国,比如,以20世纪比较流行的自由民主政治学说为例,它基本上是按照这个线索讲过来的。那么这样的政治史叙事或知

识体系确定了什么标准呢？就是西方政治和制度中心的标准。有了这个知识体系以后，它又衍生出很多叙事模式，比如，现代化叙事模式、民主化叙事模式，延伸到对世界政治的看法，就是一度流行的自由国际秩序那一套，这是自由秩序模式的政治叙事。这套叙事模式背后隐含的假设是，西方那一套制度和思想是先进的，其他地方的制度和思想在整个世界政治国际关系里面，意义不大，其他世界的政治发展，应该朝着西方自由政治经济秩序那套模式去，凡是不符合这套标准的，就是"逆流"，凡是符合这套标准的，就是"大道"。没有这回事。按照古代中国政治话语来说西方政治发展的话，这是它们希望实现的"天下大同"模式。

这个世界上，只要有一个文明地区或者文明国家，它一定要在政治上解决叙事的政统和道统问题。当然解决这个问题，在历史上，道统和叙事有可能来自不同的政治知识资源，有来自宗教，更多的来自世俗政治知识。一套政治叙事，它不是简单地讲故事，它一定是有一套概念和逻辑。政治叙事应该要讲清楚内部的法律、政治、制度、秩序、人民，也包括讲清楚它跟外部世界的关系，也就是内外政治，能够说明它自己的政治和外交哲理，赋予政治以合理化、理想化力量。同时，它还不是高高在上的，它能够转化、普及到国民的政治教育里面去，从而起到凝聚大部分人、形成政治共同思想基础的作用。

新中国成立以后，其实我们也一直在面对知识体系和意识形态的关系问题。那时我们关于世界历史和中国的历史有一套新的叙事。这是历史唯物主义政治史叙事，讲中国的历史是这样，讲世界的历史也是这样，按照原始社会、奴隶社会、封建社会、资本主义、社会主义这样的叙事来。关于世界政治的叙事，我们也有一套自己的叙事：有"三个世界"的叙事，支持民族解放运动的叙事，反帝反霸反殖、建立新世界的叙事。

当代中国政治学主体叙事的确立大致围绕以下三个问题进

行铺展:一是社会主义政治学叙事,这涉及中国政治学的"政统"问题。中国在世界政治中有两大政治软实力资源,一个是中华优秀传统政治文化,二是社会主义。社会主义是中国政治的最大软实力,丢了这个,中国政治的道义就丢了。二是国家治理体系和治理能力现代化的叙事,核心是现代化政治体系叙事。党的报告中多次提到现代化经济体系建设,我国国家治理体系、制度体系的逐步发展和完善,意味着一个现代化政治体系的形成。以社会主义现代化政治体系为关键范畴,统摄政治学理论研究中的若干重大命题。三是为人类政治文明进步、对更好社会制度的探索贡献来自中国的政治智慧和方案的叙事,这个站位主要是解决中国政治在世界上的贡献和地位,为中国政治发展争取世界政治的道义。

这样看来,我们从核心概念总结开始,大致可以由一系列逻辑关系严密的标识性概念、按照中国政治逻辑和原理构成的中国政治学自主知识体系,它体现了新政治学由内到外的叙事结构,例如天下为公、大一统、政权、代表制、人民共和、人民政府、新型政党制度、民主集中制、政治界别、政治协商、群众路线、统一战线、一国两制、自我革命、选举民主、协商民主、全过程人民民主、发展规划、举国体制、民生财政、对口支援、小康社会、共同富裕、文明型国家、新型国际关系、国际关系民主化、人类命运共同体,等等。这个叙事确立后,就为中国政治的合理性和正当性、中国作为世界政治大国的合理性和正当性提供了较有力的政治学软实力资源。同时,在与外来政治学说保持对话中就不会失去自己的主体性和能动性。按照这套政治学叙事,就能够纠正先进世界不准确的所谓政治民主化叙事,将关于民主化的叙事拉回到正确的认识轨道上。

Ten Reflections on the Construction of Knowledge System of Politics in China

Changhe SU

Abstract: This paper makes attempt to illustrate ten key issues in construction of independent knowledge system of Chinese politics and international relations. It begins with the importance of cultural meanings of political theory in modern state building, and then respective move to explores how to use the way of constructive transformation in theoretical innovation, the conceptualization of political practice in political analysis, the implication and promotion of Chinese governance to the outside world, the facilitation of independent knowledge system of politics in political education, and the evaluation of knowledge production. It also put forward what's the real political narrative scenery based on Chinese knowledge system of politics. With the emergence of global South, this paper assumes that the configuration of world political knowledge system has been transformed from unipolar and monopoly system of western political knowledge to more multipolar system, the wisdom and theory of governance from China provide competitive choice for the world governance, even China never wants to export its governance model to the rest world.

Keywords: Independent Knowledge system of politics; education of politics; political narrative

"事"与"治事":政府治理的行动结构

李瑞昌*

[内容提要] 政府治理体系和治理能力现代化是政府建设的重要任务。大量研究集中于讨论政府治理体系的范围和政府治理能力的大小,而较少讨论政府治理体系和能力现代化的理由,即较少讨论政府治理对象。本文认为,政府治理的对象是"事"。人民有"事",需要政府帮助"治事";"事"是人民需要政府的理由,"治事"是政府与人民之间常见的联系。具体而言,从"治事"的需要研究政府治理的行动结构与行动方式,从而构建起以"事"为起点的政府治事学。作为政府治理的新理论,政府治事学力图从政府治理对象的变化出发重新思考政府治理体系和治理能力现代化的路径。

[关键词] 政府;事;治事;政府治事学

政府是当今世界最大的政治组织,也是公共管理最核心的主体。因此,现代政府始终是政治学、行政学、社会学和经济学等多个学科研究的重点,也是不少知名的学派争论的焦点。不同学科研究政府的视角、方式和方法均有差异,但有共同的研究对象,即现代政府。绝大多数现代国家中有多个地方政府,但是一般都只有一个中央政府;政府是一个组织体系,如同其他组织一样是由人(公务员)组成的,因此,管理学曾经一度认为自身是最有资格研究

* 李瑞昌,复旦大学国际关系与公共事务学院教授。

政府的。然而,政府不同于普通组织,它自带特殊性,有着自己运行的特殊规律,研究政府是公共管理学科的重要使命之一。总之,现代国家通常有一个全国性政府和若干个地方政府,它们是政治学、公共管理学等多个学科最为重要的研究对象,建构适合本国的政府理论也是社会科学自主知识体系的组成部分,每一代学人都应为此而努力。

一、中国政府研究的赓续

就知识传承而言,近现代中国对现代政府的研究可以追溯到中华民国时期。例如,陈之迈先生就著有《中国政府》(上海人民出版社,2012年版);但是,成体系地研究政府则始于新中国的改革开放之后。改革开放之后,复旦大学(简称"复旦")对政府的研究持续不断,从未间断。在过去的30年中,复旦学人对政府理论的研究赓续不断、创新不止。复旦对政府的理论研究,可追溯到20世纪90年代。1993年,复旦出版了两本教材,一本是《比较政府体制》(复旦大学出版社,1993年版),另一本是《当代中国行政》(复旦大学出版社,1993年版)。前一本研究西方国家政府体制,对英、法、德、意、瑞典等国家的政府体制进行了系统梳理,每个国家的政府体制包括了六部分内容:基本国情、宪法与政府体制、政府体制与国家元首、政府体制中的立法系统、政府体制中的行政系统、政府体制中的司法系统。后一本研究中国政府体制与功能。总体而言,两本书偏重从体制结构上研究政府。到了1998年,复旦出版了"当代中国/政府理论研究丛书",共出了4本,包括曹沛霖著的《政府与市场》(浙江人民出版社,1998年版)、林尚立著的《国内政府间关系》(浙江人民出版社,1998年版)、胡伟著的《政府过程》(浙江人民出版社,1998年版)和任晓著的《中国行政改革》

(浙江人民出版社，1998年版)。这4本书偏重对政府过程、政府关系的研究。2012—2020年，复旦出版了竺乾威和朱春奎主编的《中国政府建设与发展报告》(人民出版社，2013年版)、李瑞昌著的《政府间网络治理：垂直管理部门与地方政府间关系研究》(复旦大学出版社，2012年版)和《中国特点的对口支援制度研究：政府间网络视角》(复旦大学出版社，2016年版)。2020年以来，复旦先后出版了3本有关政府治理原理及中国政府理论的书籍，包括：唐亚林著的《政府治理的逻辑：自贸区改革与政府再造》(复旦大学出版社，2020年版)、李瑞昌编著的《行政逻辑：当代中国政府治理原理》(复旦大学出版社，2021年版)和陈明明著的《马克思主义政府原理的中国逻辑》(复旦大学出版社，2022年版)。

过去三波30多年政府理论研究，取得了以下进展：一是视角延伸。研究视角从政府体制结构向政府间关系、政府过程延伸，再向政府及政府治理逻辑原理延伸，研究视角的延伸实际上回应了改革开放后国内认识和了解世界的需要。二是对象接轨。学界对政府范围始终争议不休。复旦学人从广义政府(包括立法系统、行政系统和司法系统)到狭义政府(主要是行政系统)，再到中义政府(包括行政系统和党委)，不断地根据公共事务治理的实际需要框定研究对象，这种对象确定实现了中国入世后中西方政策话语的接轨。三是学科生长。有关政府的研究起源于政治学，主要研究权力及政府权力运行；19世纪80年代末，诞生了行政管理学，主要研究行政组织结构及其职能；到20世纪末，尤其是到了21世纪，再长出了公共管理学，主要研究公共事务治理及政府功能；可以说，复旦学人对政府的理论研究满足了新学科生长的需要，呼应了学科交叉的新趋势。四是理论深化。从政府理论研究到政府建设实践研究，再到政府治理原理以及中国政府理论研究，推动了政府研究从规范研究向实证研究、从结构研究向行动研究的深化。政府理论研究从最初的政府结构与功能理论，到政府过程和关系理论,再到政府属性理论和行动理论。可以大胆地说,对政府研究的探索不仅满足了国家发展的需要,也拓展了政府理论的版图。

从实践发展来看,中国政府建设大体上可以分为四个时期:1949—1954 年,广义政府建设时期;1955—1981 年,中国政府建设停滞时期;1982—2017 年,狭义政府建设时期;2018 年开始的党和国家治理体系和治理能力现代化时期。每个时期,中国政府建设也均有自己的机遇和挑战,既有现代化的动力,也有观念滞后的阻力;每个时期,中国政府建设均有自己的特点和重点,有进步,也有退步。总体而言,中国政府从自身出发,按照分化和分开两种策略,实施系统分化和体系分工,先实行政府与企业两个系统分化,再分化出事业单位、群团组织和社会组织,展现出从减少数量到提升质量、自内向外、从体系到系统和由局部到整体的发展逻辑,不断减少机构和人员的数量,确定合理的政府规模,提高政府运行效率,推动政府治理能力变革。进而,体系重新整合、系统再次协同起来继续向前发展。① 当然,从实践部门的立场来看,中国政府变动之处还不在于机构的变化,而在于其能力的变化,有为政府所取得的绩效骄人。

自党的十八届三中全会提出"国家治理体系和治理能力现代化"的重大命题以来,政府治理体系和治理能力现代化成为研讨的主要议题,可分为政府理论、政府建设、政府治理等若干子议题。政府理论主要研究的问题是"政府是什么?"包括两个方向:一是政府范围研究,即从广义政府到狭义政府,从洛克政府理论到密尔政府思想;二是政府标准研究,即政府来源何处?政府是恶的产物还是善的让渡?政府建设研究的问题是"如何建政府自身",包括三个方向:一是政府结构研究,从公共管理学角度研究政府的最优组

---

① 李瑞昌:《中国政府建设的历史方位和话语发展》,《地方治理评论》2019 年第 2 期。

成部门数量;二是政府功能或职能研究,从政府与市场或政府与社会关系研究政府职能与功能;三是政府质量研究,即如何评价政府建设的成果。政府治理研究的问题是"政府如何治理好各种事务?"涉及五个基本方面:一是谁来治理?即治理主体是广义政府还是狭义政府;二是治理什么?即治理对象;三是如何治理?即治理工具,包括从治理工具和从技术赋能两个方面展开研究;四是为谁治理?即治理目的;五是治理如何?即治理效果。多数研究集中于治理主体、治理工具、治理目的和治理效果,较少关注治理对象。

政府治事学拟从治理对象出发建构起新的政府治理理论。那么,政府治理的对象是什么呢?有些研究认为,政府治理的对象是"物";也有些研究认为,政府治理的对象是"人"。然而,众所周知,无论是建造"物"还是工刻"物"均非政府亲自所为,往往由企业或工匠全力所做。与此类似,无论是成年的公民还是未成年的公民都不是政府治理的对象,而是政府服务的对象;也就是说,人不能成为政府治理的对象,一方面政府是由人民选出的代表所组成,代表人民行使治理权,另一方面人是万物之灵,人是有高级意识的,能够自我管理。那么,政府治理的对象是什么呢?本文认为,政府治理的对象是"事"。人民有"事",需要政府帮助人民"治事";"事"是人民需要政府的理由,"治事"是政府与人民之间常见的联系。具体而言,从"治事"的需要研究政府治理的行动结构与行动方式,从而构建起以"事"为起点的政府治理的新理论,即政府治事学。政府治事学是研究政府治理各式各样事的学问。本文重点介绍政府治事学的两个基本问题:一是"事自何来?"二是"为何治事?"

二、作为政府治理对象的"事"

日常经常听到"有事找政府","事"成为人民与政府常见的联系。各地在推行一网通办时，也提出了"高效办理一件事"，并将具体的"一件事"用目录方式列举出来；"事"成为高效率政府服务公民、企业和社会组织的中间媒介。国家"十四五"规划提出的"一网统管"建设计划，其核心要求是"高效处理一件事"，"事"(主要是突发事件)成为政府解决城市运行中的堵点和难点。老百姓的"操心事、烦心事、揪心事"以及"急事、难事、愁事、盼事"都成为政府治理的重点任务。可以说，政府每天都忙于治理各种"事"，以此保障人民群众的正常生活以及社会安全运行。

进一步思考，何谓"事"？"事从何来"？"为何治事？"在中文中，"事"既是一个动词，也是一个名词。作为动词的"事"是从事、侍奉、设计、制作等多个行动的抽象含义，是行动及其过程的意思；而作为名词的"事"则表示行动或变化的结果，往往与另外一个字联系在一起，构成一个新的概念，如"事情"就是人或物变化后的状态。"事"是人们日常生活和中国哲学中经常被提到的一个重要概念，它具有较复杂的理论含义和特定的学术价值，但在西方哲学研究中却很少直接论及"事"的概念。[①] 尽管"事"是最普遍、最基本、最稳定，也是最有哲学和社会科学意义的概念之一；但是，要切实完整理解何谓"事"，及"事"从何而来，则需要从现实世界构成开始。

从现实世界构成而言，根据马克思主义唯物观，现实世界首先是由物质构成的物的世界。世界是物质的，物质是可以分成许多类的，如矿物、微生物、植物、动物等。物理学的发展表明，物充满了整个世界，寰宇之中，处处是物。物构成了大地的秩序、地球的秩序；这些物具有绵延的形式，为居住构建出安定的环境。物赋予人类生活连续性，物也安定了人类的生活，物是生活的栖息地。工业革命深化并拓展了物的领域。所有之物，皆在运动；物体内部是

---

① 张天波：《事论》，中山大学出版社，2014年，第2页。

运动,运动外显是物质。因此,物可泛指材料、设备、工具、肌肉、血液、细胞等等,包括物理学、生物学等所言之物。根据物本身是否有意识,可以将物区分为三类:在现实物质世界构成要素光谱中,无机物是无意识的,是物的一端;而人作为高级生物是有意识的最高代表,是物的另一端;其中间存在其他动物、植物等多种物质(见图1)。

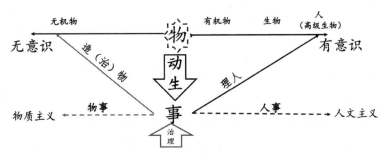

图1 "事"的来源分析

人类活动于其中的现实世界不是单纯由物所组成的,而是由物和事两方面组成的。所谓"事",就是事情、事务。凡人们从事的活动,均可广义地称为事。① 进一步讲,社会和自然界所涌现出的新现象即为"事","凡人所作所为所遭遇都叫事。社会生活的一切活动和自然界的一切现象也叫事"。② 物是现实世界的"硬件",事是现实世界的"软件",现实世界就是由这种硬件和软件组成的巨大系统;离开软件,硬件运转不起来,而没有硬件,软件缺少了载体,正因如此,物与事紧密相连在一起。从现实世界来看,"事"的来源有三个方面:一是"物"本身的运动而造成的"事";二是"人"自身运动而生成的"事";三是人造(治)物而产生的"事"。

---

① 苗东升:《系统科学原理》,中国人民大学出版社,1990年,第260页。
② 《辞源》(修订本),商务印书馆,1979年,第121页。

一是物动生事。"事"被认为是"物"动的过程及结果。毛泽东在《矛盾论》中论述"一切事物中包含的矛盾方面的相互依赖和相互斗争,决定一切事物的生命,推动一切事物的发展。没有什么事物是不包含矛盾的,没有矛盾就没有世界"。① "动"是运动的简称。恩格斯说:运动是物质的存在方式。无论何时何地,都没有也不可能有没有运动的物质。② 又言"运动,就最一般的意义来说,它包括宇宙中发生的一切变化和过程,从单纯的位置移动起直到思维"。③ 可以说,运动是标志着宇宙间一切事物、现象和过程的变化的哲学范畴。运动是一切事物的基本属性,运动是最根本的,可以说,没有运动就没有了一切。甚至可以说,运动产生万物,万物源于运动,有了运动,就有"事"以及"事物",即物动为事,事成为物。

从纯粹哲学上讲,"事"是所有的"物"的运动过程及其结果。哲学家张岱年先生提出,物动即事,"物之动为事,物之动之历程为若干事之连续,为一物之历史。一事而属于两物或多物者谓之事象"。④ 哲学家冯友兰先生就认为,"如桌子是一物,桌子动是一事。就事说,每种事,亦皆有其所以为此种事者;此即其理,为其类之事,所必依照者"。⑤ 在实践中,城市摩天大楼外墙的墙体,没有脱落时皆无事,一旦松弛开裂和脱落,就会成为"一事",城市的安全隐患之事。

二是人必做事。人为何要做事,究其因,有三个方面:其一,人类自身再生产。人要通过异性间交往、交流和交配等,完成恋爱、婚姻、生育等人生大事,最终完成人类自身再生产,从而保证人的

---

① 《毛泽东选集》第1卷,人民出版社,1991年,第305页。
② 《马克思恩格斯选集》第3卷,人民出版社,2012年,第98—99页。
③ 同上书,第491页。
④ 《张岱年全集》第1卷,河北人民出版社,1996年,第435—436页。
⑤ 冯友兰:《新理学》,载《冯友兰文集》,生活·读书·新知三联书店,2007年,第17页。

生生不息,阻止人类自身灭亡。其二,人类的生活所需。人在日常生活中,可以说无处无事。人的生活是连续不断的,与人相关的事也是源源不断的。人在关联中来做事,人通过做事而关联。人事不分。人是事的核心,没有人也就是无所谓人事。事在人为,人是事的关键因素。做事的目的是人,做事的结果也是为了人,同时,在做事的过程中,也要考虑人的条件和因素。不但要考虑做事者本人,还要考虑做事所影响到的其他人。人是事的主导,人是事的目的。其三,个体人要成长为社会人。人不是天生为人,他必须通过自己的实践活动而生成为人。人类从来不是完成了的存在形态,人类仍然在生成过程之中。人首先必须"做"(doing)才能"生成"(becoming),在"生成"中才能"存在"(being)。正是在这个意义上,可以认为人做什么就是什么人,做某种事情越多、越大,他的人格、身份和同一性就越是与这种事情联系在一起。对于人来说,不做事就不存在。因此,一个想得到社会承认的人,就必须为社会做事。人不仅必须为社会做事才能生成为人,而且,人也只能在社会中才能做事。在人类社会之外,不存在从事实践活动的可能。[1]

三是人需"事"物。其一,造"物"是人类活动的基本出发点。人与自然、人与人的相互作用,人类的各种发明创造,产生了许许多多的物,构成了更加繁华雍容的物质世界。进入工业社会后,人类所创造的物是历史上无与伦比的。自然、人类和社会的各种活动,形成了事的世界;自然界的各种相互作用,形成了更加多姿多彩的现实世界。其二,治"物"是人类艺术行为的表征。古人云:"玉不琢不成器,人不教不知义",治玉、育人都被认为是人类的艺术行为。人类在对待物质的生产态度时,始终追求着数量的增加和质量的提升,无论是从农业社会到工业社会,无一例外。物的数量的增加是科学问题,要运用科学方法和手段;而质的提升则是艺

---

[1] 韩震:《生成的存在:人类实践本体论》,《江海学刊》2002年第4期。

术问题,要运用创意提升物的质。其三,人、事、物三者之间存在复杂联系。"事"是人的活动及其结果,人的活动多数时候以物为对象。在事的结构中,人与物之间存在着复杂的关系,两者相互作用和相互影响。以人为中心、为目的,物是人行动的对象,人与物有信息和能量交换。在具体的事里,人、物之间的"显性关系"与"隐藏的逻辑"通过信息和能量交换可动态地揭示出来。例如,柳冠中在《事理学论纲》一书中就提出,"事"是在特定的时空中,人与物或人与人之间形成的互动或信息交流。有人告诉你:"去帮我把书拿来。"当你把他要的书拿给他后,就是帮他做了一件事。你理解他的指令"去帮我把书拿来",并且帮他拿了书,就是行为互动,就是信息交流。这就是事,并且是相关的一系列事。①

就社会发展而言,造(治)物和理人是人类两项最为重要的活动,也是最为常见的两类"事"。造(治)物是人类作用于物的活动过程及其结果;而理人是人类作用于自身的活动过程及其结果。工业革命以来,人类造物的能力大幅度扩张。每天都能目睹大量工业产品生产出来,越来越多的房屋等建筑物产生,越来越长的地铁、高铁、公路的交通路线建成,越来越宽的轮船、火车、集装箱等宽体物出现,越来越廉价的字、画、摄影作品、工艺品等被制造出来,物质生产成为人类造物的主要形式以及根本追求。对物质总量和质量的追求映射到人类意识之中,物质主义成为人类扩大生产的主要意识形态,也成为主导社会发展的一种意识形态。

造(治)物是为了人的需要,造(治)物也需要人的合作。人类自从生产物开始,就离不开人与人之间的合作,就要处理人与人之间各种复杂的关系,结成合作的共同体;于是,在长期的实践中,人类不仅形成了以血缘为基石的有机社会,而且逐步形成家庭、家族、部落、社区乃至国家等合作组织。进入工业社会,工厂成为人

---

① 柳冠中:《事理学论纲》,中南大学出版社,2006年,第66页。

与人之间协作最主要的载体,车间成为工作合作的基本空间单元。工业革命伴随着城市革命,城市从生产场所发展成为生活场所,城市大量人口集聚,交通业发展也带来人口流动加速,人与人接触的机会增多,整个社会从熟人社会转向陌生人社会。城市社会与乡村社会是两种不同人际网络的社会,治理这两个社会也有着不同方式方法,需要不同治理体系和治理能力。在乡村社会,可以借助家族、宗族、家庭等社会空间组织实现生活和生产的统一治理;而在城市社会,则需要将生活空间和生产空间的治理组织分开,在生活空间可以借助家庭、社区、街镇等组织处理人的生活事务,而在生产空间则需要借助班组、车间、工厂、公司等组织处理人的工作事务。

无论是造(治)物还是理人最终都是为了人。然而,单个人既无法单枪匹马地完成现代造(治)物之事,也无法独行侠般地实现理人之务。在公共生活中,造(治)物和理人都是有组织的行为,是大小不一的行动合作。总体而言,"事"的多样性反映了人民的需要与需求的丰富性,当然,"事"的多样性也就要求治事工具的组合性;"事"的动态性展现物的运动或人的活动的涌现性,当然,"事"的动态性也就要求治事流程的反复性;"事"的复杂性呈现出物与物、人或人、人与物之间关系的错综复杂,当然,"事"的复杂性也就要求治事理念的统合性。总之,实现政府治理创新离不开对政府治理对象的关注。

三、作为政府治理活动的"治事"

世界需要秩序。秩序形成既可以由物或人自发自然而形成,也可以通过组织的干预而形成。物动生事,有了"事",原有的秩序就会被打破,新的秩序形成之前会有较长时间的混乱。为了缩短混乱的时长,就需要治理它。那么,哪些"事"要由政府来治理?我们认为,政府治理之事应该涉及三个层面:宏观层面涉及人类共同生存之事;中观层面涉及国内全体国民生活之事;微观层面涉及个体权益保护之事。治事关涉政府职能与政府行为①,为此,治理这些"事",政府有着三重目标。

(一) 宏观层面

1. 全球之事

从人与自然关系的角度,一些科学家把今天的世纪定义为"人类世"(Anthropocene),即人类对生物圈、大气层、岩石层和冰冻圈影响所形成的一个新的地质时代。② 随着话语的传播,"人类世"一词越来越被频繁使用,成为一个极为重要且内涵丰富的科学术语,具有地球多圈层和自然—人文多学科属性。尽管目前还存在"人类世"源起何时以及"人类世"是一个地质历史时期还是一个地质事件等争议,但是,人类改变了自然环境已然成为既定事实,也就是说,自然是"人化自然"(吉登斯)而非原生自然了。研究不同时间尺度上人类活动对全球气候及环境影响的事实和机制,充分考虑地球系统多圈层相互作用的复杂性,促进多学科(包括自然、工程、社会及人文学科)、多区域、多机构之间的合作和资源整合,为减缓和适应日益加剧的全球气候及环境变化、保护宜居和可持续的地球环境、谋求全人类的福祉与发展作出贡献③,正在成为当今世界上所有人的一种共识。

随之生产工具改进和生产力提升,造(治)物能力快速增长,人

---

① 李瑞昌:《行政逻辑:当代中国政府治理原理》,上海人民出版社,2021年,第66页。
② [加]克里斯托弗·J.普雷斯顿:《多元人类世:打碎一种总体化话语》,《国际社会科学杂志》(中文版)2018年第4期。
③ Zhi-Yong Yin、刘晓东:《"人类世"的提出与争议》,《第四纪研究》,中国知网2023年6月2日网络首发。

(造)物呈指数级增加,人造各类系统错综复杂;随着医疗水平的改善,人口出生死亡率下降,人的寿命延长,人口总数量大幅度增加。正如阴阳之道,"事"亦有正面性与负面性。无论是造(治)物还是理人,"事"的活动及其结果也必然有正负方面的影响。从正方面(积极效果)上讲,人的实践活动不仅证明了社会和外部世界的存在,而且也改造着外部世界和人类社会,并且生成情感、人性、风俗习惯、文化特性和社会制度,产生了人与人之间的关系、人类与自然之间的新关系。

从"造(治)物"的负面性来看,主要包括三方面的物事:一是人造物快速增多,宇宙拥挤不堪。进入工业社会,物质生产能力超过人类历史上的数倍,不仅物质生产总量超过人口所需,而且物质生产的速度超过了人口增长的速度,致使大量多余物挤占了人类生存的自然空间。二是垃圾污染围地球,地球疲惫不堪。大量无机物生产出来而无好办法进行销毁,引发了垃圾围城等环境污染和生态问题,致使发展不可持续。三是全球气候速变暖,地球生存空间压缩。由于温室效应不断积累,导致地气系统吸收与发射的能量不平衡,能量不断在地气系统累积,从而导致温度上升,造成全球气候变暖。变暖的危害从自然灾害到生物链断裂,危及人类生存的各个方面,生存空间正在被压缩。

从"理人"的负面性来看,主要包括三个方面的人事:其一,全球移民急剧增加,人口结构分布不均匀。工业革命以来,一些地方在城市化过程中,经济越来越发达,物质生活越来越丰富。与之相反的现象是,经济越发达的地区,不婚不育增多、人口出生率下降幅度越大、人口出现负增长,人口结构老龄化趋势明显;此外,不发达国家和地区,人口出生率高,人口结构年轻化。于是,人口从发展中地区向发达地区移民急剧增加,发达国家之间的移民也呈现增加态势;全球移民加剧了人口结构分布不均衡。其二,区域难民快速增多,发达国家内部出现骚乱。一方面,受到财产私有制以及追求社会效率的影响,分配问题始终困扰人类社会,分配不公平已经成为工业社会最为显著的特征;一些仍处于工业化过程的发展中国家的贫穷人口向发达工业国家移民趋势猛增。另一方面,受到国际局势影响以及国内战乱侵扰,饱受战火侵袭的民众正通过偷渡、非法居留等方式快速向发达国家、和平地区集聚;部分发达国家内部因难民与本地居民福利差异而出现骚乱。其三,相对贫困持续增变,发展中国家在泥泞中前行。随着全球发展,极端贫困人口正在减少,世界正在迈向温饱状态;然而,由于工业化城市化带来财富不均衡,相对贫困人口正在增加,发展中国家面对与发达国家越来越大的差距,诸多发展中国家仍陷入现代化水平低下的泥泞之中。

总而言之,全球贫富分化,加之战乱、自然灾害等各种因素,势必引发人口迁徙,合法与非法移民大量增加且向发达国家(北方国家)汇集。随着人口大流动,不同文化背景的人会聚集在一起,共同生活于城市社区,相互冲突几率大幅度增加,处理不同种族、不同文化背景的人之间的矛盾和冲突成为目前面临的重要社会矛盾之一。因此,如何让不同性别、不同民族、不同种族的人以及不同性格、不同文化背景、不同教育程度的人和谐相处成为世界各国面临共同的"事"。

2. 人类目标

宏观层面上,政府治事的目标是可持续的发展以及和谐的人类生活。工业革命以来几百年的发展所创造的财富,远远大于人类社会过去几万年的总和,但对地球资源的消耗也是巨大的,对生态环境的破坏也是巨大的,臭氧层穿洞、温室效应、人为破坏等已经使许多物类相继灭绝。现在极端气候已经成为常态,人类面临着的最大问题是世界可持续发展。全球贫富分化进一步加剧,发达国家(北方国家)财富增加依然迅速,发展中国家(南方国家)生活条件仍然落后。如果北方国家继续沿着现有道路前行,那么,人类生存的自然环境难以变好;倘使南方国家走北方国家已有的发展道路,那么,地球环境将更加恶化。因此,需要北方、南方国家共同改变已有的发展模式,即改变现有的"事",重新思考人类的活动方式和发展模式。

概而言之,人类经过工业时代的造(治)物后,有三方面问题将困扰着人类社会,是最迫切需要人类解决的:一是安全问题。世界发展越来越快,人造物越来越多,越来越复杂的人造系统让安全运行的形势变得扑朔迷离。二是矛盾问题。人口结构呈现极化,人的交流愈加极速,人的思想趋向极端,共识越来越难。三是冲突问题。"人类世"事务联结紧密,全球内外治理冲突紧张,争夺话语权越来越迫切。很显然,这些都是工业社会中出现的新的"负面事"。消除这些"负面事",既不能完全指望"肇事者"能完成,也不能期待单个人或组织能有效消除,而需要政府组织各方力量共同治理"负面事"。

人类活动是产生相应的治理需求的主要驱动力。从"人类世"的特性来看,21 世纪迫切需要在星球(或行星)尺度上作出持续响应的宏大挑战中,有四大挑战首当其冲,其中包括:(1)保护地球气候系统;(2)控制大流行病的暴发;(3)遏制网络空间的破坏性滥用;(4)引导生物技术革命。① 这四大挑战对人类而言都是生死攸关的考验,影响到上至作为物种的人类整体,下至人的生命个体。这些挑战正深嵌在高度复杂的人造物系统、自然系统和人类社会系统之中,构成这些系统的各要素连接密度加大,涌现出指数级裂变。因此,既需要从行星尺度考虑星球治理(planetary governance),更需要从全人类命运共同体出发,超越民族国家的界限,构建人类安全共同体。

---

① [美]奥兰·R.扬:《全球治理的大挑战:动荡时代的全球秩序》,格致出版社、上海人民出版社,2023 年,第 17 页。

（二）中观层面

1. 国家大事

从国家内部而言，始终面临着两个涉及全民的问题：一是发展问题；二是安全问题。安全是发展的基础，稳定是强盛的前提。发展问题实质上是科技水平问题。人类发生了三次科技革命，也经历了三次工业革命。每一次科技革命和工业革命，都带来人(造)物大量增加，人类生活变得更加丰富；然而，每次科技革命和工业革命也带来了战争风险，将人类置于不安全的境地。就发展中国家而言，在发展过程中，由于技术落后，造(治)物粗制滥造、量多质低、科技力少。于是，所造之物，不仅难以发挥其应有的功能，而且成为环境的赘生物，造成环境污染。为此，如何造(治)物不是一个人或一个企业所恣意妄为之事，而是民族国家产业发展或经济模式变革之大事。

从中国"造(治)物"来看，主要包括三方面的物事：其一是生产提质，中国已经经历经济高速发展、产品量迅速提高和先污染后治理的增长时期，开始进入生产提质增效的阶段，经济发展面临大转型，从先进制造业迈向先进智造，经济领域转型之事走上台面。其二是流通提速，随着中国经济进入以国内大循环为主、国际循环为辅的双循环阶段，国内统一大市场正在形成，流通需要进一步提速，实现从田头到餐桌的点对点快速流通成为双循环经济和统一大市场的重要组成部分。其三是消解提效，从绿色经济而言，在物质极大丰富的世界中，物质终端消解对于循环经济和环境保护具有更加重要的意义。以往更多考虑的是在物质终端采用焚烧等方式消解人造物，但是对空气等环境污染非常大；今天已经到了在人造物的初始阶段就要选择可以自然降解材料的阶段了。总之，中国是个制造业大国，如何制造？制造何物？已经成为中国经济绿色转型的重要之事。

从中国"理人"方面事务来看,主要包括三个方面的人事:一是人口基数大、社会负担沉重。中国目前有14亿多人口,其中,新生人口已经跌破1 000万,年龄超过60岁的已经接近4亿,人口结构极化趋势明显,开始迈向老龄化国家行列,未来人力资源面临着巨大的压力。二是人才少、卡脖子问题不断。中国尽管持续开展大学生扩招,人口受教育水平快速提高,但是,中国依旧面临着高端人才不足的大问题。三是人心不一、集中统一难。人们价值多元、观念冲突普遍,人的个体化倾向越严重,个人权利意识越强;与之相伴随的是个人自主意识强化、他者消失、思想极端者增多,打理人的生活和梳理人之间的关系成为最为重要的事务。

2. 国内目标

中观层面上,政府治事的目标是高质量发展和高品质生活。高质量发展是建设社会主义强国的首要任务,发达的物质文明是社会主义强国的基础。高质量发展必须完整、准确、全面贯彻"创新、协调、绿色、开放、共享"的新发展理念,其中,创新发展注重的是解决发展动力问题,协调发展注重的是解决发展不平衡问题,绿色发展注重的是解决人与自然和谐问题,开放发展注重的是解决发展内外联动问题,共享发展注重的是解决社会公平正义问题,强调坚持新发展理念是关系我国发展全局的一场深刻变革。高质量发展必须坚持社会主义市场经济改革方向,坚持高水平对外开放,加快构建以国内大循环为主体、国内国际双循环相互促进的新发展格局。高品质生活是人民群众经济、政治、文化、社会和生态等各方面的美好生活需要得到更好保障和满足的生活。创造高品质生活必须以推动高质量发展为前提,创造高品质生活必须着力保障和改善民生,创造高品质生活必须全体人民付出辛勤劳动和艰苦努力。带领人民群众创造高品质生活始终是中国共产党的初心使命。

(三) 微观层面

1. 个体之事

从个体层面而言,人与人不一样,事与事也难相同。不过有些事是个人的,通过有些事可以理解某群人的生活世界。从"造(治)物"的负方面(消极后果)来看,主要包括三方面的物事:其一,消费至上,纵欲享乐。新中国成立以来,中国经历了从勤俭节约到消费至上的消费观念变迁历程,伴随消费观念变迁的是人们的消费行为发生了翻天覆地的变化,正如迈入所谓的消费社会。西方消费社会鼓吹享乐主义和游戏人生的道德观,人们被教育拥有商品是一种享乐,而消费商品的目的就是最终抛弃它,这是因为消费文化需要一个更有力的、更善变的刺激,使日益加速的消费需求符合日益增加的消费供给。于是,一个远离政治,充满世俗化、欲望化的消费空间形成了,完成了物欲对心灵的全面扫荡和统治。人们久被压抑的物质欲望以火山喷发的姿态泛滥开来。其二,需求个性,畸形嗜好。物有实用、经济、文化、中介、贮藏等六种基本功能,消费至上就是非生产性地消费物质和精神产品,于是,造物的重点被更多地考虑是产品的交换价值、门面职能和是否流行,以满足个体有点畸形的需求。今天,快时尚的过度生产与消费者的过度消费,已形成完美闭环。至于会对环境和个体人造成多少负担,从来都不是优先议题。其三,感官刺激,娱乐至死。鲍曼(Bauman)认为,娱乐是从开发生产劳动那里榨取利润的主要来源,消费社会实现了"快乐原则"的解放。

从"理人"的负面性来看,主要包括三方面的人事:一是极端自我,极端化自我呈现。社交媒体为用户提供了自我表达的平台,用户通过表达自我精神来寻求价值认同。由于自我意识极度膨胀,人们在社交媒体中的自我呈现从正常到炫耀性呈现,再到虚假性呈现,自我极端化,人的真实性正在消失。二是异常自信,信任感逐步消失。经过三次工业革命,机械动力和互联网为人的手、腿和眼睛等带来极大辅助能力,改变了人的器官的能力不足。然而,当单个人能力扩展到一定程度,人会变得非常自信,妥协消失,信任感消失。三是孤勇自行,亲密关系异化。随着人的个体化,人越来越孤勇自行,人与人间的亲密关系也就异化为利益关系或权力关系。

2. 个人目标

微观层面上,政府治理个体私事的主要目标是绿色生活和生命价值(或入世出世),即在物质生活上用绿色产品和在精神生活上要思考生命价值(先入世再出世)。绿色生活治理指的是人与自然之间关系的事及其治理,生命价值治理(入世出世)则是指人与社会之间关系的事及其治理。个人目标确定应从以"人"为中心到以"事"为起点,所谓以"人"为中心容易走向以自我为中心,而以"事"为起点确定目标,实质上是以社会需求为起点;以"事"为起点定个人目标要妥善处理个人欲望与社会需求之间的关系。政府治理个人之事有两个侧度:一是内部治理或内部控制的侧度,以人为中心,从人的内在需求思考物质生活和精神生活的方向;二是外部治理或外部控制的侧度,(合法性提升),以事为中心,从人的外在约束思考物质生活和精神生活的可能性。绿色生活和生命价值(入世出世)都是从外在约束角度考虑个人目标。

四、政府治事学:治理现代化理论的新视角

政府治理体系和治理能力现代化是政府建设的重要任务,政府治理现代化理论是政府建设的理论指针。大量政府治理现代化理论集中于讨论政府治理体系的范围和政府治理能力的大小,而较少讨论政府治理体系和能力现代化的理由,即较少讨论政府治

理对象对治理主体的影响。事实上,政府治理对象随着时代变化而变化,并对政府治理体系和治理能力提出新的要求;因此,需要从政府治理对象出发,思考政府治理现代化理论。"事"是政府治理的对象,"治事"是政府职责所在,治事要求是政府治理体系和治理能力现代化的理由;基于此,构建政府治事学,是发展政府治理现代化理论的路径。

党的二十大报告提出中国式现代化伟大命题,中国式现代化有五个特征,即人口规模巨大的现代化、全体人民共同富裕的现代化、物质文明和精神文明相协调的现代化、人与自然和谐共生的现代化、走和平发展道路的现代化。中国式现代化实质是政府治理对象的现代化,是政府治理体系和治理能力现代化的基本动力。政府治理体系和治理能力现代化与中国式现代化的关系是双向推动,一方面作为"事"的中国式现代化向政府治理体系和治理能力现代化提出要求,而另一方面政府治理体系和治理能力现代化又助推中国式现代化的早日实现。在中国式现代化过程中,政府治事重点正发生转移。具体表现为以下四方面。

一是从重视造(治)物到重视治人。中国是人口规模巨大的国家,对物质需求强烈,中国式现代化首先是造(治)物的现代化。从农业社会向工业社会转型的过程中,中国式现代化的首要任务为扩大物质生产,解决物质短缺问题。随着中国进入新发展时期,人口出生率下降,人口生产面临压力,结婚率下降,离婚率上升,梳理两性关系成为未来政府治事的重点内容。

二是从注重物的数量到注重物的质量。经过工业革命后,人类物质数量的生产能力极大提高,人民对物质的数量需求正在得到满足,开始转向对物的质量的需求;社会的主要矛盾也从"人民日益增长的物质文化需要同落后的社会生产之间的矛盾"转到"人民日益增长的美好生活需要和不平衡不充分的发展之间的矛盾"。从广义上讲,人的生产也属于物的生产;从狭义上讲,人的生产是家庭关系再生产。概而言之,人口生产总数在下降,但是,人口生产质量在提升。

三是从关注人的生理需要到人的精神需求。人的生理需要主要是物质的需求,物质主义、消费至上和享乐主义等思潮的实质仍然是人的生理需要被过度满足。但是,人的生理需求是有极限的,人对物质的消耗能力随着人的机体功能下降而下降。人的生理需求不断降低之时,取而代之的是精神需求不断上升之刻,因此,物质文明和精神文明相协调的现代化是中国式现代化的基本特征之一,本质上是由人的需求特性所决定。

四是从搭理"碳基人"到理解"硅基人"。在无意识到有意识的物的光谱中,出现了有意识的无机物特殊类型,即机器人。机器人是无机物,但是它具有有机物的意识,而且具有高等生物人的意识。有机物,尤其是生物,基本是由碳水化合物所构成的,简称为"碳基人";而诸多无机物,基本是硅化合物。现在机器人是硅化合物,但拥有了一定意识,简称为"硅基人"。目前,"碳基人"与"硅基人"共同运行世界。从政府治事而言,最初搭理"碳基人",处理"碳基人"再生产与他们之间关系;今天乃至未来,"硅基人"越来越多并发挥越来越多作用,理解"硅基人"的思维和行为成为政府治事的新任务。

政府治事学是以"事"的变化思索"治事"变化的理论。

Affairs and Governing the Public Affairs: The Action Structure of Government Governance

Ruichang LI

Abstract: The modernization of the system and capacity for government governance is an important task in government construction. While a large number of researches focus on the scope of the government governance system and the size of the government governance capacity, the reasons for modernization of governance system and capabilities receive less attention, that is, the discussion on object of government governance is insufficient. This article believes that the object of government governance is "affairs". People have "affairs" and need the help of government to govern the public affairs; "affairs" are the reason why people need the government, and "governing the public affairs" is a common connection between government and people. Specifically, the need of "governing the public affairs" requires the study of structure and methods of government governance, therefore, this article constructs Theories on Government Governs the Public Affairs starting from "affairs". As a new theory of governance, Theories on Government Governs the Public Affairs strives to rethink the path of modernization of the governance system and governance capacity, based on changes in the object of government governance.

Keywords: Government; Affairs; Governing the Public Affairs; Theories on Government Governs the Public Affairs

复旦大学政治学科的百年传承与学术品格

郭定平*

[内容提要] 复旦大学政治学科的百年发展,从早期的欧美主导到"一边倒"地学习苏联,从改革开放初期引进、借鉴西方政治学思潮到中国特色社会主义新时代注重建构中国政治学的自主知识体系,涌现了一大批杰出学者和优秀成果,为中国政治发展和现代化建设作出了重大贡献,并在此过程中逐渐形成了自己的政治学脉和学术品格,具体包括为公本色、严谨学风、务实精神、开放视野等方面。百年志庆只是一个中转站,在以中国式现代化全面推进中华民族伟大复兴的新征程上,复旦大学政治学将铆足干劲再出发,迎接新挑战,创造新辉煌。

[关键词] 复旦大学;政治学;百年;学术史

复旦大学(简称"复旦")自 1923 年成立政治学系以来已经走过了一百年的光辉历程。复旦政治学科的百年纪念与中国共产党的百年华诞前后相继,在党的二十大开启以中国式现代化全面推进中华民族伟大复兴新征程的重大历史节点,我们复旦政治学的百年纪念不仅是对历史的回顾与总结、对成就的盘点与重温、对故人的追忆与缅怀,更是从历史展望未来,从成就找回自信,从先哲汲取灵感,为复旦政治学科的更大发展和中国政治文明的更大进

---

* 郭定平,复旦大学国际关系与公共事务学院政治学系主任,教授,博士生导师;上海市政治学会会长。

步聚集智慧力量、提供雄厚资源。

一、复旦大学政治学科的百年传承

人类历史上的政治研究在中国的先秦时期和其他古代文明的早期均有不同程度的发展,但是作为一个独立学科的政治学,只有在19世纪末期的美国才初步形成,随后在其他国家也纷纷建立独立的政治学科。复旦大学于1905年建校,随后文理各科得到快速发展,其中,政治学系于1923年正式成立,至今刚好迎来百年华诞。复旦政治学发展的一百年可以大致概括为三个不同的历史时期,各个时期具有明显不同的特点,但是政治学学脉一以贯之,学科力量不断积累,学术品格逐渐成形。

(一) 1923—1949年的复旦大学政治学

1923年,复旦政治学系成立,直到1949年新中国成立,是复旦政治学发展的第一个历史时期。这一时期受欧美政治学的影响很大,是典型的西式政治学教育体制和教学内容,很多政治学教学科研人员均从欧美的大学毕业。1927年,政治学系内设政治、法律、市政三组;1929年,系科改组,成立法学院,政治学系的三个组分别组建政治学系、法律系和市政学系,同属法学院。1937年抗日战争爆发后,政治学系一分为二,一部分留守上海,另一部分迁往重庆。根据1937年修订的课程设置大纲规定,政治学系的目的是"培植政治外交之专门人才,造就国家行政人才"。当时的主要专业课程包括:政治学原理、经济学原理、社会学原理、近世欧洲史、中国近百年史、统计学、财政学、欧洲政治思想史、各国政治制度、国际公法、法学通论、宪法原理、现代国际政治、中国政治制度、行政学、欧洲外交史。对照来看,当时的课程大纲已经相当完善了。更为重要的是,政治学科设立之后,修读的学生激增,因此增设相关专业和招揽专业教师,迅速迎来复旦政治学发展的盛况。据1930年的政治学系主任吴颂皋的记述,当时很多青年学生自各方转入政治学系,法学院共计有学生316人,而政治学系的同学几乎占到2/3,共有192人,不仅成为法学院的主体,而且凌驾于全校各系之上。① 由此可见青年学子对政治学的浓厚兴趣和政治学系发展的光明前景。

1949年之前的复旦政治学具有明显的两大特点:一是欧美等西方的影响很大,绝大部分的政治学系教师均为欧美留学回国人员,课程体系和科研体制明显受到西方影响。郑觉民是复旦政治学系的创始人,从美国伊利诺伊大学毕业,主讲政治学、国际公法、宪法与公民学等。孙寒冰于1928年回母校受聘担任复旦政治学教授,他1922年毕业于复旦大学商科,后赴美留学并于1927年毕业于哈佛大学。他在复旦主讲政治理论、世界政治、欧洲政治思想史、比较政府、中国外交史等。梅汝璈1924年毕业于清华大学,1926—1928年在芝加哥大学法学院学习,获法学博士学位,1945年受聘为复旦政治学系教授。二是复旦政治学开始形成自己的精神与传统,不仅运用现代政治学概念和理论研究中国政治问题,探寻救国救民之道,而且提出了构建中国自主知识体系的问题。复旦政治学人发扬"服务、牺牲、团结"的复旦精神,竭尽全力为国家独立、民族复兴和人民解放贡献自己的聪明才智,甚至不惜自己的生命,将复旦的爱国民主传统不断发扬光大。费巩是1923年考入复旦、1927年毕业的政治学系首届学生之一。他毕业后出国留学,1932年回复旦任教,主讲中国政治制度,出版了《英国文官考试制度》《比较宪法》等著作,力图为中国改进吏治、发展

---

① 复旦大学校史编写组编:《复旦大学志第一卷(1905—1949)》,复旦大学出版社,1985年,第340—347页。

宪政寻求良善路径。1933年费巩应聘到浙江大学任教。1945年1月,费巩应邀赴重庆复旦大学讲授民主与法制,2月在重庆文化界《对时局进言》上签名。由于他坚持抨击国民党的反动统治,拥护中国共产党成立联合政府的主张,3月5日凌晨在准备去复旦讲学的路上遭国民党特务绑架后杀害。新中国成立后,费巩被追认为革命烈士。孙寒冰教授在1933—1935年担任政治学系主任,复旦内迁重庆后,在1937—1938年再度成为政治学系主任,1939年出任复旦大学教务长、法学院院长,为复旦政治学的早期发展作出了重大贡献。1940年,在日军轰炸重庆时,孙寒冰不幸遇难身亡。这里特别值得强调的是,1935年1月10日,孙寒冰等十位教授联名发表了《中国本位的文化建设宣言》。该宣言明确提出了中国文化消失与重建的问题,认为"要使中国能在文化的领域中抬头,要使中国的政治、社会和思想都具有中国的特征,必须从事于中国本位的文化建设"。"中国本位的文化建设,是创造,是迎头赶上去的创造;其创造目的是使在文化领域中因失去特征没落的中国和中国人,不仅能与别国和别国人并驾齐驱于文化的领域,并且对于世界的文化能有最珍贵的贡献。"[①]这一宣言发表之后,马上产生了热烈的反响,并引起众多争议,也遭到曲解和利用,但是回过头来看,我们不得不佩服孙寒冰教授等人关于建设中国本位的文化或者说构建中国自主知识体系的真知灼见和超前思维。

(二) 1949—1978年的复旦政治学

1949—1978年的复旦政治学发展历史值得认真学习、深入挖掘和重新理解。因为在改革开放之后恢复和发展政治学的过程中,我们特别强调"政治学要补课",于是很多人就把1952年全国

---

① 《十教授:中国本位的文化建设宣言》(2020年6月16日),人学研究网,renxueyanjiu.com/index.php?m=content&c=index&a=show&catid=78&id=3207,最后浏览日期:2023年8月12日。

院系调整之后的政治学历史说成一片空白。实际上,中国各个大学的情况并不一样,应该说全国的政治学发展在1949年之后确实有很大的转变,原来的欧美西方式的政治学被裁撤、调整和改造,苏联式的马列主义政治学得到快速发展、充实和加强。1949—1952年,暨南大学等高校的政治学系先后并入复旦大学,王造时、林同济等著名政治学者调入政治学系,当时复旦政治学盛况空前、著名学者云集。1952年院系调整后,复旦大学法学院法律、政治学两系调出,与圣约翰等九所高校的法律、政治等系科合并组建华东政法学院,以法学教育为主,实际上新成立的华东政法学院当时并没有设立政治学系。从1952年开始,在东西方冷战不断升级、新中国成立后实行向苏联"一边倒"的外交政策的影响下,复旦的教育体制和教学内容迅速地"去民国化""去西方化",开始大力加强马列主义理论、国际共产主义运动、苏联共产党历史、中国共产党历史等方面的教育,先后成立了马列主义基础教研室、中国革命史教研室、社会主义教育研究室、马克思列宁主义教育系等,正如曹沛霖老师所说,"学校从旧制度向新制度转变,从英美学制向原苏联学制转变"。① 由此可见,即便在1952年的院系调整之后到1962年的十年间,复旦大学院系名称中没有政治学这三个字,但不能否定政治学仍然持续存在,因为仍有从事政治学研究的学者,相关教学和研究活动大量存在,这是一种调整与转变,而不是取消和消失。1962年4月,马列主义教育系正式更名为政治学系之后,特别是1964年2月根据中央指示在政治学系的基础上成立国际政治系之后,复旦大学的政治学便迎来了新的发展机遇,即使在"文化大革命"期间,复旦政治学研究也几乎没有中断,始终结合中国的国家发展需要,开展广泛的教学科研活动,并取得了大量成就。这一时

---

① 本书编写组编:《国务学脉——复旦大学国际关系与公共事务学院老教师访谈口述史》,复旦大学出版社,2015年,第24页。

期的政治学发展与传承主要体现在以下三个方面。

第一,一些政治学学者在复旦大学不同的院系继续从事政治学方面的教学研究工作。王造时1925年毕业于清华大学,后留学美国威斯康星大学,攻读政治学专业,1929年完成博士论文《1919年以来大国对外政策纲领中的裁军问题》,获政治学博士学位。新中国成立后,王造时因其崇高声望担任了华东军政委员会文教委员、上海市政协委员与政协常委等重要职务。1951年8月,复旦大学校长陈望道和法学院院长胡曲园找到王造时,邀请其担任政治学系教授,从此他便与复旦结缘。院系调整后,王造时并未离开复旦,而是留在复旦历史学系,讲授世界近代史、欧美社会政治思想史和美国外交政策史,也从事政治学方面的研究工作,主要是把过去所译书稿进行校对并出版,其中比较著名的有1956年由生活·读书·新知三联书店出版的《历史哲学》(黑格尔著,王造时译),1959年由商务印书馆出版的《国家的理论与实际》(拉斯基著,王造时译)。① 林同济于1926年赴美留学,攻读政治学,先后获得密歇根大学学士学位、加利福尼亚大学伯克利分校硕士、博士学位。1932年,时年26岁的林同济在上海出版的《新社会》半月刊(1931年7月创刊,1935年7月停刊)第2卷第八号上撰文介绍研究"东北亚洲"的学术资料,是中国学术刊物上最早出现的有关"东北亚"的概念。1942年,林同济迁居重庆北碚,担任复旦大学比较政治学教授,至1945年5月离职赴美开展学术交流。1948年,林同济回国后又任职复旦大学政治学教授,讲授中国文化史、中国边疆史、政治学概论、中国政治思想史、西洋政治思想史等课程,至1953年6月调至复旦大学外文系。在外文系任教期间,林同济从事莎士比亚研究。1973年,随着中美关系的改善,他指导外文系学生翻译《尼克松传》。1978年,林同济接受新华社

---

① 王造时:《中国问题的分析 荒谬集》,复旦大学出版社,2015年,第285—287页。

记者采访,提出废除领导职务终身制,引起广泛重视。①

第二,奠定马克思主义政治学的基础。从马克思主义基础教研室到社会主义教育教研室,吴常铭与余开祥一直负责教学科研工作,开设课程包括马列主义基础、联共(布)党史、中共党史、社会主义、国际共产主义运动等。1960年,学校决定将教研室改建为马列主义教育系,教师队伍扩大;1962年,马列主义教育系更名为政治学系,当时开设政治学课程的老师有余开祥、李幼芬和袁缉辉,主要讲授阶级论、革命论、国家论、政党论等,受邓初民的影响较大。孙关宏老师说:"当时的党委书记是陈传纲,他对政治学有兴趣,常常和我们一起讨论怎么上马克思主义政治学的课。"② 1963年12月15日,中共外事小组、中央宣传部联合向中央提出"关于加强研究外国工作的报告",其中提出加强和充实高等学校中有关国际政治的院系。根据这一指示精神,复旦大学成立了国际政治系,主要任务是培养研究西欧、北美资本主义国家的人才。1964年1月24日,复旦大学校长办公会议讨论成立国际政治系和研究外国机构的问题。同年2月,政治学系正式改为国际政治系,与北京大学、中国人民大学一起在全国首先建立国际政治系。孙关宏老师说:"这次建系基本上没有改变组织结构和教师,主要是变更了系的名称,并加强课程建设,这跟1960年建立马列主义教育系时不同。""从1960年建系开始,到1962年改成政治学系,再到1964年改名国际政治系,前后六届学生的专业不同,分别是政治学专业和国际政治专业。"③孙关宏老师曾经对新中国成立后复旦政治学的调整、转向和发展进行过很好的总结,认为"20世纪

---

① 林同济:《形态历史观 丹麦王子哈姆雷的悲剧》,复旦大学出版社,2016年,第381—383页。
② 本书编写组编:《国务学脉——复旦大学国际关系与公共事务学院老教师访谈口述史》,复旦大学出版社,2015年,第134页。
③ 同上书,第135页。

60年代上半叶复旦马列主义教育系的成立和政治学系的更名,以及国际政治系的成立,在这三个看似偶然的事件中,实质上包含了内在的演变逻辑"。① 其中一条演变逻辑是加强马克思主义理论教育和奠定马克思主义政治学的基础,另一条演变逻辑是改进和拓展政治学的教学内容,随着中国国际地位的提升和国际交往的扩大,以马克思主义为指导加强对世界各国特别是欧美资本主义国家政治制度和政治发展的研究。

第三,开展欧美资本主义国家政治研究,取得了大量学术研究成果。复旦大学国际政治系成立后,各种政治学教学与科研工作得到大力推进。1966年"文化大革命"开始后,复旦大学教学与科研工作受到一定冲击和干扰,但是由于国家的现实需要和复旦的研究特色,复旦大学国际政治系"工作几乎没有中断过"。② 复旦大学国际政治系与资本主义国家经济研究所联合编辑出版"各国政府机构系列丛书",均由上海人民出版社出版,具体包括《美国政府机构》(1972)、《英国政府机构》(1973)、《德意志联邦共和国政府机构》(1974)、《日本政府机构》(1977)、《法国政府机构》(1978)等。复旦大学国际政治系、历史系等编译的《日本自由民主党及其政策的制订》由上海人民出版社于1972年出版,复旦大学国际政治系与资本主义国家经济研究所联合编译的《独立共和党——瓦莱里·吉斯卡尔·德斯坦》由上海人民出版社于1976年出版,复旦大学国际政治系编译的《美国共和党史》《美国民主党史》《西欧共产党》《西欧社会民主党》分别由上海人民出版社于1977—1982年出版。更为引人瞩目的重要科研成果是《美国两党制剖析》的出版,作者在后记中说,"本书是我们共同劳动的产物。初稿是

---

① 孙关宏、张兰:《复旦政治学的历史渊源及新中国成立后的调整、转向与恢复(1923—1966)》,《复旦学报》(社会科学版)2022年第4期。
② 俞云波:《宇下草野烟云路——一位追梦归侨的自述》,东方潮出版社有限公司,2014年,第238—239页。

1972年写成的,由陈其人、王邦佐执笔。1975年的第二稿,是由陈其人对初稿加以修改而成的"。① 当时的学术研究成果不仅是编写、编译著作,而且有调研报告,直接在中央重要决策中发挥作用。在20世纪70年代中后期,随着中国地位的提高和外交的拓展,复旦大学国际政治系接受中央委托完成了一系列调研报告(决策咨询、智库报告)。俞云波老师是印尼归侨,1974年调到复旦大学国际政治系从事教学科研工作,1980年1月加入中国致公党,后任中国致公党副主席、致公党上海市委主委、上海市政协副主席、上海市人民检察院副检察长、中国侨联副主席等重要职位。他在回忆录中披露,"文化大革命"结束后中央军委委托复旦大学国际政治系完成一份《法国军工生产与军火输出》的调研报告,就是由俞云波和陆宗寅撰写。杨成武将军访问法国时,这份报告发挥了重要作用,军委专门来信表示感谢。当时复旦国际政治系不时有类似这种上面交办的任务(委托课题),俞云波老师直接执笔的《意大利共产党与意大利政局》和《两霸在地中海的争夺》提交后,还都刊登在《人民日报》国际部的"内刊"上。②

(三) 1978年至今的复旦政治学

改革开放以后的复旦政治学发展既有以前的历史传承,也面对新时代要求。在1979年初党的理论工作务虚会上,邓小平谈到中国社会科学的落后状况时指出:"政治学、法学、社会学以及世界政治的研究,我们过去多年忽视了,现在也需要赶快补课。"③这一指示直接推动了中国政治学学科的快速恢复和发展。复旦政治学

---

① 陈其人、王邦佐、谭君久:《美国两党制剖析》,商务印书馆,1984年,第200页。
② 俞云波:《宇下草野烟云路——一位追梦归侨的自述》,东方潮出版社有限公司,2014年,第246—247页。
③ 邓小平:《坚持四项基本原则》,载《邓小平文选》第2卷,人民出版社,1994年,第180—181页。

的发展乘着改革开放的春风迅速进入快车道。1980年,经教育部批准,复旦大学在科学社会主义专业的基础上在全国率先设立政治学专业本科,建立政治学教研室,并于1981年政治学本科班独立招生,于是国际政治系下设政治学、国际政治和法律三个专业。后来法律专业单独组建法律系,国际政治系下增设思想政治教育专业和行政管理专业。1994年,因建立校院两级管理体制之需,复旦大学进行院系调整,成立了大的法学院,法学院中设有国际政治系、法律系和社会学系,政治学科的行政地位有所下降,但是得益于法学院的综合优势,政治学科得到进一步发展,复旦政治学学科在1996年被批准为上海市重点学科。2000年,法学院重组,在法律系的基础上建立新的法学院,在国际政治系的基础上建立国际关系与公共事务学院,原来系下的国际政治、政治学和行政管理三个教研室分别改成系,该体制框架大致维持至今。这一时期复旦政治学在原有马克思主义政治学的基础上,大规模引进和吸收欧美西方政治学的最新发展成果,是一个全方位开放的兼收并蓄、守正创新的新时期。

新时期复旦政治学科的大发展至今已有40余年,可谓高潮迭起,人才辈出,成就斐然。例如,1982年,创办全国第一期政治学讲习班;1984年《政治学信息报》创刊并设编辑部于复旦;1986年1月20日,《文汇报》头版头条刊登复旦国际政治系政治学教研室用人育人、悉心培养青年教师的故事,1992级国际政治系本科班集体被评为"全国先进"并创造出全国知名的"国政九二"先进典型。进入21世纪之后,复旦政治学科不断在教学科研方面攀登新的高峰,为党和国家的各项事业输送大量优秀人才,提供大力的智力支持,学科发展不断取得优异成绩。在此值得大书特书的是1982年复旦成功创办全国第一期政治学讲习班,为改革开放后中国政治学的发展起到了"亮相·启蒙·播种"的重要作用。1980年12月,中国政治学会在北京成立之后,全国各地纷纷成立地方政治学会,各个高校相继设立政治学系,于是普遍面临从事政治学研究的专门人才紧缺的问题。翌年,中国政治学会在张友渔会长的主持下召开常务理事会会议,讨论如何解决和落实人才培养问题,认为当务之急是开办政治学讲习班。参加会议的王邦佐老师主动请缨,提出复旦可以承担讲习班的重任。在中国政治学会的大力支持和复旦校内的有力配合下,第一期全国政治学讲习班于1982年3月1日开班,6月底结业。参加这期讲习班的60名学员来自全国22个省市自治区,其中来自高等院校的39人,社科研究机构的13人,党政机关的8人。在讲习班学习的学员们很多成为全国各地各个大学和科研院所的学科带头人,这就意味着在新时期中国政治学的发展过程中,出现了复旦政治学的火种燃遍中华大地的独特景观。正如王邦佐老师回忆总结的那样,讲习班这个事情确实在复旦政治学、上海政治学乃至中国政治学的发展历程中有着浓墨重彩的一笔,讲习班取得了应有的效果,获得了较高的评价,被后人戏称为"新中国政治学的黄埔一期",更形成了一种对讲习班传统和精神的传承。[1]

二、复旦政治学科的主要贡献

复旦政治学科的一百年伴随中国革命、建设和改革开放的各个不同的历史时期,从初创时期的蹒跚学步,到新中国成立初期的调整与转型,直至改革开放后再出发的大发展与大繁荣,其间涌现出无数杰出政治学者和大量优秀的政治学论著,是百年来中国政治学术史的光辉篇章。论其学术贡献,实在难以计数,在此仅以改

---

[1] 王邦佐、桑玉成:《亮相·启蒙·播种——复旦政治学讲习班与中国政治学的恢复和发展》,复旦大学出版社,2021年,第4页。

革开放新时期的复旦政治学发展为例,以有限篇幅择取荦荦大端略述如下。

(一)复旦政治学人率先引进国外政治学概念与理论,为新时期政治学"补课"作出了重要贡献

基于新中国成立后政治学发展的特殊路径,改革开放前复旦政治学的重点是加强马克思主义政治理论的学习与研究,因此,改革开放新时期政治学的"补课"主要是引进、学习和借鉴欧美政治学的最新成果。复旦在欧美政治研究方面有基础、有优势、有人才,于是顺势而为在引进和介绍欧美政治学成果方面走在前列,创造了一定业绩。从20世纪80年代初开始,一些西方著名政治学者的著作被翻译成中文出版。"其中影响力最大的有上海译文出版社的'当代学术思潮译丛'和北京大学出版社由宁骚主持出版的'比较政府与政治译丛'。"①"当代学术思潮译丛"中有许多非常有影响力的著作是复旦政治学人翻译出版的,例如《现代政治分析》(罗伯特·达尔著,王沪宁、陈峰译)、《决策过程》(查尔斯·林德布洛姆著,竺乾威、胡君芳译)、《比较政治学:体系、过程和政策》(加布里埃尔·阿尔蒙德、小G·宾厄姆·鲍威尔著,曹沛霖、郑世平、公婷、陈峰译)等。其中,影响特别深远的是加布里埃尔·阿尔蒙德等著《比较政治学:体系、过程和政策》一书。该书的英文版初版出版于1966年,此后多次修订再版,是英语学术界影响最大的政治学著作之一。1987年的中文版是根据1978年第二版译出,在当时的中国政治学界得到广泛阅读和引用,受到很高评价,被认为是对中国政治学发展的一项很大的贡献。作为首席译者的曹沛霖老师说:"在我看来,所谓贡献,最主要的无非三个方面:第一,通过

---

① 房宁主编:《新中国政治学研究70年》,中国社会科学出版社,2019年,第301页。

翻译这本书,介绍了西方政治学的新的现状;第二,这本书创造了一些新的学术概念和话语,比如政治体系、政治发展、政治社会化和政治功能等;第三,它提出了结构功能主义的分析方法,这个影响很大,一直影响到现在。"[1]另外,葛志强翻译的《社会学主要思潮》(雷蒙·阿隆著),张华青翻译的《政治社会学》(安东尼·奥罗姆著)、《一致与冲突》(李普塞特著),谢延光翻译的《正义论》(约翰·罗尔斯著),苏长和翻译的《霸权之后:世界政治经济中的合作与纷争》(基欧汉著),任军锋翻译的《半主权的人民》(谢茨施耐德著)、《寡头统治铁律:现代民主制度中的政党社会学》(米歇尔斯著)均为很有学术影响的名著。

在翻译国外政治学著作的同时,复旦政治学人也做了大量关于当代西方政治学发展的评介工作,其中的主要代表有王沪宁教授关于当代西方政治学发展的评介和倪世雄教授关于当代西方国际关系理论的评介。在《当代西方政治学分析》一书中,作者在综合分析当代西方政治学的形成和发展的基础上,具体分为行为主义的兴起、系统分析学派、结构-功能学派、比较政治研究、政治文化研究、政治发展研究、公共政策研究、国际政治研究、政治心理学、政治社会学、政治人类学、生物政治学、政治学的研究方法、当代政治学的新趋向等章节进行了更为详尽的分析与讨论,条分缕析,信息量极大。[2] 倪世雄教授是改革开放时期第一代系统接受当代国际关系理论培训的学者,于1980年7月至1981年8月在美国哈佛大学进修,认真学习研读当代西方国际关系理论,并进行了大量卓有成效的引介和评析工作。他撰写出版了《美国国际关系理论流派文选》(1987年),《世纪风云的产儿——当代国际关系理论》(1988年,与冯绍雷、金应忠合作),《当代西方国际关系理

---

[1] 曹沛霖:《制度的逻辑》,上海人民出版社,2019年,第360页。
[2] 参见王沪宁:《当代西方政治学分析》,四川人民出版社,1988年。

论》(2001年)等著作,对中国国际关系学界及时、完整、准确理解西方国际关系理论的最新发展作出了重大贡献。另外,对于西方著名政治学家和政治学说的个别评介就更多了。例如,郭定平撰写了《罗伯特·达尔的多元民主理论》(《国外政治学》1989年第1期),翻译了《当代民主的困境》(达尔著,《现代外国哲学社会科学文摘》1989年第4期),出版了专著《多元政治》(香港三联书店1994年版),在中国国内最早比较全面、系统地评介了罗伯特·达尔的多元民主理论以及多元民主的困境。最令人惊叹的是,竺乾威老师在2008年第10期《中国行政管理》上发表了《从新公共管理到整体性治理》一文,对整体性治理这一新概念新理论进行了评介,受到极大关注,产生了广泛持久的影响,此文在知网上显示至今已经有1 984次引用、下载高达28 000多次。

(二)坚持把马克思主义与中国政治发展实践相结合、与中国优秀传统政治文化相结合,构建中国化的马克思主义政治学理论体系

新中国成立后,在学习和研究马克思主义理论的基础上,引进、消化和借鉴当代西方政治学的概念和理论,复旦的政治学者们着力构建了中国化的马克思主义政治学理论体系,并使之不断成熟和完善。王邦佐、孙关宏两位老师在1982年第5期《复旦学报》(社会科学版)上合作发表《〈共产党宣言〉是马克思主义政治学大纲》一文,认为《共产党宣言》对马克思主义政治学说做了系统和完整的论述,是政治学说史上的一场革命,开创了政治学发展的新阶段。王邦佐老师说:"从内容上看,《共产党宣言》对当时条件下的阶级、国家、革命、政党、民族、战略策略等政治现象进行了研究,并提出了一系列理论原理。"①陈其人老师注重从《资本论》中研究政

---

① 王邦佐:《政治学与当代中国政治研究》,上海人民出版社,2005年,第24页。

治学理论,认为《资本论》不仅是一本政治经济学巨著,也包含着许多政治学理论观点,并全面梳理了《资本论》中的阶级论、国家论和国际政治论。① 王邦佐、孙关宏、王沪宁主编的《政治学概要》,由复旦大学出版社于1986年5月出版。在此书中,作者们明确提出了对政治学研究对象的新颖见解,认为"从狭义看,国家的活动、形式和关系的发展规律,是政治学的研究对象,也就是说它只涉及阶级社会的政治现象。广义地说,一定经济基础之上的社会公共权威的活动、形式和关系的发展规律,是政治学的研究对象。也就是说它包括人类历史发展的各个阶段"。② 根据以上理解,作者们把这本书具体区分为阶级斗争、政治革命、国家政权、国家政体、政府机构、暴力机关、政党制度、政治思想、行政管理、人事制度、人民和政治家、民族和宗教、战略和策略、时代形势和国际关系十四章,从而构建了较为完整的马克思主义政治学理论体系。

随后,复旦政治学者接续奋斗、不断探索,推动马克思主义政治学理论体系逐渐走向成熟和完善。王沪宁主编,林尚立、孙关宏副主编的《政治的逻辑:马克思主义政治学原理》由上海人民出版社于1994年出版。该书旨在初步建立一个马克思主义政治学的原理体系,并使之系统化。根据作者的归纳和总结,马克思主义政治学提出了完整的政治学理论体系,将社会政治关系和政治生活的基本原理归纳为:(1)政治是经济的集中表现;(2)政治是各阶级之间的斗争;(3)国家是阶级统治的工具;(4)国家是从社会分化出的管理机构;(5)政治权力是阶级统治的权力;(6)国家属性决定政治形式;(7)政治民主是阶级统治;(8)政治党派划分基于阶级划分;(9)政治是一门科学和艺术;(10)民族问题是社会革命总问题的一部分;(11)社会存在决定社会意识形态;(12)社会发展促进政

---

① 陈其人:《陈其人文集——政治科学卷》,复旦大学出版社,2003年,第439页。
② 王邦佐、孙关宏、王沪宁主编:《政治学概要》,复旦大学出版社,1986年,第8页。

治发展;(13)革命是历史的火车头;(14)时代特征决定国际关系总格局;(15)人类社会必然向共产主义社会过渡。① 该书多次再版,影响了一代又一代的中国政治学者的研究,直至今日依然是政治学专业考研必读书目。

在新中国成立后特别是改革开放以来的长期探索和实践中,我们坚持把马克思主义与中国具体实践相结合、与中国优秀传统文化相结合,中国社会主义政治发展和现代化建设取得了巨大成就,并积累了丰富经验。如何总结和提炼中国社会主义政治学理论是一个新的重大时代课题。复旦政治学者继承前辈学者开创的马克思主义政治学原理,推陈出新,努力探索当代社会主义政治学的基本命题与基本原理,取得了显著成绩,作出了重大贡献。新近出版的《政治逻辑:当代中国社会主义政治学》就是这方面的代表性成果。该书概括了当代中国社会主义政治学的14个重大政治命题:(1)政治是实现人类美好生活的基本形式;(2)当代中国社会主义政治形态是党的领导、人民当家作主和依法治国的有机统一;(3)党是最高政治领导力量,党的领导是中国特色社会主义的最本质特征;(4)人民规定国家制度,国家制度实现人民当家作主;(5)中国特色社会主义法治国家追求政治性与规范性相统一;(6)国家治理体系与治理能力现代化是中国政治发展的总体目标;(7)社会主义公有制是实现共同富裕的制度基础;(8)国家与社会是共生关系;(9)马克思主义是社会主义国家的理论武器;(10)党对军队的绝对领导是政治建军的根本原则;(11)协商与团结是中国政治运作的基本机制;(12)自我革命是中国共产党的政治品格;(13)民族复兴是中国人民的共同意愿与共同目标;(14)构建人类命运共同体是人类社会的共同价值。这些命题的逻辑组合和逻辑

---

① 王沪宁主编:《政治的逻辑:马克思主义政治学原理》,上海人民出版社,2016年,第12页。

推演构成了当代中国社会主义政治学的完整体系,是价值论、宗旨论、形态论、制度论、动力论和目标论的统一与整合。①

(三) 加强中国政治研究,服务中国社会主义政治发展与国家治理现代化

政治学是一门实践性很强的学科,脱离了现实政治发展与政治实践,政治学的研究将失去其存在价值。改革开放时期之所以开始政治学"补课",政治学之所以有了大发展,根本原因就是现实政治发展的需要。因此,我们可以发现政治学的发展与中国现实政治发展之间有机互动、相互促进的关系。在此过程中,历代复旦政治学者进行了大量关于政治体制改革特别是干部人事制度改革和废除领导职务终身制的研究、关于"一国两制"构想与港澳台政治问题研究、关于维持政治稳定与加强党的建设研究、关于依法治国方略与建设社会主义法治国家研究、关于推进国家治理体系和治理能力现代化的研究、关于发展社会主义民主政治与完善全过程人民民主的研究等,为中国社会主义政治文明和现代化国家建设作出了应有的贡献。

改革开放初期,在党的十一届三中全会和邓小平一系列重要讲话精神的指导下,政治体制改革既是党和国家面临的重大任务,也是政治学界探讨的重要课题,特别是面对改革开放的艰巨任务与干部队伍严重老化、知识和能力严重缺乏之间的巨大反差,干部人事制度改革迫在眉睫。复旦很多老师撰写文章、参与讨论、提出意见和建议,特别是在 1986 年年底和 1987 年初为中国共产党第十三次全国代表大会准备关于政治体制改革的政治报告过程中,复旦政治学者提交研究报告,贡献了学术智慧。林尚立老师总结

---

① 刘建军、陈周旺、汪仕凯主编:《政治逻辑:当代中国社会主义政治学》,上海人民出版社,2022 年,第 32 页。

政治学发展时认为,由于现实把政治学与民主建设、政治体制改革紧紧绑在一起,那时的政治学几乎变成了"政治体制改革学",学者们的努力为党的十三大提出的政治体制改革规划作出了政治学的贡献。① 自1979年元旦发表《告台湾同胞书》之后,特别是在1984年12月19日中英两国签署关于香港问题的联合声明之后,港澳台问题成为中国政治发展中的重大热点问题,邓小平同志提出的"一国两制"构想成为解决港澳台问题的重要理论。王邦佐老师等复旦政治学者非常敏锐地捕捉到这一新思想新论断并进行了深入分析和研究,认为"一国两制"是邓小平集中了党中央的集体智慧提出来的一个崭新的政治学新概念新理论,"一国"和"两制"是主权和治权的有机结合与辩证统一,不仅推进了政治学研究的理论创新,也为实现祖国和平统一大业提供了深厚扎实的学理支撑。

在党的二十大报告中,习近平总书记明确指出,全过程人民民主是社会主义民主政治的本质属性,是最广泛、最真实、最管用的民主,并列专章对发展全过程人民民主、保障人民当家作主进行了论述和部署。在这一党的重大理论创新之中就有复旦政治学者的独特贡献。2019年11月2日,习近平总书记在考察上海市长宁区虹桥街道古北市民中心时指出,我们走的是一条中国特色社会主义政治发展道路,人民民主是一种全过程的民主,所有的重大立法决策都是依照程序、经过民主酝酿,通过科学决策、民主决策产生的。② 复旦大学政治学教授桑玉成基于自己的深厚理论功底和敏锐的政治观察能力,发表了《拓展全过程民主的发展空间》一文,认

---

① 林尚立:《相互给予:政治学在中国发展中的作为——中国政治学三十年发展的反思》,载邓正来、郝雨凡主编:《中国人文社会科学三十年:回顾与前瞻》,复旦大学出版社,2008年,第290页。

② 中共中央党史和文献研究院、中央学习贯彻习近平新时代中国特色社会主义思想主题教育领导小组办公室编:《习近平新时代中国特色社会主义思想专题摘编》,党建读物出版社、中央文献出版社,2023年,第245页。

为全过程民主的理论概括、反映了以习近平同志为核心的党中央对中国特色社会主义民主政治的最新思考,是中国共产党人对民主理论和民主实践作出的积极探索和重要贡献,并对全过程民主的时代背景、基本特征和发展空间进行了系统阐释。① 其后,多名复旦学者对全过程人民民主做了深入研究和全面论述,均得到党中央的重视和采用。

(四) 坚持理论创新,大力推动构建中国政治学自主知识体系

理论创新是政治科学发展的生命力和原动力。复旦政治学人在抓紧政治学"补课"的基础上,很快就提出了理论创新的任务,并取得了令人瞩目的成就。王邦佐老师认识到真正的理论创新需要遵循"现有理论-政治现实-理论创新"的研究过程,于是强调实现中国政治学研究的理论创新,必须从中国的国情出发,探索改革中出现的新问题,解释属于中国自己的问题。② 例如,国家与社会关系理论是当代西方社会科学的主导理论之一,在中国的应用也具有一定的解释力,但是这种基于欧洲国家与社会关系发展历史而产生的理论就不能涵盖中国国家与社会关系的复杂现象,中国共产党的执政地位对这种国家与社会二元分立及相互作用的学说就形成了严峻挑战,我们必须认真对待和审慎思考。林尚立教授则明确提出,中国是一个政党主导的国家,新中国成立后中国共产党全面领导国家与社会,党同时成为国家与社会的领导核心。③ 这就明显超越了传统的国家-社会关系理论,进而发展出了政党-国家-社会的三维分析框架。党的十八届三中全会提出推进国家治理体系和治理能力现代化之后,国家治理研究成为中国政治学界

---

① 桑玉成:《拓展全过程民主的发展空间》,《探索与争鸣》2020年第12期。
② 王邦佐:《政治学与当代中国政治研究》,上海人民出版社,2005年,第50页。
③ 林尚立:《中国共产党与国家建设》,天津人民出版社,2009年,第26页。

的重大热门主题。但是基于西方的多中心治理概念和理论根本无法解释中国共产党领导的国家治理理论与实践,郭定平在反思传统的国家-社会关系理论和多中心治理理论的基础上,将政党中心主义应用于中国国家治理研究,提出了政党中心的国家治理新概念新理论,认为政党不仅具有代表功能,更重要的是具有治理功能,实现利益表达和利益聚合,主导政策制定和政策执行,政党在国家治理中居于中心地位,发挥核心作用,整个国家治理体系以政党为中轴而构建,整个国家治理过程由政党主导而展开。①

近年来,在推进中国政治学理论创新的过程中,我们进一步提出了构建中国政治学自主知识体系的新时代重大课题,致力于回答好"世界怎么了""人类向何处去"的时代之问,不断推进知识创新、理论创新、方法创新,加快构建中国特色哲学社会科学,构建中国自主的知识体系。为此,复旦大学组建了政治学自主知识体系的创新研究团队。经过多年的努力探索和创新积累,政治学自主知识体系(含公共管理、国际关系、外交理论)正逐渐走向成熟,我们已经产生和供给了一大批较为成熟的、以标识性概念为基础的、逻辑自洽的政治学知识。例如,天下为公、大一统、群众路线、举国体制、对口支援、"一国两制"、统一战线、民主集中制、新型政党制度、使命型政党、自我革命、协商民主、全过程人民民主、人类命运共同体等概念、理念、范畴,这在事实上形成了一套以全人类共同价值为基础的、代表着一种新型政治文明的政治学叙事、说理、逻辑。② 其中,陈明明教授对马克思主义政府原理的中国逻辑的揭示是复旦政治学人对构建中国政治学自主知识体系的最新贡献,关于代表制、集权和有效政府构成中国政府原理的三大支柱的论

---

① 郭定平:《政党中心的国家治理:中国的经验》,《政治学研究》2019 年第 3 期。
② 苏长和:《中国政治学自主知识体系的国际传播》,《光明日报》2023 年 7 月 7 日,第 11 版。

述是对马克思主义政治学的最新发展。①

三、复旦政治学科的学术品格

复旦政治学科经过百年的发展和积淀,已经逐渐形成了自身的学科特色和学术品格。笔者在复旦求学期间,王邦佐老师给我的本科毕业赠言是"文明、健康、团结、奋发,刻苦、严谨、求实、创新——复旦的校风、学风是成才的钥匙",至今仍然记忆犹新。实际上,复旦历史上也总结过"服务、牺牲、团结"的复旦精神和爱国民主传统,当然还有著名的校训"博学而笃志、切问而近思",复旦政治学科的学术品格的形成离不开复旦的历史底蕴和优良传统。下面仅从学术层面对复旦政治学科的学术品格进行简要分析。

第一,为公本色。政治就是组织人类公共生活,就是管理众人之事,政治学就是研究公共权威的形成与变迁、控制与规范,其根本目的就是达至公共的良善生活。复旦政治学人坚持把马克思主义与中国实际相结合、与中华优秀传统文化相结合,努力探索构建中国化的马克思主义政治学,从开设马克思主义政治学经典原著选读课程、开展马克思主义政治理论研究到构建马克思主义政治学理论体系,始终秉持天下为公的文化传统和学术宗旨。一百年来,复旦政治学人坚持为中国人民谋幸福、为中华民族谋复兴,在中国共产党领导的革命、建设和改革的各个历史时期均发挥了重要作用,作出了卓越贡献,也涌现了许多光辉典范、创造了大量非凡业绩。

梅汝璈是中国著名法学家,早年留学期间曾参与组织中山主

---

① 陈明明:《马克思主义政府原理的中国逻辑》,上海人民出版社,2021年,第12页。

义研究会,以响应国内的北伐革命战争,1929年回国后曾在复旦大学政治学系任教。1945年12月,远东国际军事法庭决定对发动侵略战争的日本军国主义分子进行审判。通过慎重选择,当时的中国政府选派复旦大学教授梅汝璈担任东京审判的法官。在东京审判期间,梅汝璈与来自其他国家的法官同行一起,尽心竭力,出色地完成了这一国际审判任务,受到国内外的高度赞誉。特别是在"法官席位之争""起草判决书""坚持死刑处罚"等多个关键环节,梅汝璈用自己的智慧和勇气维护了国家的尊严,赢得了世界的尊重。他在回忆东京审判的著作中说:"在任何国际场合,争席次争座位的斗争是难免的,国际法庭亦不例外。这不仅是个人的事情,而是有关国家地位和荣誉的问题。"[1]1948年年底,风雨飘摇的国民党政权任命梅汝璈担任行政院政务委员兼司法部部长,他拒绝到任。新中国成立后,梅汝璈出任外交部顾问,参加外交学会和法学会的工作,为新中国的外交事业和世界和平作出了积极贡献。陈其人教授毕生从事马克思主义政治经济学的教学与研究工作,特别是精研资本论,出版著作20余部,发表论文150多篇,他研究马克思主义、信仰马克思主义、传播马克思主义,是立德树人、教书育人、科研服人的一座丰碑,是政治学研究中政治性与学术性相统一的一代学术大师,生动地诠释了复旦政治学者的为公本色和家国情怀。

第二,严谨学风。首先,复旦政治学的严谨学风体现在要有扎实的理论基础,要有大量的学术阅读,特别是对经典著作的阅读,具体包括三大类:一是马克思主义经典著作,从马克思恩格斯的《共产党宣言》到列宁的《国家与革命》再到毛泽东的《新民主主义论》等几十种;二是西方政治学名著,从柏拉图的《理想国》到密尔的《代议制政府》再到达尔的《多头政体》等几十种;三是中国古典

---

[1] 梅汝璈:《远东国际军事法庭》,法律出版社,2005年,第65页。

政治名著，从《孙子兵法》《论语》到《贞观政要》再到《明夷待访录》等几十种。根据具体的课程和研究内容，也会有大量的相关阅读书目。郁雷在他的著作后记中说："我在复旦大学攻读博士研究生的时候，就开始关注民主理论问题。在比较政治学领域，那时候正值民主转型理论和民主巩固理论的盛行时期，大量的文献阅读促使我感受到民主理论研究的魅力。""我的博士生导师复旦大学郭定平教授引导我进入了民主理论研究的殿堂。在他的研究课程以及学术指导下，我第一次接触到了奥唐奈尔、普沃斯基、戴蒙德、林茨这些民主理论大师的作品，并且能够较为清楚地认识比较政治学民主理论研究的基本脉络。"①

其次，是在论文和著作写作过程中严格要求，遵循学术规范，精益求精，确保写出高质量的作品。复旦政治学者参与编撰了许多教材和辞典，都是经得起时间检验的上乘之作。其中，特别有影响的是《中国大百科全书（政治学卷）》，除了一些老师承担具体词条的撰写之外，卷首的政治学总条目就是由复旦政治学者负责的，总条目的署名有四人，张友渔是著名法学家和政治学家、中国政治学会首任会长，石啸冲是著名政治学家和上海政治学会老会长，另外两人是王邦佐老师和王沪宁老师。王邦佐老师回忆说："张友渔和石啸冲两位老先生是我们的领导，提供指导思想，具体落实的是我、王沪宁和他的几个学生，就是林尚立、王元、胡伟、郭定平等这一层。当时很多青年教师都参与了，甚至有过三天三夜讨论写稿，非常不容易，在现在来看还是很不错的。"②

最后，就是在政治学研究中追求逻辑自洽、概念准确、理论严密、形成体系。从复旦政治学者构建马克思主义政治学原理体系到社会主义政治学理论体系，这些严谨学风的标准一直是我们不

---

① 郁雷：《民主理论的前沿问题》，中共中央党校出版社，2016年，第178页。
② 本书编写组编：《国务学脉——复旦大学国际关系与公共事务学院老教师访谈口述史》，复旦大学出版社，2015年，第101页。

懈的追求。特别是在大量引进西方政治学的概念和理论之后,不可避免地就会产生马克思主义政治学和当代西方政治学交锋的局面,对我们的政治学研究、教学和教材编写都构成不小的挑战。陈周旺老师注意到这一问题并给予主动回应,认为"政治学原理归根结底还是要回到中国,解释中国的政治现象,这就需要将当代政治学、马克思主义政治学和中国政治三方面内容有机统一,这是我们今天最迫切的任务"。① 这也是我们复旦政治学自主知识体系创新团队努力探索的共同课题。

第三,务实精神。政治学是一门实践性很强的学科,政治学研究要面向实际,面向基层,坚持问题导向,进行调查研究和实践探索,坚持把论文写在祖国大地上。复旦政治学科具有调查研究、求真务实的优良传统,笔者在复旦学习政治学时就曾经跟随老师们开展了地方人大代表履职情况、上海社科人才工作生活状况、中国村落家族文化发展等课题的调查研究。近年来,国际关系与公共事务学院又在全国各地设置了一些实践调研的联系点与调研基地,广大师生利用这些有利条件开展了大量调查研究,取得了丰硕成果。

改革开放以来,特别是党的十八大之后,中国开展了大规模的脱贫攻坚行动并取得了决定性的胜利,引起国内外世人的广泛关注。如何研究中国的贫困治理体制机制并总结提炼内在的政治逻辑、发展中国特色的政治学理论,就成了左才、曾庆捷、王中原老师的重要课题。他们均接受了现代政治科学的严格训练,又对中国的贫困治理研究具有浓厚兴趣,于是在学院的支持下组织了一支强大的调查研究团队,于2017—2019年在湖北、广西、四川、云南四省(自治区)进行了基层调研和半结构式访谈,于2019年7月至

---

① 陈周旺:《"政治学原理"教学方法刍议》,载陈明明主编:《知识传播与学科自主性建构》(复旦政治学评论第25辑),复旦大学出版社,2023年,第54页。

8月在黑龙江、陕西、山西、甘肃、湖北、湖南、云南、广西、四川九省（自治区）开展了"精准扶贫与乡村振兴"的社会调查,完成了面访村民问卷1340份。在这些调查研究的基础上,三位老师合作出版了《告别贫困:精准扶贫的制度密码》的研究专著,系统总结了中国贫困治理的政治经验,获得广泛好评。① 在上海率先开展"一网统管"建设之后,熊易寒教授组织科研团队以上海市城市运行"一网统管"的治理实践为主要案例,将上海城市数字化治理的创新探索知识化、理论化,并取得了重大科研成果,为复旦政治学科的优良传统增添了新的精彩篇章。②

第四,开放视野。虽然中国历史上曾经有过大量的政治研究,但是作为一个独立的社会科学学科,政治学毫无疑问来自外国,因此,复旦大学一直非常注重引进、吸收和借鉴国外政治学研究的优秀成果,正确处理国际化与本土化的关系。首先坚持要有开放的国际化视野,学习国外政治学的概念和理论,其后在相关理论的指导之下去从事各个国家的本土化政治研究,特别是开展中国政治研究,通过实践的反馈检验、修正和发展原有的概念和理论,从而推动政治学的理论创新,并构建中国政治学的自主知识体系。复旦政治学研究坚持走国际化发展道路,现在已经有很高的国际化水平;与此同时,复旦政治学研究也坚持以本土化为基础,立足中华大地,坚持研究中国政治问题,注重维持国际化与本土化之间的合理互动与动态平衡。正是在此意义上,汪仕凯老师说:"复旦政治学在知识体系上是多元一体的,在精神气质上是中正平和、兼容并包的。""复旦政治学是一个群峰竞秀、层峦叠嶂、气象万千的大

---

① 左才、曾庆捷、王中原:《告别贫困:精准扶贫的制度密码》,复旦大学出版社,2020年,第5—8页。
② 熊易寒主编:《城市治理的范式创新:上海城市运行"一网统管"》,中信出版集团,2023年,第1—3页。

政治学科。"①汪仕凯老师在多所大学的政治学院系学习、工作过，对复旦的校风、学风应该是深有体会，有此评价必定是肺腑之言。

四、结语

在复旦政治学科发展的百年征程上，从早期的欧美主导到"一边倒"地学习苏联，从改革开放初期引进借鉴西方政治学思潮到中国特色社会主义新时代注重建构中国政治学的自主知识体系，复旦政治学一直坚持学术为本，胸怀天下，严谨求实，大胆探索，努力创新，在服务中国政治发展和国家治理现代化的过程中，逐渐形成了自己的政治学脉和学术品格，为中国政治学的百花园不断增光添彩，并在世界政治学的大舞台上争奇斗艳。

对于政治学者而言，一百年已是历经数代；而对于一个像政治学这样的基础学科来说，一百年可能只是刚刚起步。如果可以从古希腊的《政治学》、古代中国的《论语》和古印度的《利论》算起的话，政治学的历史已有两千多年。虽然政治学发展，无论是在两千年的漫长历史中还是在百余年的曲折变迁中，均取得了许多彪炳史册的光辉业绩，但是与我们面临的百年未有之大变局的严峻挑战相比，与我们肩负的以中国式现代化全面推进中华民族伟大复兴的历史使命相比，我们的政治学的贡献是远远不够的。无论在全球治理、国家治理还是区域治理、基层治理各个层次上，治理赤字均广泛存在，政治学研究依然大有可为，也必须担当作为。从这个意义上讲，复旦政治学科的百年志庆只是我们学科发展与进步

---

① 汪仕凯：《资料、知识和理论：浅论"马克思主义政治学"教学法》，载陈明明主编：《知识传播与学科自主性建构》（复旦政治学评论第 25 辑），复旦大学出版社，2023 年，第 67—68 页。

历程中的一个中转站、补给站,它不是学科发展的起点,更不可能是终点,我们要利用这个百年志庆的中转机遇,加好油、充好电、打好气,秉持我们一代又一代的优良传统,砥砺奋进,为把复旦政治学建设成为世界顶尖学科而再续辉煌。

The Centenary Developments and Academic Characteristics of Political Science in Fudan University

Dingping GUO

Abstract: The study of political science in Fudan University has undergone several different periods from the political researches dominated by the Westernized scholars and studies to the political educations directed by the Soviet-style Marxism-Leninism, from the political researches by learning from the Western countries, to Chinese-style political science by developing our own academic concepts and theories during the Xi's New Era. Many brilliant works on political science have been produced and published by the political scientists in Fudan University during the past century, contributing greatly to political developments and modernization drive in China. The political researches with Fudan characteristics have taken shape, such as serving the public, applying strict academic norms, seeking the truth from facts, and encouraging international exchanges with open minds. The centenary of political science in Fudan University is just a new starting-point for more high-quality works and larger role of scholars in Chinese modernization.

Keywords: Fudan University; Political Science; Centenary; Academic History

孙寒冰的政治学研究
——兼论早期复旦大学教学培养方式与政治学系的发展

束赟*

[内容提要] 孙寒冰于20世纪二三十年代任教于复旦大学政治学系,他学术兴趣广泛,涵盖政治学、经济学、文学等多方面,翻译了《政治科学与政府》等著作,并在国家学说与政治学之范畴等方面展开深入研究。孙寒冰的学术研究道路与方法体现了早期复旦大学的培养方针与教学方式,他在政治学方面的研究既受当时国外研究流派的影响,也体现了20世纪二三十年代中国政治学的研究风尚。孙寒冰也是黎明书局的创办人之一,主持了大量社会科学书籍的出版工作,并主编了《文摘》杂志,以其广阔的视野和专业知识推进了社会科学的发展,尽了一个知识者在民族解放战争中的责任。

[关键词] 孙寒冰;《政治科学与政府》;国家学说;民国政治学;复旦大学政治学系

在学科史与学术史的研究中,识别一个时代的代表人物,复述其言行,尊重其学术探寻的自然展开与难以避免的缺憾,一方面可以使我们突破科学史中单纯的制度考索而获得一种具体性,另一方面则可借助个人的性情凝聚起的一种旨趣而理解某个学术发展阶段中的统一性。在考察复旦大学(简称"复旦")政治学系早期的

---

* 束赟,上海社会科学院政治与公共管理研究所副研究员。

发展过程中,孙寒冰便是这样一位值得研究的人物。

孙寒冰,1903年出生于江苏南汇(今上海浦东新区周浦镇),幼年随父至关外,后由上海中国公学考入复旦。1922年,孙寒冰从复旦商科毕业,在该年的《复旦年刊》中,有对其的介绍,称赞他:"世或有奇伟壮丽之少年,而刚柔相济动静咸宜者不多见;世或有聪明颖悟之少年,而笃信好学侠义待人者不多见,而君则备于斯矣。"①1923年,孙寒冰赴美留学,1925年,获华盛顿州立大学经济学硕士学位,后转入哈佛大学,除了继续研究经济学以外,还选读了文学学程。1927年回国,任教于复旦政治学系,此后还担任了复旦社会科学科主任、预科主任、政治学系主任、实验中学主任,国立劳动大学经济系主任、暨南大学法学院院长、复旦大学教务长兼法学院院长等职。② 此外,孙寒冰于1929年与友人一起创办了黎明书局,任总编辑,主持出版大量社会科学书籍;1937年,创办《文摘》杂志,抗战时期改为《文摘战时旬刊》,摘编刊登了大量抗日宣传作品。1940年,孙寒冰于复旦重庆北碚校区因日军轰炸遇难身亡,年仅37岁。③

一、孙寒冰的"通才"与早期复旦大学的培养方针

1923年,复旦政治学系成立;1927年,孙寒冰任教于该系;1929年,孙寒冰担任系主任,作为复旦政治学系创始时期的核心成员,孙寒冰以政治学研究而闻名,但其学术范围又不仅限于政治

---

① 《大学四年级:孙君锡麒字寒冰江苏南汇人年二十一岁商学士》,《复旦年刊》1922年第4期。
② 章益:《忆寒冰》,《文摘战时旬刊》1940年第71期。
③ 柳浪:《〈文摘〉创办人——孙寒冰教授》,《复旦学报》(社会科学版)2005年第2期。

学。接任孙寒冰为系主任的张志让曾这样回忆他——"寒冰兄对于学问的各部门都感到兴趣,他几乎无论哪一种书都爱读,你只要一看那围绕着他的书城,就可以发现他研究范围的广泛。真像我们一个共同的朋友所指出的,他是一个'通才'。"①孙寒冰的"通才"不仅体现在他后来编辑杂志与主持出版的实务工作中,同时也体现在他自身的研究兴趣与学术成果中。

孙寒冰学问的起点为经济学,他1919年入复旦商科就读,正是薛仙舟所倡导的"合作主义"如火如荼开展之时,薛仙舟在复旦开设银行财政学等课程,并在1920年支持复旦学生成立了"合作同志社"(也称"平民学社"),进行合作主义试验,在复旦校内试办合作储蓄银行和合作商店等,出版《平民周刊》。② 受此风气的影响,孙寒冰投入了"合作主义"的研究。1922年,孙寒冰在《东方杂志》上发表了《消费者之希望》,"前三节指出现代经济组织的缺点及其补救底方法;中三节略述组织和经营消费合作社的方法;后二节是合作历史的概观及其近况"。文末呼吁:"要改造中国的社会,舍合作莫属!"③随后发表了《许尔志及雷佛生之平民银行》,介绍平民银行首创者的理论与实践。④ 1923年,发表《合作先驱者金威廉博士传略及其学说》,介绍了金威廉的生平及其思想,主要包括合作社的目的和性质、合作主义之经济原理、实行合作之原则、合作与竞争等内容。⑤ 1924年3月,年仅21岁的孙寒冰出版了《合作主义》,归入商务印书馆的"新智识丛书",这是中国第一本系统的"合作主义"研究著作,此书一方面参考了数十种英文材料,另一

---

① 张志让:《怎样完成寒冰兄的遗志》,《大公报(重庆)》1941年3月16日,第4版。
② 《复旦年刊》,复旦大学编印,1920年,第24页;广东省地方史志编纂委员会:《广东省志·人物志》(上),广东人民出版社,2002年,第293页。
③ 孙锡麒:《消费者之希望》,《东方杂志》1922年第4期。
④ 孙锡麒:《许尔志及雷佛生之平民银行》,《东方杂志》1922年第18期。
⑤ 孙锡麒:《合作先驱者金威廉博士传略及其学说》,《东方杂志》1923年第5期。

方面也有作者个人之意见。① 同年,《东方杂志》介绍了该书——"全书叙述合作之理论与事实及欧美之合作状况,说理透彻,阐论精详,最后论中国合作运动。"②

留学归来后,经济学虽不是其主业,但孙寒冰还是保持着对"合作主义"的研究和关注,例如,1928年,他在《复旦旬刊》上发表《平民银行》,是在《许尔志及雷佛生之平民银行》一文研究基础上的推进③;1930年,他为《新生命》月刊社主编的"合作专号"撰文——《金威廉的合作思想》,也对这位思想家做了更多的评析④;1929年,孙寒冰在《劳大周刊》上发表论文介绍美洲合作运作权威华伯士(James Peter Warbasse)的《合作主义》一书⑤;次年,该书由张昌忻、冯和法、陆国香翻译出版。⑥ 1933年,孙寒冰又与林一新合作,共同翻译了李卜克拉西(Wilhelm Liebknecht)和卢彬(Рубин)等人的《价值学说史》,介绍英国的政治经济学说史,特别是价值论。⑦ 此外,孙寒冰也关注中国的农村经济,在1935年发表的《论中国农村建设之本质》的论文中,他分析了农业技术者、农本论者、商业资本家、教育家等对于中国农村救济或建设运动的主张,提出从经济的本质上说,不能忽视中国农业的商品化程度。⑧

孙寒冰自身极大的兴趣还在文学,特别是外国文学方面。在哈佛大学时,孙寒冰辅修了文学方面的课程,并与当时同在哈佛大学的梅光迪过从甚密。1935年,商务印书馆出版了孙寒冰翻译的

---

① 参见孙锡麟:《合作主义》,商务印书馆,1924年。
② 《合作主义》,《东方杂志》1924年第21期。
③ 孙寒冰:《平民银行研究》,《复旦旬刊》1928年第5期。
④ 孙寒冰:《金威廉的合作思想》,《新生命》1930年第3期。此文后作为"合作小丛书"之一,于1933年由中国合作学社印行。
⑤ 孙寒冰:《合作主义序》,《劳大周刊》1929年第29期。
⑥ 参见[美]华伯士:《合作主义》,张昌忻、冯和法、陆国香译,卿云图书公司,1930年。
⑦ 参见[德]李卜克拉西、卢彬:《价值学说史》,孙寒冰、林一新译,黎明书局,1933年。
⑧ 孙寒冰:《论中国农村建设之本质》,《东方杂志》1935年第7期。

茨威格(Stefan Zweig)的《一个陌生女人的来信》①，该书译自伊登·保罗夫妇(Eden and Cedar Paul)于1933年出版的英译本，书后附上了哈罗德·施特劳斯(Harold Strauss)和谢尔盖·迪纳莫夫(Sergei Dinamov)的两种评论。② 该书译笔流畅、文辞清丽，显现了孙寒冰的文学天赋，章益称赞该书："读着这本小书，我们所感到的是细腻深挚，而句子的圆润甜美，使读者和作者的感情完全融成一片，文字真正成为沟通心灵的孔道。"③该译本也成为20世纪30年代影响较大的茨威格译本。④

1930年，孙寒冰与时任复旦文学院教授的伍蠡甫共同选编了《西洋文学名著选》，每篇首列小序，后附注释，效仿柯伯兰氏文选(The Copeland Reader)之例，选取英译各国文学、英国文学、美国文学等，皆为西方经典原文或英译，如柏拉图的《申辩》、卢梭的《新爱洛依丝》、培根的《论学术》、笛福的《鲁滨逊漂流记》、华盛顿的信函、叶芝和朗费罗的诗歌等。"原书大半已用作复旦大学预科英文文学一课的教材，经过两年以上的试验，实能促进学生了解英文的能力，阅读英文的兴趣，和它们对于文学的爱好。"⑤对于该书的选目，当时也有质疑之声，伍蠡甫与孙寒冰在《图书评论》上作文应答，表明了一种"唯物史观"的文学研究方法，认为"社会史是文学史的基础"，"我们是从社会史的物质基础上认识自来人生观念的变迁；我们以文学作物为此认识的素材，以[唯]物观为认识的方

---

① [奥地利]茨威格：《一个陌生女人的来信》，孙寒冰译，商务印书馆，1935年。
② 孙寒冰所用英译本译者伊登·保罗夫妇也是英文版《资本论》的译者，同时，苏联文评家谢尔盖·迪纳莫夫也在中国受到关注，因此，有研究者认为，孙寒冰对该书的翻译，表明中国在接受茨威格时的一种"政治转向"，参见 Arnhilt Johanna Hoefle, *China's Stefan Zweig: the Dynamics of Cross-Cultural Reception*, Honolulu: University of Hawaii Press, 2017；以及邝可怡对此书的书评，邝可怡：《书评》，《中国文化研究所学报》2018年第67期。
③ 章益：《忆寒冰》，《文摘战时旬刊》1940年第71期。
④ 吴晓樵：《中德文学因缘》，上海外语教育出版社，2008年，第135—139页。
⑤ 孙寒冰、伍蠡甫编：《西洋文学名著选》，黎明书局，1930年，第3页。此书后多次再版，篇目也有所变动。

法;我们捉住过去的必然性……"①这里所呈现出来的理念与孙寒冰的国家学说也是基本一致的。

伍蠡甫与孙寒冰均为复旦毕业生,他们的这种选文方法一定程度也是继承了复旦创始人马相伯学习经典的理念,"先生尝曰,我国人士谭西学、诵西文数十载矣,然所事皆彼中童幼商工所普习,而非我士大夫所当及也。鄙人潜思三十余人[年],非经典之书不读,非名家之作不观"。② 当时,也有人质疑孙寒冰以经济学背景进入文学领域,在答复函件中,伍、孙二人予以了反驳。实际上,能超越专业背景进行跨学科的研究与实践,这本就是早期复旦的培养宗旨之一,校长章益在30年代解释办学方针时说:"复旦向来的办学方针,就是没有方针的方针,换句话说,就是听任同学自然发展、自由研究,学校不过供给一个优良的环境,让各人尽量发挥各人的天才,所以往往在商学院的学生,会变成一个制造家,而成为文学家的,却不一定来自文学系。"③

正是在这种"通才"培养理念的熏陶下,没有任何政治学背景的孙寒冰,成为重要的政治学研究者。同时,这种"通才"的培养理念也影响了创始时期的复旦政治学系的培养方案。1923年秋,复旦政治学系创立,隶属文科;1924年,复旦开始实行学分制,是国内较早实行学分制的高校之一。对比同一时期北京大学和清华大学政治学系的课程④,复旦政治学系课程体系(见表1)的特点是大

---

① 《伍蠡甫孙寒冰两先生来函:关于西洋文学名著选答方重先生》,《图书评论》1933年第7期。
② 《震旦学院开学记》,《苏报》1903年3月1日,《学界风潮》栏。
③ 复旦大学校史编写组编:《复旦大学志·第一卷(1905—1949年)》,复旦大学出版社,1985年,第396页。
④ 1924年,北京大学处于年级制与选修制的过渡期,其一二三年级已运用选修制。新课程中政治系必修课程包括:政治学(国语演讲)、政治学(英文选读)、社会学、经济学原理、政治思想史、政治及外交史、宪法(比较的)、国际公法、行政法、财政学总论、民法总则、演习;选修科目包括:统计学、社会立法论、刑法总论、西洋经济史、经济政策、市政论、第二外国语、日文、现代政治、经济学史、社会主义史、国际联盟。1926年,(转下页)

比重的公共必修课,这些公共必修课一是重视对文学与外国语言的学习,二是重视修辞学与论理学(即逻辑学)的学习。有趣的是,后来在复旦政治学系执教过的教师,有不少也有文学方面的兴趣与研究,例如郑学稼对欧美小说的研究,樊仲云对屠格列夫、莫泊桑、梅里美等人小说的翻译,林同济对文化形态的研究等等。①

表1　1924年复旦大学政治学系课程体系

课程类型	课程名称	学分
本科必修学程	文学通论	六学分
	文学史	四学分
	英文文学	十八学分
	修辞学	四学分
	论理学	四学分
	德法文或其他近世方言	六学分
	公民学	四学分
	政治通论	六学分
	经济原理	六学分

(接上页)清华大学政治学的学程为:First Year—Chinese; English; Modern History; Political Science; Natural Science(Physics, Chemistry, or Biology, or Other Electives). Second Year—Chinese; English; Chinese Diplomacy; Comparative Gov't; Municipal Gov't; World Politics; Natural Science; Far Eastern Gov't; Modern Imperialism. Third Year—Chinese Diplomacy; World Politics; Modern Imperialism; Elements of Law; International Law; Political Theories; Political Parties. Fourth Year—Chinese Diplomacy; World Politics; Modern Imperialism; Elements of Law; International Law; Political Theories; Political Parties; Constitutional History of England. 金安平、李硕:《中国现代政治学的发端与拓展:北京大学政治学:1899—1929》,北京大学出版社,2019年,第155—162页;孙宏云:《中国现代政治学的展开:清华政治学系的早期发展1926—1937》,生活·读书·新知三联书店,2005年,第94—95页。

① 参见[法]梅礼美:《嘉尔曼》,樊仲云译,商务印书馆,1926年;[俄]屠格涅甫:《烟》,樊仲云译,商务印书馆,1929年;樊仲云编著:《新兴文艺论》,新生命书局,1930年;[法]莫泊桑:《橄榄园(英汉对照)》,樊仲云译,黎明书局,1935年;郑学稼、吴萍编述:《欧美小说名著精华》,中国文化服务社,1946年;林同济、雷海宗:《文化形态史观》,大东书局,1946年。

(续表)

课程类型	课程名称	学分
本科必修学程	普通心理学	六学分
	社会学概论	六学分
政治学系必修学程	国际公法	六学分
	比较政府	六学分
	欧洲史	六学分
	宪法	六学分
	哲学	四学分
政治学系选修学程	城市政府	六学分
	中国民主及宪法	六学分
	外交学	四学分

注：根据《复旦大学文科章程》(十三年秋重订)制作。

二、"随授随译"的教研方法与孙寒冰政治学研究的发端

复旦早期在课程设置上对于外国语言的重视是一大特色，这种特色根源于马相伯的教育方式与人才培养理念，从创设震旦学院之初，"译才"便是马相伯所设立的培养目标，翻译也是教学活动的重要方式。马相伯所制定的《震旦学院章程》规定："本院以广延通儒，培成译才为宗旨。先依法国哲学大家笛卡尔 René Descartes 之教授法，以国语都讲随授随译，译成即可为他学校课本。本学院既广延通儒，治泰西士大夫之学，其肄业之书，非名家著 Classical author 不授。"① 复旦政治学初创时期的教师在各自的领域也多有

---

① 《震旦学院章程》(1902年)，载复旦大学校史编写组编：《复旦大学志·第一卷 (1905—1949年)》，复旦大学出版社，1985年，第36—37页。

译著,常采取"随授随译"的方式,将国外经典著作或是较新的社会科学研究介绍进来(见表2)。

表2 早期复旦政治学教师译著枚举

译者	书名	作者	出版社	出版年份
吴颂皋、吴旭初	政治论	亚里士多德(Aristotle),本亚明·乔伊特(Benjamin Jowett)英译	商务印书馆	1931年
吴颂皋	心理学导言	冯特(W. Wundt),鲁道夫·平特纳(Rudolf Pintner)英译	商务印书馆	1923年
刘庐隐、朗醒石	马克思主义与社会	威廉(Maurice William)	民智书局	1929年
温崇信	什么是合作?	韦拔斯(J. P. Warbasse)	中国合作学社	1929年
樊仲云	最近中国与世界政治	胡特生(C. E. Hudson)	黎明书局	1938年
樊仲云	现代欧洲政治经济	柯尔夫妇(G. D. H. Cole, Margaret Cole)	商务印书馆	1935年
耿淡如、沙牧皋	近世世界史	黑斯(Hayes)、蒙合(Moon)	黎明书局	1933年
郑学稼	社会主义思想史	雷岱尔(H. W. Laidler)	黎明书局	1933年
郑学稼	重商制度及其历史意义	斯莫拉(Gustav Schmoller)	商务印书馆	1936年
郑学稼	经济学历史方法论	胡洛斯基(L. Wolowski)、罗齐尔(W. Rorcher)	商务印书馆	1936年
许性初(等)	一九三九年世界金融史纲	保罗·艾因齐格(Paul Einzig)	中华书局	1940年
刘百闵、刘燕谷	儒教对于德国政治思想的影响	五来欣造	商务印书馆	1938年

(续表)

译者	书名	作者	出版社	出版年份
刘百闵	世界各国之政治组织	熊川千代喜	光华书局	1931年

孙寒冰的政治学研究与教学,也秉持了这种精神。1927年8月,孙寒冰回国,"学校缺乏政治学教师而又深知他知识面广,执意请他讲政治学,他便边教边学,很快成为这门学科的内行"①,孙寒冰在早期教学中,最重要的一本参考书是1928年最新出版的詹姆斯·威尔福德·迦纳(James Wilford Garner)的《政治科学与政府》(*Political Science and Government*)。1934年,商务印书馆出版了孙寒冰的译本——《政治科学与政府》(绪论、国家论),为"大学丛书"之一,在"译者序"中,孙寒冰介绍"民国十八年间,余在复旦大学及国立暨南大学讲授政治学,即采此书为教本。惟学生大半觉原文艰涩,阅读时不免晦蒙,乃徇学生之请,随讲随译,油印为讲义,半载成十二章。嗣后即以此项油印译稿为讲义,两年中分发达千份"。② 此种方法即为马相伯所倡导的"随授随译,译成即可为他学校课本"。

迦纳曾任美国政治学会主席(1923—1924年)、宾夕法尼亚大学政治学系、伊利诺伊大学政治学系教授、法国大学的海德讲师和加尔各答大学的泰戈尔讲师等③,迦纳写作《政治科学与政府》是希望能"予专门学校及大学学生以一种比较内容完备材料新颖的'政治科学与政府'之教本",使大学生能够"辨别政治与经济理论之是否健全与是否适用;制度之真伪;政策对于各阶级之人民在经

---

① 郑兰荪:《纪念孙寒冰教授》,《出版史料》2002年第4期。
② [美]詹姆斯·威尔福德·迦纳:《政治科学与政府》,孙寒冰译,商务印书馆,1934年,第1页。
③ Ogg, Frederic A., "Professor James Wilford Garner," *The American Political Science Review*, No. 1, 1939, pp. 90-91.

济上与社会上之是否能得其平"。① 之所以选择这本教材作为复旦政治学系原理性质课程的教学用书,是因为孙寒冰认为"著者为美国当代著名之国际法学家与政治学家,其学术渊博,为学者所共知。原书观点虽不尽与余同,然其论述政治学之理论与实际,精微宏辟,凡一学说,莫不往综今,旁征博引,意赅言简,不遗巨细,诚为一比较完善之政治学教本"。②

原书分"政治科学"与"政府",孙寒冰将之重新分为"绪论""国家论""政府论"三编。绪论编主要包括:政治学的性质、范围、方法以及与别种科学的关系;"国家论"主要包括国家的性质、组成国家的要素和属性、族国与民族、主权、国家学说、国家分类、国家联合等;"政府论"主要包括政体及政府类别、各政府制度之优劣、政府职权的范围、宪法、选民、立法机关、行政机关、司法机关等。③ 迦纳的政治学原理的理论体系对中国早期政治学发展有较大的影响,20世纪30年代,国内较早的政治学原理书籍为张慰慈的《政治学大纲》与高一涵的《政治学纲要》④,两本均为基于讲义的著作,其体系均受到迦纳的《政治科学与政府》及前书——1910年出版的《政治科学概论》(Introduction to Political Science)的影响。⑤

孙寒冰对《政治科学与政府》的翻译,不但完整保留了各章开篇

---

① [美]詹姆斯·威尔福德·迦纳:《政治科学与政府》,孙寒冰译,商务印书馆,1934年,第3页。

② 同上书,第1页。

③ 其中"政府论"部分为林昌恒所译,参见[美]詹姆斯·威尔福德·迦纳:《政治科学与政府》(第三、四册),商务印书馆,1936年。在1938年版中,孙寒冰所译"绪论、国家论"部分也分为两册出版,参见[美]迦纳:《政治科学与政府》(第一、二册),商务印书馆,1938年。

④ 参见张慰慈:《政治学大纲》,商务印书馆,1930年;高一涵:《政治学纲要》,神州国光社,1930年。

⑤ 杨幼炯认为高一涵的《政治学纲要》一书多取材于《政治科学与政府》(Political Science and Government),而张慰慈的《政治学大纲》是以雷蒙德·格特尔(Raymond G. Gettell)的《政治科学概论》(Introduction to Political Science)为蓝本。参见杨幼炯:《当代中国政治学》,胜利出版社,1947年,第42—43页。陈临渊则认为,张慰慈的《政治学大纲》多取材于迦纳的《政治科学概论》(Introduction to Political Science)。参见陈临渊:《书评:对于"政治科学与政府"的批判》,《商务印书馆出版周刊》1934年第91期。

的英文参考书目,翻译了文中注释,且写下了大量"按语",对其中的一些概念或观点进行了阐释,并指出了不同的研究观点,以及可参阅的其他书籍,体现出了一种十分严谨的研究式翻译的范式,为政治学的教学和研究提供了便利。有评论者认为,该书的优点主要有五个:一是搜罗丰富;二是立论谨严;三是理实并重;四是注释详明;五是取材新颖。并且认为:"一般读者对于政治科学与政府不免发生一种'门掩了梨花深院,粉墙儿高似青天'的感慨,伽纳的《政治科学与政府》便为读者的一个方便之门,而孙君译本之对于那些不能直接阅读英文的一般读者,更不能不说是一种莫大的贡献了。"①

除了对政治学原理的教学与翻译之外,孙寒冰还参与了对西方政治思想史的教学与翻译。1930年,黎明书局出版了由陆国香、冯和法翻译、孙寒冰校订的《近代政治思想史》一书。1931年再版,1932年增订三版增加了导论等内容。陆国香、冯和法二人为孙寒冰在劳动大学的学生,在孙寒冰的建议下,他们对上课所用的教材——雷蒙德·格特尔的《政治思想史》(*History of Political Thought*)的近代部分进行了翻译,由孙寒冰校改。② 格特尔的这本《政治思想史》是20世纪二三十年代被广为接受的介绍西方政治思想史的著作,在1930年一年内,有三个不同的译本出版,除了陆国香、冯和法译本之外,还有启智书局出版的李圣越译本、神州国光社出版的戴克光译本。③ 孙寒冰所选取的是原书的后半部分,

---

① 陈临渊:《书评:对于"政治科学与政府"的批判》,《商务印书馆出版周刊》1934年第91期。

② 冯和法对此书的翻译过程有过回忆:"孙寒冰突然对我和陆国香说:我们可以把用作教材的美国格退尔教授著的《世界政治思想史》译成中文,并说,可先译近代部分,以《近代世界政治思想史》为书名,经他校订后并可介绍给黎明书局出版。""他把校改好的三章先退还给我们,叫我们对照原文再看一遍,然后抄清,其余各章陆续校改后再给我们。我把稿子拿来一看,不禁愣住了。几乎可以说,这不是校改,而是重译。"参见冯和法:《回忆孙寒冰教授》,中国人民政治协商会议全国委员会文史资料研究委员会编:《文史资料选辑》第八十七辑,文史资料出版社,1983年,第194页。

③ 参见[美]格特尔:《政治思想史大纲》(上、下册),李圣越译,启智书局,1930年;[美]吉达尔:《政治思想史》(上册),戴克光译,神州国光社,1930年。

截取了从孟德斯鸠、卢梭直到"近代无产阶级思想",共十七章二十余万言。

该书出版时开篇附上孙寒冰所写的《校完后》,阐述了他对政治思想史的思考和选择译介此书的原因。孙寒冰认为,"政治思想史便是用历史的眼光,批判地和科学地陈述政治思想的发生和变迁,穷究它们对于政治事实的关系和影响"。他列举了诸多"叙述和分析政治思想之变迁进化的书",如政治哲学史名义下:汪思的《政治哲学史研究》(Vaughan, *Studies in the History of Political Philosophy*);恩格尔曼的《政治哲学:从柏拉图到杰里米·边沁》(Engelmann, *Political Philosophy, from Plato to Jeremy Bentham*);科克的《政治理论读本》(Coker, *Readings in Political Theories*)等;政治学说史名义下:邓宁的《政治科学史》(Dunning, *History of the Science of Politics*)等;政治学史或者政治科学史名义下:波洛克的《政治科学史》(Pollock, *History of the Science of Politics*);雅内的《政治科学史及其与伦理学的关系》(Janet, *Histoire de la science politique dans ses rapports avec la morale*)等。孙寒冰认为,政治思想史的书由于涉及产生政治思想时代的社会、政治、经济、文化背景等,"不是卷帙太繁,过于冗长,使初学者望之生畏。不敢试读,便是失之简约,使初学者难于领悟"。"Gettell 教授的这本书,虽是长于叙述,短于批评,但其述理明晰,搜罗宏富,对于最近各种的政治思想,各派的政治学说几乎无所不包,实为一本比较完善的,可读的书,在国内,就我所知道的,已有许多大学采用它为教本。"①该书中的一些思想,也对孙寒冰自己的研究产生了较大影响。

除了对西方政治思想史的译介,孙寒冰对中国政治思想史也有一定的研究,他曾撰写《中国之政治思想与制度》,阐述儒家政治思想

---

① [美]格特尔:《近代政治思想史》,陆国香、冯和法译,孙寒冰校,黎明书局,1932年,第3—9页。

与国家论，认为春秋三世之义为孔子国家论之精髓，孟荀敷成孔子之义，而使儒家学说成蔚然之体系。虽然，道家也另辟蹊径以挽救此俶扰时代，但"自西汉迄亡清，二千余年君主专制之政体下，士大夫之政治思想泰半为起衰救弊暨补专制政体之政治策要，不出儒家政治学说之范围。按诸史乘，可得而言者：一曰民生政策之救济也。……二曰立制之兴革也"。① 基于这些研究，孙寒冰参与了1935年的"十教授宣言"，与何炳松、陶希圣、萨孟武、章益等十位大学教授共同署名，在《文化建设》杂志上发表了《中国本位的文化建设宣言》，认为"中国是既要有自我的认识，也要有世界的眼光，既要有不闭关自守的度量，也要有不盲目模仿的决心"，提出"不守旧；不盲从；根据中国本位，采取批评态度，应用科学方法来：检讨过去，把握现在，创造将来"。② 这一宣言在当时产生了较大的影响，也引起了学界的争鸣。

三、国家学说与政治学之范畴：孙寒冰政治学研究的展开

在"随授随译"的基础上，孙寒冰自身的政治学研究集中展开于两个领域，一国家学说，二是社会科学各领域之连带性与政治学之范畴。

（一）国家学说

1899年，梁启超在《清议报》"政治学谭"连载伯伦知理的《国家论》，开始将国家理论引入中国③，国家学说成为晚期民国时期政治学最重要的组成部分，这也与当时西方政治学研究的潮流大致同步。在20世纪20—40年代，出现了诸多对于国家学说的介

---

① 孙寒冰：《中国之政治思想与制度》，《文化建设》1934年第2期。
② 王新命、何炳松、武堉干、孙寒冰等：《中国本位的文化建设宣言》，《文化建设》1935年第4期。
③ 李可：《重译与价值建构——以伯伦知理〈国家论〉在晚清的汉译为例》，《中国翻译》2022年第6期。

绍和研究，例如，张慰慈的《政治学大纲》、高一涵的《政治学纲要》、杨幼炯的《政治学纲要》、邹敬芳的《政治学原理》中均有论述国家学说的部分。① 孙寒冰的研究也在此一学术风潮之中，检视孙寒冰的研究，可以发现他关于国家学说的思想来源一方面是西方政治思想史中的相关内容，例如，亚利斯多德(Aristotle)、谢昔罗(Cicero)、布丹(Bodin)、格老秀斯(Grotius)的人的学说，另一方面则是近世西方各派学者的国家学说，例如，德国的赛达尔(Seydel)、英国的贺兰(T. E. Holland)、瑞士的伯伦智利(Bluntschli)、美国的威尔逊(W. Wilson)、韦乐贝(W. W. Willoughby)、迦纳、国际公法学者霍尔(Hall)、法国的狄骥(L. Duguit)、基尔特社会主义者柯尔(G. D. H. Cole)等。②

在国家学说中，孙寒冰首先关注的是国家起源理论。他总结了关于国家起源的五种学说(见表3)，进行了较为公允的点评，指出了这些已有学说中的优缺点。

表3 孙寒冰总结的关于国家起源的五种学说

学说	代表人物或作品	主要观点	评价	参考资料
天性说	亚利斯多德(Aristotle)、伯伦智利(Bluntschli)	人类有天然的社会性，自然而然组成国家	社会性只能说明一般社会生活的起源，却不能说明国家的起源	Aristotle's Politics (B. Jowett, Trans.); R. W. Carlyle and A. J. Carlyle, A History of Mediaeval Political Theory in the West; Bluntschli, Theory of the State; Willoughby, The Nature of the State

---

① 王向民：《民国政治与民国政治学：以1930年代为中心》，上海人民出版社，2008年，第146—156页。
② 孙寒冰：《近代国家的解剖》，《东方杂志》1930年第16期。

(续表)

学说	代表人物或作品	主要观点	评价	参考资料
神权说	《诗经》《书经》，费而麦（R. Filmer）	把国当作基于神意而建设的，认为统治者的政治权力直接地或间接地为神所委任	立论全凭迷信的观念，在学理上已无驳斥的价值	《诗经》"皇矣章""文王章"；《书经》"康诰章""召诰章""洪范章"；《老子》；《荀子》；梁启超：《先秦政治思想史》；Coker, Readings in Political Philosophy; Dunning, Political Theories, From Luther to Montesquieu; C. G and B. M. Haines Principles and Problems of Government; E. W, Clement, Constitutional Imperialism in Japan
人权说	奥尔苏修（Johannes Althusius）、浩革（Robert Hooker）、浩布思（Thomas Hobbes）、洛克（John Locke）、卢骚（J. J. Rousseau）	把政治制度的起源放在由于人民自由意志所缔结的契约的基础上，政治权力的根据是在人民的同意	近代的政治观念和国家组织均受到其影响。在人类的思想史上，自有其不可湮灭的功绩。但也被人批驳，最大的问题是反乎历史的事实	Merriam, History of the Theory of Sovereignty Since Rousseau; Coker, Reading in Political Philosophy; Dunning, Political Theories, From Luder to Montesquieu; Vaughan, Studies in the History of Political Philosophy; Rousseau, The Social Contract; Dunning, Political Theories, From Rousseau to Spencer; Leacock, Elements of Political

125

(续表)

学说	代表人物或作品	主要观点	评价	参考资料
人权说				Science; Garner, Introduction to Political Science; Willoughby, The Nature of the State; Bluntschli, Theory of the State
演化说	梅因(Henry Maine)、麦克令奈(J. F. McLennan)、摩尔根(L. H. Morgan)、甄克斯(Edward Jenks)	国家不是一种凭空的发明,而是人类社会经过许多年的演化而来的	都有一部分事实的根据和理由,单一的学说说明一切国家的起源,在事实上是不可能的	Maine, Ancient Law; Edward Jenks, History of Politics
强权说	霍勒(Ludwig Von Haller)、甘柏老维许(Ludwig Gumplowicz)、洛曾荷佛(G. Ratzenhafer)、澳本海谋(F. Oppenheimer)、恩格斯(Friedrich Engels)、狄骥(Leon Duguit)、孙中山	国家是强者以实力征服弱者的一种自然的结果	最近乎事实和理论	Merriam, History of the Theory of Sovereignty Since Rousseau; Gumplowicz, The Outlines of Sociology (Moore, Trans.); F. Oppenheimer, The State (Gitterman, Trans.); Friedrich Engels, Der Ursprung der Familie, des Privateigenthums und des Staats (Untermann, Trans.);《民族主义》

注:根据孙寒冰的《国家的起源》(《国立劳动大学月刊》1930年第3期)的内容制作,文中存明显笔误或排版错误处已修改。

在此基础上,孙寒冰阐释了自己的国家起源论。他从经济入手,认为原始社会的人类有不同的营生方式,形成了狩猎人民、务农人民、游牧人民、近海人民。当他们开始发生冲突时,游牧和近海的人民总是胜利,起初,战争便是杀戮和掠夺,但逐渐转变为捉到俘虏,使之耕种或服役,按期纳贡,于是战胜的人开始用和平的方法来榨取被征服人民之剩余生产物。社会中产生主奴阶级的区分和对立,国家便具有了雏形。随后,征服阶级和被征服阶级长期共同生活,逐渐同化,支配阶级因自身利益,要与被支配阶级合作,同住一个区域内,并保护被支配阶级以便抽得赋税,也就有了领土的观念。此外还需维持军队,以防止内部的革命和外来的侵略。至此,国家在形式上、在实质上,都是完成的了。① 这一解释路径受到了恩格斯、狄骥等人的学说的较大影响,与后来奥尔森的理论也有不谋而合之处。②

另外,对于近代国家的性质,孙寒冰取"团体说",认为近代的国家是一种团体。"团体是人类为谋共同的利益和目的而组织的集合。"他受拉司基(H. J. Laski)思想的影响,认为国家是人类所组织的许多团体中的一种团体。与"国家的起源"中的思想一样,孙寒冰强调国家是一种地域的团体,国家的目的在于维持和发展社会秩序。同时,国家是具有强制力的团体。③ 与作为团体的国家相应的,孙寒冰也研究了民族。在《"民族"释义》一文中,他分析了"哪逊"(Nation)和"哪逊哪立得"(Nationality),一般前者表述有政治关系的人民集合体,后者用来表明有种族关系的人民的集合体。但当时不同的派别对此有不同的解释,译名应以依从各派的

---

① 孙寒冰:《国家的起源》,《国立劳动大学月刊》1930年第3期;孙寒冰:《国家起源的学说》,《大学》(上海)1934年第6期。
② [美]曼瑟·奥尔森:《权力与繁荣》,苏长和、嵇飞译,上海人民出版社,2005年,第5—11页。
③ 孙寒冰:《近代国家的解剖》,《东方杂志》1930年第16期。

解释而定,例如,若按照白莱斯(Bryce)和海斯(Hayes)的解释,则应将"哪逊哪立得"(Nationality)译为"民族","哪逊"(Nation)译为"民族国家",孙寒冰认为无论翻译上取哪种,中文中民族、民族国家、国家的区别是清楚的。国家是政治含义,民族则是文化含义。并且进一步阐释了民族的要素。①

在学术研究的基础上,孙寒冰还做了一些学术普及的工作,编写了小学生分年级补充读本中六年级社会科的《国家浅说》和《国际联盟》两本书②,分别虚拟了在市立小学教书的"李先生"和"王先生",全书形式是先生与小朋友的对话,从"为什么要吃饭"和"新闻栏中的标题"说起,深入浅出地介绍了国家的起源和种类,以及国际联盟的组织和活动等,行文活泼,煞是可爱。

(二) 社会科学各领域之连带性与政治学之范畴

孙寒冰关注"通识",不仅是在各种学问之间的贯通,也是在社会科学内部的贯通。1929年,孙寒冰主持编写《社会科学大纲》,便意在发扬社会科学的"连带性"。在该书的"例言"中,孙寒冰写道,"近年来国内研究社会科学的风气日渐发达,这原是深可庆幸的,但我们以为研究社会科学的人,其目的固在就一己之所好,专门研究一项,以求深造;可是同时对于各种社会科学之互相的关系,更应该加以充分的认识;其重要尤十倍于专门的研究"。③ 他参考了在美国流行的"阐扬社会科学连带性的书",如巴恩斯(Barnes)等编的《社会科学的历史与前景》(*History and Prospects of Social Science*),埃尔伍德(Ellwood)等编的《社会科学的最新发展》(*Recent Development in the Social Sciences*),奥格本(Ogburn)与戈登

---

① 孙寒冰:《"民族"释义》,《国立劳动大学周刊》1929年第9期。
② 参见孙寒冰:《国家浅说》,商务印书馆,1935年;孙寒冰:《国际联盟》,商务印书馆,1934年。
③ 孙寒冰主编:《社会科学大纲》,黎明书局,1929年,第1—2页。

韦瑟(Goldenweiser)等编的《社会科学及其相互关系》(The Social Sciences and Their Interrelations),吉(Gee)编辑的《社会科学研究》(Research in the Social Science),并提出在中国社会科学中也应有这类的探索。

《社会科学大纲》是黎明书局创建初期发行的重要著作,孙寒冰邀约了以复旦社会科学类教员为主的作者分撰各章,社会学章作者为社会学系的应成一、经济学章为商学院院长李权时、法学章为时任安徽大学法学院院长的端木恺(也任教于复旦政治学系)、社会心理学章为时任安徽大学文学院院长的章益(后为复旦校长)、历史章为澄衷中学历史教员黄维荣,而政治学章的作者为时任复旦政治学系主任的吴颂皋。各章均介绍一门社会科学之简史、研究方法、主要观点,并说明该学科与其他学术的关系,至今看来仍是一本辞简理博的大家小书。

孙寒冰撰写第一章"社会科学是什么?"阐释了科学的定义、社会科学的定义以及各种社会科学之间的关系,归纳了研究社会科学的方法,包括一般的归纳和演绎的方法,还有观察的、统计的、比较的、历史的、实验的方法。并认为社会科学者应有的觉悟在于能够划分手段与目的、事实与价值。① 此处与孙寒冰在劳动大学的演讲思想相一致,都强调社会科学的误区在于"一般研究的人不能把手段与目的,事实与价值"区分清楚;但同时也需注意研究的人自己是社会的一分子,有主观价值,社会科学实验也可以在不完全相同的情况下重复。②

在对社会科学的总体认知基础上,孙寒冰进一步研究了政治学的性质和范围,比较他在1929年到1934年的三篇论文,可以看出孙寒冰对政治学认识的不断深入。1929年,孙寒冰在《国立劳

---

① 孙寒冰主编:《社会科学大纲》,黎明书局,1929年,第1—31页。
② 孙寒冰讲、赵其惠笔记:《社会科学能否成为"科学"》,《劳大论丛》1929年二周年纪念刊物之二。

动大学周刊》上刊发了《政治学之性质和范围》一文,表达了一种国家中心主义的政治学,他总结了西方当时的政治学理论,认为"他们都有一个根本相同的见解,就是:政治学是社会科学的一种,国家是它研究的中心问题"。① 随后发表的《政治学的性质范围及其研究的方法》一文,承接了《论政治学之性质和范围》的第一段论述,但与之不同的是,该文认为"我们研究政治学的人,固然应当注重国家的本身,但同时亦应当注重组成国家的人类的行为。所以政治学,概括地说来,是研究人类政治行为的诸种现象、事实和关系的一种社会科学。它是一种静态的科学,同时亦是一种动态的科学。我的这个定义,并不完全和前面所引的各派学者的定义处在相反的地位;只是补充它们的定义中所没有完全表出来的涵义"。②

在《政治学的性质范围及其研究的方法》一文中,孙寒冰还详细介绍了政治学与生物学、心理学、地理学、社会学、经济学和历史学的关系。其中,最有趣的是阐释了生物学对政治学的影响,介绍了从达尔文到斯宾塞、李林·佛尔达(Paul von Lilienfeld)、萨佛尔(A. Schaffle)等人,用生物学的原理和方法,来分析社会和国家的机能,解释社会和国家的现象。还介绍了英国高尔敦(Galton)的最新研究《自然遗传》(*Natural Inheritance*)以及《对人类能力及其发展的探究》(*Inquiries into the Human Faculty and its Development*),和其他各国的代表研究。另外,心理学与政治学的结合也是当时流行的研究范式之一,"研究政治学的人非但研究政治制度的具体组织,而且注重于支配这制度的人的性质和社会的心理状态。因之心理学给政治学以不少的帮助"。③ 孙寒冰介绍了近来以心理学为基础研究政治学的一些代表学者。

---

① 孙寒冰:《政治学之性质和范围》,《国立劳动大学周刊》1929 年第 14 期。
② 孙寒冰:《政治学的性质范围及其研究的方法》,《国立大学联合会月刊》1929 年第 7 期。
③ 同上。

1934年,孙寒冰发表《政治学简述》,展示出了更为开阔的研究视野和更为精当的概念表达。其中,首先仍是厘清何为科学与社会科学。孙寒冰认为科学有两种信条:一是研究对象是客观的存在;二是研究对象无论如何复杂,"只要应用精密的方法和思考,都必可寻出其间相依而存相待以变的因果关系和必然法则,而归入于一个体系之内"。孙寒冰不认同将政治学与国家学等同的看法。他梳理了当时的英美学者所谓的政治学(Political Science, Science of Politics, Politics, Principles of Government)所指涉的是研究国家现象的知识。而德奥系学者将政治学(Politik, Politik als Wissenschaft)狭义地理解为研究国家现象的某一特殊方面的学科,与国法学(Staatsrechtslehre)、国家原理(Staatslehre)、政治统计(Politische Statistik)、国际公法(Völkerrecht)等同为国家科学(Staatswissenschaft)之一部分。两者均视政治与国家为同一概念。但孙寒冰认为所有的社会科学皆须以"人的相互关系"为研究对象①,并且进一步区分政治科学、政治哲学、政治技术学,回顾了伦理的、神学的、政策学的、哲学的、自然科学的等不同阶段的政治学特征,篇末还介绍了第一次世界大战后政治学的发展状况。

四、创办黎明书局与主编《文摘》杂志:知识者的社会责任

除了教学与研究工作之外,孙寒冰也积极从事了出版工作,开创黎明书局与主编《文摘》杂志是孙寒冰推动学术研究与知识普及的探索,也是一个知识人在当时内外交困的艰难时局中所表达的一种责任与态度。

---

① 孙寒冰:《政治学简述》,《新中华》1934年第19期。

1929年，孙寒冰邀约复旦的伍蠡甫、章益，上海商品检验局主编《国际贸易导报》的侯培厚，南京中央政治学校合作学院的王世颖，以及黄维荣、鲍思信等人，共同创办了黎明书局。① 孙寒冰创设书局的最初目标是出版大学课本，除孙寒冰的《社会科学大纲》以外，"像杨荫溥的《杨著中国金融论》、朱通九的《劳动经济学》、李鸿寿和张忠亮的《会计学》、冯和法的《农村社会学大纲》以及耿淡如译的《欧洲近代史》等，都是有一定销路的大学课本"。② 其中的一些课本，孙寒冰还做了校订工作。比如，1935年黎明书局出版了缪元新、吴友三、王元照翻译的《政治学原理》，即由孙寒冰亲自校订，该书作者为季尔克立斯（R. N. Gilchrist），前有浦薛凤所作之序言，原为供印度大学生所用之书，以加尔各答大学政治学学程为纲要，又有补充。该书除了国家论、政府论之外，还有各国政治的内容③，为当时之"政治学原理"教学又添一种教材。1936年出版的冯和法编著的《社会学与社会问题》，则是另一种尝试，其并非直接翻译，也非编译，而是在参考中外相关社会学著作后进行的体系化编写，目的在于"供给有志于社会学的初学者，以一本比较'合理'的入门课本或参考书"④，此书也为孙寒冰所校订。

在黎明书局的早期工作中，孙寒冰担任总编辑，主要负责社会

---

① 关于黎明书局的创设时间存在争议，孙寒冰的相关传记中写法不一。冯和法是早期黎明书局工作的重要参与者，在他的多次回忆中，黎明书局为1930年年底、1931年初创办。但从出版物看，1929年9月，黎明书局出版《旧欢》，10月出版孙寒冰所编的《社会科学大纲》。本文取1929年说。参见冯和法：《记上海黎明书局》，载全国政协文史资料委员会编：《文史资料选辑》第136辑，中国文史出版社，1999年，第117页；冯和法：《回忆孙寒冰教授》，载中国人民政治协商会议全国委员会文史资料研究委员会编：《文史资料选辑》第八十七辑，文史资料出版社，1983年，第195页；[英]哈代：《旧欢》，伍光健译，黎明书局，1929年。

② 冯和法：《记上海黎明书局》，载全国政协文史资料委员会编：《文史资料选辑》第136辑，中国文史出版社，1999年，第122—123页。

③ 参见[印度]季尔克立斯：《政治学原理》，缪元新、吴友三、王元照译，孙寒冰校，上海黎明书局，1935年。

④ 参见冯和法编：《社会学与社会问题》，孙寒冰校，黎明书局，1936年。

科学方面书籍的出版,1933—1936年,他主持出版了"社会科学名著译丛"(见表4),选取经济、历史、哲学、社会学方面的名著译介,引荐和推动青年学者从事翻译工作,其中的一些译者后来成为各领域内的知名学者。此外,黎明书局还出版了由吴颂皋主编的"黎明社会科学小丛书",章益、郭人全主编的"黎明乡村教育丛书",以及"黎明乡村小学丛书""黎明农业丛书"等各类丛书,推动了20世纪30年代社会科学的进展。

表4 孙寒冰主编的"社会科学名著译丛"

书名	作者	译者	出版年份
十九二十世纪经济学说史	佩阑(П. Берлин)	杨心秋	1933年
中国古代社会	柯金(M. Koknh)	岑纪	1933年
近代欧洲史	海斯(Carlton J. H. Hayes)	余楠秋、谢德风、吴道存(编译)	1933年
近世世界史(上、下册)	黑斯(Hayes)、蒙合(Moon)	耿淡如、沙牧卑	1933年
社会主义思想史	雷岱尔(H. W. Laidler)	郑学稼	1933年
分配论	卡佛尔(T. N. Carver)	张素民、伍康成	1933年
财政学原理	达尔顿(H. Dalton)	杜俊东	1933年
近代哲学史	杰波林(А. М. Деборин)	林一新	1934年
宪法原理	布赖斯(Bryce)、古德诺(Goodnow)等	吴友三(编译)	1934年
历史哲学概论	弗林特(Robert Flint)	郭斌佳	1934年
现代欧洲史(上、下册)	海斯(C. J. H. Hayes)	蒋镇	1935年

(续表)

书名	作者	译者	出版年份
近代欧洲经济史	纳德（Melvin Moses Knight）	区克宣、章植	1935年
农业经济学（下卷资本主义的农业底体系）	廖谦珂(Леященко, П. И.)	吴觉农、薛暮桥	1936年
经济思想史	斯科特（William A. Scott）	李炳焕等	1936年

孙寒冰另一个产生重要影响的行动是创办《文摘》，他说，"我一生最大的事业是《文摘》"。1937年1月1日，《文摘》第一卷第一期由黎明书局发行，署名复旦大学文摘社编，封面上印有"杂志之杂志"，表明其定位。《发刊词》中介绍了《文摘》与复旦的关系——"复旦大学当局年来竭力充实图书设备，而在搜集杂志的时候，因求有益学生，早就想到要编一个杂志之杂志。旋经本年①十月第十六次校务会议决定举办，名定《文摘》。三个月来，由教授多人指导各院系学生，积极进行，'创刊号'乃得于廿六年元旦出版。那原先为着校内师生观览的便利，现在或可推及国内不仅为了消遣的无数读者了"。② 刊末附有复旦大学文摘社编辑委员会名单，社长为吴南轩，副社长为章益，主编为孙寒冰、汪馥泉、吴道存、伍蠡甫、贾开基。实际事务主要由孙寒冰负责，选稿编排等任务也多由孙寒冰决定。③

《文摘》首期封面文章包括摘录各家言论的"多样的议论""中国的回顾与前进""最近的华北""社会科学及文艺"等合集，内容涉及政治、经济、文化、社会科学等各个方面，此种风格一直持续到

---

① 指1936年。
② 《发刊词》，《文摘》1937年第1期。《文摘》前6期为一卷，第8期标为二卷2期，改为《文摘战时旬刊》时，期号另起。
③ 冯和法：《回忆孙寒冰教授》，载中国人民政治协商会议全国委员会文史资料研究委员会编：《文史资料选辑》第八十七辑，文史资料出版社，1983年，第204页。

"八一三"事变爆发后《文摘》停刊。此时的《文摘》尚停留在综合性摘录阶段①,但已广受欢迎。在第三期《文摘》上刊登了一组"各方对本月刊的批评"的文章,其中,方思鲁的《一个新型的杂志》对文摘的意义做了较好的总结,他认为所谓"杂志之杂志"意味着"许多杂志精髓的聚合,它不仅是各杂志的索引,而且在这索引之上,还兼有指示杂志的现状和趋向的职务"。② 在第 5 期的《编后杂记》中提及当时杂志的热销——"第四期初版一万六千册到四月九日晚上,书店里一本也没有了;赶着添印了四千本,据书店的报告,又只剩五十多本了。第四期无疑的将突破二万。第五期的出版,便印出了二万二千册……"③而其《创刊号》因供不应求,再版五次,总发行数达到五六万册。

《文摘》所刊文章中最具影响力的是连载的《毛泽东自传》。1936 年,斯诺是第一位冲破封锁到延安报道中国工农红军的西方记者,在 4 个多月的采访中,斯诺与毛泽东多次长谈。1937 年 7 月到 10 月,以采访内容为基础的《毛泽东自传》(*The Autobiography of Mao Tse-Tung*)在《亚细亚杂志》(Asia)连载发表,8 月,孙寒冰读到此文之后,即请《文摘》编辑在校生汪衡翻译,并赴南京请时任国民党中央宣传部部长的复旦校友邵力子准予发表④,随后《文摘》第 8 期及其后的《文摘战时旬刊》分 7 期翻译连载了《毛泽东自传》,并集结成书,1937 年 11 月由黎明书局出版⑤,后此书不断再版,又

---

① 《东方杂志》曾经刊登《文摘》的广告,其初期定位是综合性摘录杂志并关注文艺学术等领域。"《文摘》为一种综合刊物,摘录一月来中外杂志报章之重要作品,编为各特辑。此外,尚有中外名著之书摘。内容除特辑外,每期有'科学''人物种种''生活线''妇女世界''各地风光''点点滴滴''每月创作推荐''电影介绍'等,凡二百余页,四十万言。插图甚多,诚人人必读之良好读物。该刊物由上海复旦大学文摘社主编,黎明书局出版。每年十二册,订价二元四角。"参见《介绍〈文摘〉月刊》,《东方杂志》1937 年第 15 期。
② 方思鲁:《一个新型的杂志》,《文摘》1937 年第 3 期。
③ 《编后杂记》,《文摘》1937 年第 5 期。
④ 参见丁士华:《孙寒冰与斯诺撰写的〈毛泽东自传〉》,《上海档案》2003 年第 1 期。
⑤ [美]史诺笔录:《毛泽东自传》,汪衡译,黎明书局,1937 年。

以《一个共产党员的由来》为题收录在《红星照耀中国》一书中,是国内最早关于毛泽东生平的报道,产生了巨大的影响,成为中国革命史上的一份重要文献。

"八一三"事变爆发后,复旦校舍被破坏,《文摘》也随之停刊。9月28日,《文摘》复刊,改名为《文摘战时旬刊》,篇幅缩减,杂志定位更为明确。在"编者的几句话"中写道:"当我们正着手编辑九期《文摘》,上海便发动了伟大的抗敌战争。复旦的校舍亦于此时遭受暴敌无耻的破坏——但也可说它是作了抗战光荣的牺牲。因此《文摘》的出版日期便暂时宕延了。《文摘》是不能因此中止它的生命的。在这个非常时期中,它更应以非常的姿态继续它的任务。"①从此,《文摘战时旬刊》成为通过摘录,宣扬抗战精神、报道国际动态的重要刊物,每旬出版,以在风云变幻的时局前保持主动。《文摘战时旬刊》的特点是多用译稿和特稿,原文多摘自《纽约时报》(*New York Times*)、《国家杂志》(*The Nation*)、《亚细亚杂志》(*Asia*)、《外交评论》(*Foreign Affairs*)、《读者文摘》(*The Reader's Digest*)、《大西洋月刊》(*The Atlantic*)等等较有影响力的外国媒体,也包括一些日文杂志,每期都是从百数种外文杂志中挑选二三十种进行选文摘录,尽可能以多角度报道当时的战局与形势发展。

《文摘战时旬刊》从1937年直到孙寒冰逝世,共出版了70期,在当时产生了巨大的影响,夏衍曾经评价道,"提起孙先生,人们就会想起《文摘》。《文摘》这本小小的杂志,抗战以来在报道国际真实,善导全国舆论这一点上尽了如何伟大的力量,我只能说一句用惯了的话,无法可以估量……"②《文摘》的巨大成功一方面来源于孙寒冰的尽心竭力——"每一期《文摘》,每一篇文章,每一个标题,每一行字句中,都有着寒冰先生的热和力,汗和血"③,在孙寒冰生

---

① 《编者的几句话》,《文摘战时旬刊》1937年第1期。
② 夏衍:《此时此地集》,文献出版社,1946年,第17页。
③ 大艸:《孙寒冰先生纪念》,《宇宙风·乙刊》1940年第27期。

命的最后三年,他的重心从书斋转向战场,从政治学理论转向国际政治,几乎将全部精力用于寻找资料、选稿、翻译、编辑、印刷、出版、筹款。"三年来,先生不顾家庭,不顾生计,甚至不顾自己的生命,心力交瘁地扶植培育着本刊,完全因为先生认为这是一个知识者在民族解放战争中应尽的最低责任。"①

《文摘》的影响另一方面也得益于复旦的支撑,有复旦教授组成编委团体,有复旦图书馆大量的中外书报可选用,同时《文摘》独立客观的精神也因校方的保护而得以存续。《文摘》中的大部分编辑人员与翻译人员均为复旦师生,其中一些青年学生后来也成为各学科的研究者,如蒋学楷、耿淡如、冯和法等。"就像五四时期《新青年》与北京大学的因缘际会而成就为一代名刊一样,《文摘》之于复旦大学,则是抗战时期一校一刊珠联璧合的又一典范。"②

五、结语

1940年5月27日,日军飞机轰炸复旦所在的重庆北碚校区,孙寒冰不幸罹难,年仅37岁。同时遇难的还有《文摘》职员汪兴楷及五位学生,部分师生受伤,复旦校舍图书仪器亦被炸。③ 事发之后,举国震惊,全校师生,同声哀悼。文化界多位著名人士发表悼念文章,夏衍在《少了一个说真话的人》中写道:"孙寒冰先生的死,我的感觉是好像在喧嚣呶嚷的杂音里面,突如的少去了一个洪亮壮大的声音。"郭沫若为其作祭诗:"战时文摘报,大笔信如椽;磊落

---

① 《我们的哀思》,《文摘战时旬刊》1940年第71期。
② 吴永贵、黄河清:《抗战责任与期刊岗位——孙寒冰与他主编的〈文摘〉杂志》,《中国编辑》2015年第4期。
③ 复旦大学校史编写组编:《复旦大学志·第一卷(1905—1949年)》,复旦大学出版社,1985年,第156页。

余肝胆,鼓吹动地天;成仁何所怨,遗留正无边,黄桷春风至,桃花正灿然。"1941年3月16日,孙寒冰追悼会在假夫子池新运服务所礼堂召开,于右任主祭,蒋介石为其题词"立言不朽",林森题词"哲人竟霄教泽长存",孔祥熙、陈立夫等均到场致辞。①

与作为"文化斗士"的身后哀荣相比,在复旦同事与学生的追悼中,孙寒冰的形象更为动人。在这些回忆中,孙寒冰都是温厚平和的,"他的态度,像是一团春风,永远是一团春风,他在你面前,你会感到舒适,感到 Homely,感到随便好了,感到一切都无可无不可"。② 他对学生与青年更是无限信任,奖掖后进,推挽才秀,与黎明书局时代众多由孙寒冰支持推进出版的书籍一样,1941年,蒋学模将其译著题献给孙寒冰——"谨以/此书译献/孙寒冰先生之灵/他献毕生精力掖进青年/本书是他生前指定/译介读书界的"。③ 在孙寒冰去世后,《文摘战时旬刊》继续出版直至1945年抗战胜利,再次改名为《文摘》,其后每期封面均标注"孙寒冰创办"。抗战胜利后,复旦迁回上海江湾原址,将相辉堂东侧的原第四宿舍命名为"寒冰馆",至今这座小楼仍矗立在校园中。

孙寒冰37年的生命短暂而丰富,他的治学与行事,他与复旦的学术传统,与中国政治学的发展等方面尚有太多值得后人继续探寻之处,就如程沧波在悼念孙寒冰时所言:"世间了解一个人不是容易,了解一个有理想有人格的人,更不容易,世俗的缰锁,困死了多少英雄豪杰,寒冰生前曾对我说,'我们何必希望人家了解?'这一句话常常回旋在我脑中,寒冰生前,许多人没有了解他;寒冰死后,还有许多人不能了解他,但是他在许多人的心灵上永久活着。

---

① 参见《孙寒冰先生追悼会、纪念日等材料》,复旦大学档案馆,档号:1949-LS11-2483。《孙寒冰先生罹难周年》,《文摘战时旬刊》1941年第84/85期。
② 大艸:《孙寒冰先生纪念》,《宇宙风·乙刊》1940年第27期。
③ 参见[苏联]阿·托尔斯泰:《粮食——保卫沙里津》,蒋学模译,大时代书局,1941年。

他的性格,他的态度,他的志趣,永远是人们回想的养料……"①

Sun Hanbing's Research on Political Science: An Additionally Discussion on the Early Pedagogical Methods and Development of the Department of Political Science at Fudan University

Yun SHU

Abstract: Sun Hanbing served as a professor in the Department of Political Science at Fudan University in the 1920s and 1930s. His academic interests were extensive, covering various fields such as political science, economics, and literature. He translated works such as "Political Science and Government" and conducted in-depth research in the field of national doctrine and political science. Sun Hanbing's academic research path and methodology reflected the pedagogical principles and teaching methods of early Fudan University. His research in political science was influenced by contemporary foreign research schools and also represented the research trends in Chinese political science. Sun Hanbing was also one of the founders of the Liming Bookstore, leading the Publication of numerous social science books and serving as the editor-in-chief of "Digest" magazine. With his broad vision and professional knowledge, he promoted the development of social science and fulfilled the responsibilities of an intellectual during the national liberation war.

Keywords: Sun Hanbing; "Political Science and Government"; National Doctrine; Political Science Research in the Republic of China; Department of Political Science at Fudan University

---

① 沧波:《他永久在人们的心灵上活着》,《中央日报》1941年3月16日,第4版。

中国政治

社会治理专业化何以可能:
以社会组织参与社区治理为考察对象[*]

宋道雷[**]

[内容提要] 随着国家对社会治理的日益重视,社会组织获得了参与社会治理的良好政治形势和政策激励。社会组织对社会治理的参与,可以以组织化的专业治理形式解决居委会主导的个体化经验型治理面临的挑战,有助于中国的社会治理向专业化方向迈进。社会组织遵循的原则和准则,奠定了其参与社会治理的正当性基础。社会组织的专业参与机制,丰富了多元主体参与社会治理的途径。社会组织的一系列专业行动,使社会治理专业化从可能走向现实。社会组织的参与带来的社会治理专业化,是国家治理体系和治理能力现代化的重要体现,极大地巩固了国家治理的社会基础。

[关键词] 社会治理;社会组织;专业化;多元主体

一、研究缘起

党的十八大以来,党中央为社会组织的发展及社会组织参与

---

[*] 本文是国家社会科学一般项目"党建引领社会组织参与城市社区治理的形态差异和创新机制研究"(项目编号:22BDJ115)的阶段性成果。

[**] 宋道雷,复旦大学马克思主义学院副教授。

社会治理提供了一系列有利条件,为其发展创造了良好的政治形势。这一良好政治形势,是以党的中央报告的形式确定下来的。党的十八届三中全会提出:"适合由社会组织提供的公共服务和解决的事项,交由社会组织承担。"党中央在报告中单独列段,明确指出社会组织在公共服务供给领域的独特作用,"推进社会组织明确权责、依法自治、发挥作用"。党的十八届四中全会则提出:"建立健全社会组织参与社会事务、维护公共利益、救助困难群众、帮教特殊人群、预防违法犯罪的机制和制度化渠道。"这一提法更加明确地将社会组织对社会治理的参与作用提了出来,并指出社会组织在社会治理过程中的五个具体参与领域。党的十九大报告则更进一步指出:"加强社区治理体系建设,推动社会治理重心向基层下移,发挥社会组织作用,实现政府治理和社会调节、居民自治良性互动。"这是党的中央报告第一次特别强调发挥社会组织在基层社会治理——社区治理中的作用,将社会组织对社区治理的参与提到了政治高度,是中央高层对社会组织参与社会治理高度重视的重要标志。党的二十大报告着重强调推进社会组织协商,支持社会组织积极参与公益慈善事业。这为社会组织参与更广泛的社会治理领域提供了政治支持。从"社会各方面"到"社会组织",从"社会治理"到"社区治理",从"社会组织协商"到"公益慈善事业",党中央的表述标志着党对社会组织参与社会治理的性质、范畴和地位的重视度逐步提升,并深化社会组织对社会治理各领域的专业化参与。党的报告从政治高度肯定了社会组织参与社会治理的政治合法性,为社会组织参与社会治理创造了良好的政治形势。①

中央和地方各级政府部门在政策制定领域提供了政策激励,为社会组织参与社会治理释放了政策红利。中央部门对社会组织

---

① 宋道雷:《共生型国家社会关系:社会治理中的政社互动视角研究》,《马克思主义与现实》2018年第3期。

参与社会治理，给予重要政策支持。中共中央办公厅、国务院办公厅在2016年印发的《关于改革社会组织管理制度促进社会组织健康有序发展的意见》指出，要大力培育发展社区社会组织，完善社会组织发展政策，促进社会组织健康有序发展。国务院扶贫开发领导小组于2017年年底印发《关于广泛动员和引导社会组织参与脱贫攻坚的通知》，积极推动社会组织参与农村教育、健康、志愿等社会治理领域的精准扶贫工作。中共中央办公厅、国务院办公厅在2021年印发的《关于加快推进乡村人才振兴的意见》，明确要求"加快推动乡镇社会工作服务站建设，加大政府购买服务力度，吸引社会工作人才提供专业服务，大力培育社会工作服务类社会组织"。这为社会组织参与乡村振兴奠定了坚实的政治基础。十八届三中全会后，民政部取消了行业协会商会类、科技类、公益慈善类和城乡社区服务类四类社会组织的不必要审批，制定了直接登记的政策。这说明中央政府部门从政策层面，直接肯定并鼓励社会组织的发展。自此，地方政府部门在中央部门的指导下，从政策制定出发，大力推进社会组织发展，促使社会组织参与社会治理，推动社会治理重心向基层下移。例如，2014年，北京市民政局制定《关于大力发展城乡社区社会组织的意见》，提出从体制创新入手，探索和建立社区社会组织管理体制和培育机制，推进城乡社区社会组织快速健康发展；2015年，上海市民政局制定《关于加快培育发展本市社区社会组织的若干意见》，明确强调进一步放宽登记准入条件，完善扶持社区社会组织发展政策，促进社区社会组织健康有序发展，在参与社区治理中发挥独特作用。中央和地方政府部门从政策制定方面，为社会组织的发展和社会组织参与城乡社会治理提供了政策合法性，为社会组织参与社会治理释放了政策红利。

社会组织因应大好的政治形势和政策形势得到蓬勃发展，成为社会治理领域的重要参与力量。改革开放40多年来，社会组织在中国得到长足发展。截至2018年年底,全国共有社会组织80.3万个,比上年增长14.3%,增速创十年来最高,增长数量同样创十年来最多。① 截至2021年年底,全国社会组织总量为90.187万个。② 在这些迅猛增长的社会组织中,大多数以各种形式积极参与社会治理,推动社会治理重心向基层下移。③ 随着社会组织的增长,社会组织参与社会治理的数量也在增加,其参与的广度和深度也在不断扩展,成为社会治理体系和能力现代化,尤其是社会治理专业化的重要推动力量。

社会组织的参与,促使社会治理向专业化方向迈进。社会组织来源于社会,其对社会治理的各个层面和领域最为熟知;同时,社会组织作为不具营利性的具有专业优势的社会力量,可以通过公益化方式,实现与各种类型的社会治理需求的对接,从而达到社会治理需求和服务供给的专业化匹配。从这个方面讲,社会组织对社会治理的参与,实现了社会公共产品的专业化供给,丰富了社会公共产品的种类,解决了社会治理难题,有效弥补了社会治理鸿沟。社会组织参与社会治理的广度越大、程度越深、专业化越强,那么,社会矛盾更容易以专业化的方法化解,社会治理的成本会越低,社会治理的质量会越高,国家治理的社会基础会更牢固。由此,研究社会组织通过什么样的机制和行动参与社会治理,从而使社会治理向专业化方向发展,不仅具有理论意义,而且具有社会意义和政治意义。

本文认为社会组织的参与有助于中国的社会治理,尤其是城

---

① 参见徐家良:《社会组织蓝皮书:中国社会组织报告(2018)》,社会科学文献出版社,2018年。
② 参见黄晓勇:《社会组织蓝皮书:中国社会组织报告(2022)》,社会科学文献出版社,2022年。
③ 截至2021年年底,教育领域和社会服务领域社会组织数量占社会组织总量的近一半。参见黄晓勇:《社会组织蓝皮书:中国社会组织报告(2022)》,社会科学文献出版社,2022年。

市基层社会治理发生向专业化方向的重要转型。在很长一段时期内,中国城市基层社会治理的主要行为主体是居委会。从一定意义上讲,居委会的治理水平决定了城市基层社会治理的水平。居委会所主导的城市基层治理严重依赖于个体经验,属于经验型治理。这种经验型治理一方面对个体的依赖性较大,是以个体权威为基础的治理;另一方面其可持续性较低,个体自然人的退休会导致治理经验传承的断裂。国家治理现代化和社会治理专业化的提出,要求在城市基层社会治理中以可持续的专业化治理替代传统的经验型治理。从这个意义上讲,社会组织对社会治理的参与,可以以组织化的专业治理形式解决居委会主导的个体化经验型治理面临的挑战。① 具体来讲,社会组织的参与带来的社会治理专业化转型,是通过社会组织在参与社会治理过程中所遵守的准则、原则、机制和具体行动达成的。这保证了社会组织在参与社会治理过程中的正当性、专业化和可持续性,带来了社会治理从经验型到专业化的转型。

二、专业化:社会组织参与的社会治理

现阶段中国的社会治理已经走到专业化转型的关口。在40多年的改革开放实践过程中,中国的社会治理,尤其是城市基层社会治理形成了以房权为中心的治理形态,商品房小区成为社会治理的主流空间形式。② 居委会主导的"串百家门、知百家情、解百家难、暖百家心"的"四百工作法",在以封闭商品房小区为主流的现代社会,碰到了新的挑战。在以保护家庭生活隐私空间为

---

① Chathapuram S. and Subhabrata D., ed., *Governance, Development, and Social Work*, London; New York: Routledge, 2014, p.3.
② 参见吴晓林:《房权政治:中国城市社区的业主维权》,中央编译出版社,2016年。

目的的商品房小区,小小的"门禁卡"成为隔离社会治理工作人员与社区居民的巨大鸿沟。"技防"虽然保证了小区的安全,但也造成小区与外界社会的隔离。这就决定了中国的社会治理开始告别单一依靠政府主导下的居委会治理模式,向以更加多元的主体互动的治理模式演进。在这些参与社会治理的主体中,重要的社会主体之一便是社会组织。

社会组织的参与,弥补了社会治理鸿沟。在社会治理的诸多领域,尤其是在社会救助、公益慈善、特殊人群看护、专业调处等领域,会出现由于政府的有限性、市场失灵和自治失败导致的"真空地带"。在这些"真空地带",政府提供的标准化公共产品,无力做到全面、精准覆盖。市场力量在其中无法获取利润,不愿参与这些领域的治理。居民自治由于无法克服集体行动的困境,导致居民个体没有能力解决这些领域的棘手问题。由此,社会治理产生各种治理力量缺席的"真空地带",我们称这种现象为社会治理中的治理鸿沟现象。在这个"真空地带",社会组织反而可以凭借自身的专业化优势、非营利性身份和公益性情怀,解决政府想解决却无力解决、居民想解决却无法解决、市场不想解决的专业化社会治理难题。① 社会组织以专业化为基础,通过公益行动,链接政府、社会、市场和家庭各要素建构社会治理的合力,形成社会治理难题的公共化回应和解决机制,从而填补社会治理鸿沟。

社会组织在弥补社会治理鸿沟的过程中,促使社会治理向专业化方向发展。党的十九大报告提出"提高社会治理社会化、法治化、智能化、专业化水平",其中,社会治理专业化的实现,主要的依靠力量是社会组织。社会治理专业化是指社会组织依凭自身的专

---

① [美]莱斯特·萨拉蒙:《公共服务中的伙伴:现代福利国家中政府与非营利组织的关系》,田凯译,商务印书馆,2008年,第44页。

业技能、组织团队、参与式方法与创意参与社会治理,使社会治理实现从依靠政府主导的政府治理和基层居委会主导的个体经验治理,向借助社会组织的专业化治理的转变。① 从这个方面来讲,社会组织弥补社会治理鸿沟本身,便是社会治理专业化的体现。在社会治理的众多主体之中,社会组织发挥社工和方法的专业优势,为社会治理提供精准化的专业技术和服务,以专业化参与为支点撬动社会治理难题的解决,在诸多方面丰富了社会公共产品的供给,实现了社会治理专业化。②

社会治理专业化体现在社会治理的各个领域,贯穿社会治理的各个环节。社会治理专业化不仅体现在社会治理的特殊化领域,即社会组织以专业化优势解决其他主体无法解决的治理难题,例如戒毒群体看护和矫正、失智老人专业看护、精神障碍群体治疗和看护等。社会组织参与的社会治理还体现在传统上属于政府主导的居委会参与的基层社会治理的一般化领域,例如文体活动组织、邻里矛盾调解、业委会成立指导、生活垃圾分类等领域。此外,社会组织还在艺术文化创意、空间微更新、社区经济和社会企业等新兴领域,创造性地开发了社会治理的新领域,例如臻意雅创艺术工作室的艺术设计创意、社区百草园空间规划项目、禾偕水产生态园生态农业经济实践,以及北京地球村环境文化中心以传统文化为支撑的"乐和家园"乡建模式等,就是这方面的代表。社会组织对社会治理领域和环节的全方位、立体化参与,助推社会治理向专业化方向大踏步迈进。

---

① 宋道雷:《转型中国的社区治理:国家治理的基石》,《复旦学报》(社会科学版)2017年第3期。

② Adelina Broadbridge and Liz Parsons, "Still Serving the Community? The Professionalization of the UK Charity Retail Sector," *International Journal of Retail & Distribution Management*, Vol.31, No.8, 2003, pp.418-427.

三、社会组织参与社会治理的原则和准则

人与社群,是社会组织参与社会治理的根本所在。从最本源的意义上讲,社会组织对社会治理的参与,是为了让居民生活更加美好,让社群更加和谐健康。① 基于这些重要民生与人文价值,社会组织参与社会治理并不仅靠参与热情和公益情怀,而是需要遵守一定的原则和准则。社会组织必须遵循的原则和准则,奠定了其参与社会治理的正当性基础。② 如果未遵守这些原则和准则,社会组织对社会治理的参与要么缺失正当性,要么产生违法行为,要么出现服务供给和治理需求的不匹配等,导致社会治理还是在原来依赖居委会经验的粗放化轨道上行进,而无法实现专业化,也就无法有效解决社会难题,最终影响社会共同体的健康发展。这些原则和准则从价值和规范层面,保证了社会组织对社会治理的专业化参与,将社会治理推向专业化时代。③

(一)社会组织参与社会治理的原则

社会组织在参与社会治理的过程中必须遵循一定的原则。这些原则是社会组织参与社会治理的基本依据,能够保证社会组织参与社会治理的价值和航向。

一是激活居民原则。社会治理的核心是居民,居民具有参与的热情和技能。居民不仅是社会组织参与社会治理的服务对象,

---

① 熊易寒:《社区共同体何以可能:人格化社会交往的消失与重建》,《南京社会科学》2019年第8期。
② 嵇欣、黄晓春、许亚敏:《中国社会组织研究的视角转换与新启示》,《学术月刊》2022年第6期。
③ 宋道雷:《国家治理的基层逻辑:社区治理的理论、阶段与模式》,《行政论坛》2017年第5期。

也是社会治理的参与主体,从这个意义上讲,只有社会组织而没有居民参与的社会治理是失败的。由此,社会组织在参与社会治理的过程中,需要激发居民参与社会治理的热情和动力,提升居民的参与技能,激活居民作为治理主体的作用。①

二是培育自组织原则。居民并不是天然地呈原子化状态存在,很多居民在社区中或多或少归属于这样那样的线上社群或线下社区自组织。有的街道,其有志愿组织归属的社区居民志愿者人数达到11 521人,有的居委会组建的社区自组织的数量达到17支之多,涉及文体议事、平安消防、卫生环保、公益助残、为老服务等多个领域。② 社会组织在参与社会治理的过程中,并不是仅仅靠自身成员的力量开展治理活动,而是通过自组织的力量挖掘居民领袖,发动居民志愿者,形成治理合力。基于此,社会组织一方面需要借助现有的社区自组织力量,将兴趣、利益相似的自组织进行整合,实现兴趣型、文体型社区自组织的治理型转化。③ 同时,社会组织还需培育新的社区自组织,使其成为社会组织的外援,甚至是主要依靠力量。社会组织与社区自组织的联动,是社会治理的组织化道路。

三是链接驻区单位原则。社会组织的重要功能是链接社会治理资源。社会组织在参与一定区域内的社会治理的过程中,可以通过政府部门或社会调研,绘制资源地图(asset-based social governance maps),系统盘点能够链接的治理资源。④ 我们经过调研发现,无论是企业,还是政府部门、学校、医院等,它们作为驻区

---

① Josh Bowling, Kimberly Meals Estep, Kaliah Ligon, etc., *Organizer's Workbook: Tools to Support Your Awesome Neighborhood*, Indianapolis: Indianapolis Neighborhood Resource Center Press, 2012, p.6.

② 罗峰:《社会的力量:城市社区治理中的志愿组织》,上海人民出版社,2016年,第105页。

③ 参见刘建军:《居民自治指导手册》,格致出版社、上海人民出版社,2016年。

④ WaterAid, "Community Mapping: A Tool for Community Organising," April 1, 2005, www.wateraid.org, accessed December 16, 2022.

单位,在社会组织的链接之下都比较乐意提供力所能及的人力、物力资源。社会组织正是通过链接这些驻区单位的方式,为社会治理提供必要的治理资源。

四是缔结社会关系原则。社会关系是社群作为熟人共同体而存在的本质性特征。① 当社群一词映入脑海的时候,我们首先想到的是通过社会关系缔结而成的共同体,从这个意义上讲,社会组织参与社会治理的重要支点便是缔结社会关系。社会组织不仅可以在社区自组织的关系链条中发掘志愿者,同时,也可以将居民拉入社区自组织并缔结他们之间的社会关系。我们经调研发现,社会组织在基层社会治理中最容易缔结居民间、居民与自组织间、自组织与自组织间的社会关系的是以下六个社会治理领域,即亲子、公益、环保、养老、创意和艺术领域。

(二) 社会组织参与社会治理的准则

社会组织参与社会治理必须遵循一定的准则。这些准则是社会组织参与社会治理的基本规范,能够保证社会组织参与行为的正当性与合法性。

一是社会效益优先准则。社会治理的最终目的是促进社会共同体的整体利益,这是社会效益优先准则的价值前提。相比于市场力量的经济效益优先,社会组织的非营利性、社会化身份和公益属性,为社会组织在社会治理过程中将社会效益放在优先位置提供了天然的优势条件。反过来,以社会效益优先作为衡量标准,社会组织是社会治理的最优参与主体。

二是正当性准则。在社会治理过程中,社会组织必须遵循正当性准则。社会组织的参与行为之所以被认为是正当的,除了其

---

① 刘建军:《社区中国:通过社区巩固国家治理之基》,《上海大学学报》(社会科学版)2016年第6期。

自身的非营利属性之外,就是因为其参与的社会治理可以做到以下三个方面:第一,社会组织制定并执行明确且具有可操作性的,并与该社会治理需求直接匹配的参与方案;第二,社会组织可以做到使社会治理中的服务对象相信,其参与是以满足他们的治理需求为目的的;第三,社会组织必须使其成员将服务对象的需求,置于组织及其成员的个人利益之上。① 只有同时满足这三个方面的要求,社会组织才能赢得服务对象的信任,具备参与社会治理的正当性。

三是透明性准则。社会组织参与社会治理必须做到公开透明。② 第一,社会组织主动及时地将参与信息,例如活动开展、经费使用、方案执行状况等向相关部门和利益相关者进行公示。第二,任何利益相关者都有权力了解治理项目的执行情况,治理绩效的达成情况,以及政府、企业、基金会等购买服务的经费或个人捐赠的使用情况等。第三,社会组织以制度化机制而非零散行动,例如社区调研、年度报告、简报、社区居民会议、社区居民自组织等形式,实现向服务对象和相关主体公示治理信息的常态化、系统化。

四是责任性准则。社会组织参与社会治理以社会共同体的公共利益为依归,因此,它的参与必须向作为整体的社区或社会负责。在这个过程中,社会组织严格按照项目要求与执行方案,向所有主体和利益相关者,例如社区居民、购买社会服务的政府部门、捐赠人、参与者等负责;同时,在治理过程中履行自身责任,即在治理结果、治理结构、财会治理等方面,形成社会组织自身治理系统与社会治理系统的良性耦合,最终达到向作为整体的服务对象所

---

① 梁昆、夏学銮:《中国民间组织的政治合法性问题——一个结构制度分析》,《湖北社会科学》2009年第3期。
② 严振书:《现阶段中国社会组织发展面临的机遇、挑战及促进思路》,《北京社会科学》2010年第1期。

代表的社会公共利益负责的目的。①

四、社会组织参与社会治理的专业机制

社会组织对原则和准则的遵循,为社会治理专业化提供了必要条件和可能,使其成为一种自在的状态。然而,社会组织是通过哪些机制才最终使社会治理专业化从自在的状态转变为自为的状态,从一种可能转变为现实,这是需要我们研究的重要方面。社会组织参与社会治理的机制,是由社会组织和社会治理两方面的属性决定的。具体来讲,社会组织通过以下五类机制参与社会治理并使其向专业化方向迈进。

一是专业主导机制。社会组织参与社会治理的首要机制是专业主导。在社会治理中,社会组织与其他主体的区别,主要体现在专业性上。专业能力是社会组织立足社会治理的王道。② 社会组织以其专业的服务供给、议题挖掘、矛盾调解、活动规划、创意设计、空间营造等能力,甚至是以在市场中积累的专业化技能和方法③,推动社会治理实现专业化,使社会治理发生从以经验为主到以专业为主的转型。

第一,人力资源专业化。人力资源是社会组织最重要的要素,是社会组织推动社会治理专业化的首要条件。社会组织并不是以拥有社工证的社工作为其专业化的衡量标准,而是需要实现社工证所认定的理论上的职业水平,与社会治理积累的实践专业水平

---

① Mosaica, *The NGO Handbook*, Bureau of International Information Programs United States Department of State, 2012, pp.3-5.
② 宋道雷:《专业主导式合作治理:国家社会关系新探》,《南开学报》(哲学社会科学版)2018年第3期。
③ 笔者对成都圆梦助残公益服务中心的调研。

的有机结合。① 社会组织必须以提升内部人员专业化的方式,建立独立的专业化社工队伍,在提升社工个体专业化水平的基础上,提升整个团体的专业化水平。

第二,参与方法专业化。社会治理是与居民息息相关的实实在在的工作,仅靠情怀与经验已经无法满足日益复杂的社会治理要求。它不仅需要人情化的关怀,还需要专业化的参与方法。专业化参与方法的核心是,以专业方法促使多元主体参与治理过程并影响决策。它遵循平等参与、集体决策原则,但其解决的不是参与者的个体利益,而是群体的共同利益,因为参与者不仅是受益者,还是决策贡献者。开放空间、展望未来论坛、共识会议、冲突斡旋、社区议事会、行动工作坊、复合式协商民主决策等专业化参与方法,已经成为社会组织的强大专业化技术支持。②

第三,议题解决能力专业化。社会组织在社会治理过程中处理的议题,大多是与居民相关的复杂议题,例如矛盾纠纷调处,特殊群体救助、看护和治疗,空间微更新,生活垃圾分类和宠物管理等。这些议题与居民日常生活和行为的相关性很高,如果解决得好则会提升居民满意度,反之则会降低满意度。社会组织与政府主导的居委会在社会治理方面最大的区别在于,社会组织拥有专业的议题发掘、转化和解决能力。不同的社会组织拥有不同的专业技能,它们可以根据治理议题的不同,以专业方法有针对性地处理治理议题,实现治理议题的专业化解决。

二是供需匹配机制。供需匹配机制是指社会组织在参与社会治理的过程中,依赖专业化技能和方法提供的治理产品,必须符合政府的行政约束、服务对象的需求约束和社会治理领域的禀赋三

---

① Wagle and Udaya, "The Civil Society Sector in the Developing World," *Public Administration and Management: An Interactive Journal*, Vol.4, No. 4, 1999, pp.525-546.
② 宋庆华:《沟通与协商:促进城市社区建设公共参与的六种方法》,中国社会出版社,2012年,第1—20、15—49页。

者的规定,做到社会组织的专业供给和社会治理需求的精准对接。

第一,遵守政府的行政约束。政府自上而下地购买服务,直接决定了社会组织参与的资金、领域和边界,以及提供服务的数量和质量。这是制度性硬约束。

第二,尊重服务对象的需求约束。在政府购买服务的硬约束下,社会组织作为社会治理的嵌入性主体,不应仅是自上而下地执行初始项目方案,而是必须经过认真详尽的调研,挖掘社区领袖,培育居民志愿者,找准对象需求,修正执行方案,与服务对象一起开展社会治理,实现社会发展。这是主观性软约束。

第三,符合社会治理领域的禀赋。社会组织在参与社会治理的过程中,不仅会面对有形化的物理空间和具体的服务对象,还会面对空间、区位、对象,以及周围环境等形成的综合社会治理领域的禀赋。例如社区的区位有中心城区、郊区和农村之分,空间特征有老公房和商品房之别,服务对象有年轻一代和老龄化居民之异,这些要素会形成不同的禀赋。按照供需匹配机制,社会组织在参与社会治理的过程中,需要按照不同的治理领域的禀赋,供给不同的治理方案、服务内容和参与技术,做到因治理领域的禀赋之"材"而施社会组织之"治"。这是结构性约束。

三是参与治理机制。虽然社会组织使社会治理发生了专业化转变,但这并不意味着治理过程不需要其他主体的参与。参与治理机制的要义是:社会治理归根结底是社会主体自身的事情,必须创造社会实施自身理念、以自身的能力解决治理议题的机会、组织和平台。[①]

第一,社会组织首先需要挖掘和培育积极参与者。社会治理的参与者有一般居民与积极分子之分。社会组织既要善于动员一

[①] 王海侠、孟庆国:《社会组织参与城中村社区治理的过程与机制研究——以北京皮村"工友之家"为例》,《城市发展研究》2015年第11期。

般居民,更要善于挖掘和培育积极分子。党员骨干、居民领袖、专业人士、志愿者等都属于积极分子。一般来讲,积极分子可以分为三种类型:一般助理(general assistants),例如那些为社会组织发放问卷进行调研的积极分子;拥有专业技术的志愿者(skill-specific volunteers),例如机械工程师、程序员;具有公益性专业服务能力的志愿者(pro bono volunteers),例如医生、律师。① 社会组织需要事先通过调研挖掘积极参与者,并通过社区自组织、治理议题会议、居民活动和项目执行等机制,在治理过程中培育积极参与者,提升他们的参与能力,使其成为社会治理的重要力量。

第二,引导利益相关者。社会治理需要众多主体的参与,但并不意味着参与的个体和组织的数量越多越好,其实在现实社会治理实践过程中,大多不可能做到所有主体的全部参与。那些积极参与社会治理的个体和组织,都是与治理议题紧密相连的利益相关者,由此,社会组织不仅要关注一般参与者,而且更需要关注和引导那些具有高参与意愿的利益相关者。

第三,建构社会治理的包容性参与网络。社会组织必须将社会治理的大门向所有个体和组织开放,例如政府、基金会、捐赠者、企业等,而且从方案的制定到实施再到管理和评估的整体过程和环节,都不能排斥任何利益相关者的参与。

四是多元协同机制。多元协同机制指向治理主体的多元化,其基本精神可以化约为政府治理与社会自理的自洽。② 社会治理过程中的多元协同不仅指向政府治理和社会治理,还指向更加重要的参与主体——社会组织,即更多地指向社会组织所代表的"小

---

① Center for Substance Abuse Treatment, *Successful Strategies for Recruiting, Training, and Utilizing Volunteers: A Guide for Faith- and Community-Based Service Providers*, Substance Abuse and Mental Health Services Administration, 2005, p.3.

② 燕继荣:《社会变迁与社会治理:社会治理的理论解释》,《北京大学学报》(哲学社会科学版)2017年第5期。

社会"。中国的社会治理经历了三个发展阶段,即"政府一元主导"阶段、"政府与社会二元互动"阶段,以及"多元协同"阶段。① 在前两个阶段中,社会组织发挥的作用很小,政府主导的建制化的平台发挥的作用很大。社会组织发挥重要作用的阶段是多元协同阶段。在这个阶段,社会组织协同多元主体,建构社会治理的参与平台和机制,形成多元共治格局。

第一,就社会内部而言,居民自组织、居民领袖和志愿者,都是社会组织需要吸纳的参与主体。第二,就社会外部而言,党组织、政府、驻区单位、企业等,是能够为社会组织提供人财物等资源的参与主体。第三,注重平台的搭建,例如联席会议、区域化党建等。如果没有平台,多元主体则无法常态化、持续化运作。社会组织需要根据项目计划,搭建机制和平台,构建以社会组织为中心的社会治理多元协同体系,切实实现多元主体的协同治理,形成社会治理的合力。②

五是链接治理机制。多元协同机制注重治理平台和机制的搭建,链接治理机制则注重治理资源的链接。社会治理不仅依靠社会组织的资源,而且更需要多元主体的丰富资源。社会组织作为参与社会治理的重要主体,它的重要功能便是链接其他主体的治理资源,使其下沉到社会基层,形成综合性治理资源体系。社会组织的社会化身份和公益属性,赋予其链接资源的独特优势。

第一,社会组织可以链接纵向治理资源。社会治理最为重要的纵向资源来自各级政府及其条线部门。社会组织可以通过项目申请,将各级政府及其条线部门的治理资源,例如政策优惠、经费补

---

① 刘建军:《社区中国:通过社区巩固国家治理之基》,《上海大学学报》(社会科学版)2016年第6期。
② 华东理工大学社会工作系、上海高校智库社会工作与社会政策研究院、上海现代公益组织研究与评估中心联合课题组:《多方协同参与社区建设的新模式研究:基于汇丰社区伙伴计划的案例》(电子版),2016年,第17页。

助、空间租赁和结对帮扶等资源,下沉到基层社会,实现治理优化。

第二,社会组织可以链接横向治理资源。这是社会组织相比于其他组织在链接资源方面的优势所在。首先,社会组织可以链接其他社会组织的治理资源。在现阶段的社会治理过程中,社会组织的参与往往是以单个组织开展项目的形式进行的,数个社会组织通过横向合作开展社会治理的实践少之又少。社会组织可以通过社会组织联合会这一制度化平台,突破社会组织间工作联合的障碍,与其他社会组织进行知识交流、专业合作、项目协作等,链接其他社会组织的资源。① 其次,社会组织可以链接驻区单位的资源。社会治理对于资源的需求是多多益善的,它不仅需要社会组织的专业技能,同时也需要驻区单位的资源。社会组织可以借助区域化党建平台,通过项目联建的形式与驻区单位进行制度化对接,实现社会组织专业优势与驻区单位的资源优势之间的强强联合。② 再次,社会组织可以链接个体捐赠和基金会资源。社会组织的独特身份,赋予其接受个体捐赠和申请基金会项目资源的得天独厚的优势。社会组织属于第三部门,加之,其在社会治理中处在政府和居民之间,相比其他治理主体,它具有较强的中立性。同时,社会组织运作的规范化和透明性,使其成为个体捐赠和基金会青睐的对象。因此,社会组织可以以自身的社会化身份,中立性行动以及规范、透明的运作,链接个体捐赠和基金会资源并投入社会治理。③ 最后,社会组织可以链接高校和研究机构资源。社会治理不仅需要有形的人财物资源,还需要无形的智力资源。高校、研究机构及其研究人员,可以成为社会治理的智力支撑,为社会治理提供行动指导和理论支持。社会组织一方面可以为这些研究机构和人员提供研究对象,另一方面这些研究人员可以为社会组织

---

① 笔者对上海市长寿路街道社会组织联合会的调研。
② 笔者对上海市塘桥街道东方居委会及其社区社会组织的调研。
③ 笔者对成都市青羊区社会组织联合会的调研。

提供前沿动态和理论指导,从而达到治理和研究的双赢。

五、社会组织参与社会治理的专业行动

在全世界范围内,社会组织在参与社会治理的过程中都面临一个共同的挑战,即如何使多元主体成规模地行动起来。为了应对这个挑战,社会组织不仅要关注它的直接服务对象,而且更要激发多元主体的参与行动。社会组织作为多元主体参与社会治理的催化剂,通过加强围绕共同社会治理议题的利益相关者之间的有效沟通,构建参与主体间的高质量关系网络、社会资本和良性合作,使利益相关者形成共识,从而采取力所能及的行动,最终实现社会的变革和可持续发展。

一是识别积极行动者。根据我们的调研,当下中国的社会治理往往不缺乏资源和责任,而是缺乏行动,尤其是积极行动者的行动。对于社会组织而言,资源与责任非常重要,但是,更重要的是如何将多元主体拥有的资源和承诺的责任转化为行动。因此,社会组织开展社会治理的首要行动,是识别并吸引积极的行动者。一般来讲,社会治理所涉及的主体的行动能力和行动意愿并不均衡。社会组织需要将那些具有强烈行动意愿和强大行动能力的参与主体识别出来,并逐步将这些"双强"主体引入社会治理中,并使他们的行动成为现实。

表1 社会治理的利益相关者分类

参与主体		行动能力	
行动意愿		强	弱
	强	积极行动者	积极呼吁者
	弱	消极行动者	消极呼吁者

根据行动意愿和行动能力,我们可以将参与社会治理的主体分为四种类型(见表1)。客观上具有较强行动能力的主体,我们称之为行动者;行动能力较弱的主体,我们称之为呼吁者。这些客观上具备行动能力的行动者和呼吁者,与主观行动意愿交叉后形成矩阵,便有了积极与消极之分。我们将具有强行动能力强行动意愿的"双强"主体,称之为积极行动者;强行动能力弱行动意愿的主体,称之为消极行动者;弱行动能力强行动意愿的主体,称之为积极呼吁者;弱行动能力弱行动意愿的"双弱"主体,称之为消极呼吁者。①

社会组织在参与社会治理的过程中,首要的是识别积极行动者。在这四类主体之中,具有"双强"特征的积极行动者是社会治理的天然行动主体,他们具有较强的参与能力和参与意愿,但是相对缺乏参与渠道。社会组织通过组织活动和既有参与平台,将这些具有"双强"特征的主体识别出来。具体来讲,社区领袖(楼组长)、社区自组织负责人、国企退休中层管理人员、律师等,是"双强"主体的典型代表。

社会组织通过开发有针对性的社会治理项目,激发消极行动者的参与行动。社区里的年轻人群体、企业管理者和驻区单位等是消极行动者的典型代表。消极行动者的行动能力很强,但他们要么因为时间不充裕,无法顾及工作之外的事情,要么因为对社会治理不了解,无缘接触社会治理事务。然而,这并不意味着他们对社会治理事务带有抵触情绪。基于此,社会组织专门针对这些消极行动者开发适合他们的活动,例如亲子活动、青年文艺沙龙、公益慈善和社区创意等项目,让他们走出家门、亲近邻里、走进社区。上海剪爱公益发展中心的千名白领认知症友好大使计划项目,便

---

① 参见[美]艾伯特·O.赫希曼:《退出、呼吁与忠诚:对企业、组织和国家衰退的回应》,卢昌崇译,格致出版社,2015年。

是让白领年轻人群体积极参与社会治理的积极探索。①

社会组织通过培训等赋能性项目,提升消极呼吁者的参与技能。积极呼吁者参与社会治理的主观行动意愿非常强烈,但是囿于自身能力的限制,只能作为外围志愿者扮演着社会治理"啦啦队"的角色,无法对社会治理进行深度参与。社区退休老年人群体是其典型代表。对于这些具有高积极性的群体,社会组织对他们进行赋能性培训,即能力提升和参与行为指导培训,让他们在较高参与意愿的基础上具备基础的参与技能,加强他们对社会治理的深度参与。静安区社会工作者协会对曹家渡街道社区楼组长的楼组自治技能培训,便是培育积极呼吁者的赋能性探索。②

消极呼吁者的行动意愿和行动能力都比较低,往往是社会组织参与社会治理的反对者,也是社会组织印象中的"刁民"。对于这类主体,社会组织要做到让他们积极参与社会治理的可能性较低,但这并不意味着要放任他们的反对行为。社会组织一般是通过联合街道办和居委会等相关部门、"双强"行动者,以及其他社会治理主体的方式,以政府规制和群众监督的形式,在最低限度上保证他们不会做出破坏社会治理进程的行为。

二是推进战略沟通。战略沟通区别于社会组织常用的日常沟通和情感沟通,前者针对的是作为整体的社会治理议程,后者针对的是个体的居民和利益相关者。战略沟通主要是社会组织与利益相关者就社会治理议程、开展步骤和预期目标等中观、宏观层面的内容进行沟通交流,以达到让社会治理的利益相关者了解治理议程,赞同预期目标,参与社会治理的目的。从这个方面来讲,社会组织的战略沟通顺畅与否,直接关系到社会治理的成败。

---

① 笔者对上海市剪爱公益发展中心的调研。
② 笔者对上海市静安区曹家渡街道的调研。

社会治理涉及复杂多元的利益相关者,甚至是非利益相关者。因此,社会组织在参与社会治理的过程中,让这些复杂多元的主体关注治理议程并认同治理目标不是一件容易的事情。这就需要社会组织通过战略沟通的手段,取得主要利益相关者对社会治理议程和目标的共识。社会组织通过多种渠道将社会治理议程和目标,让多元主体了解、熟悉并认同,由此达到动员他们参与治理的目的。战略沟通在社会组织推进社会治理项目的每个阶段都扮演着非常重要的角色,在开始阶段,它可以界定社会治理的内容,锚定治理的航向;在进行阶段,它可以调整社会治理进度,校对治理流程;在收尾阶段,它可以对比社会治理预期目标,对标治理效果。更重要的是,战略沟通在社会组织参与的整个治理过程中,可以一以贯之地帮助社会组织与其他参与主体,在任何给定的治理系统、涉及的相关部门与项目执行中实现真正的合作治理。

社会组织在实施战略沟通中,需要遵循一定的注意事项。社会组织的基本战略是利用一切能够利用的方法推动战略沟通的实现,尽可能使主要利益相关者,就现有的议程和未来的社会治理愿景达成共识,并为实现这一愿景和协作治理,创建和实施落地方案和可持续化的行动。第一,在实施战略沟通的时候,社会组织需要坚持每个参与主体都是平等的,任何主体都不会享有特殊的表达权,否则会造成参与主体间的相互攀比,从而影响积极性,最终导致伙伴关系的破裂。① 第二,参与主体在战略沟通中都扮演一定角色,角色虽有分工,但无贵贱高下之分,社会组织、私营部门的代表,以及居民和政府等,都被视为具有同等资格和权利发表意见、提出建议和参与治理。第三,所有主体的想法只要被大家认同就是有效的,只要是符合社会治理的实际便是可行的,每个主体都是

---

① Enjolras, B., "Between Market and Civic Governance Regimes: Civicness in the Governance of Social Services in Europe," *International Journal of Voluntary and Nonprofit Organizations*, Vol.20, No. 3, 2009, pp.274-290.

参与社会治理战略实施的主人翁。这是多主体协作治理关系构建的核心。① 第四,所有参与主体的观点、努力和成果,都须受到其他主体的重视,只有如此才能创造良性的社会资本和社会网络,只有这样的战略沟通才能最终使作为"台前"参与主体的社会组织的项目、议程、方案和行动得到透明的展示,并赢得其他参与主体,尤其是社区居民的信任。

三是建立社区信任。社区信任是社会组织参与社会治理的前提,只有积累了深厚的社区信任,社会组织才能有效融入社群并开展治理行动。② 社会组织在社会治理过程中付出的是自身的专业、创意和行动,赢来的是社区居民的信任和参与。对于社会组织来讲,它建立的社区信任,或者积累的社区声誉,是保证其参与社会治理的软实力和社会网络基础。③ 社会组织获得社区信任不是靠宣传和包装,而是靠其实施的社会治理参与项目、参与行动和取得的参与绩效。

社会组织在社会治理过程中让社区居民了解并熟悉自己,这是建立社区信任的第一步。社会组织的一般成员与理事会成员、理事长一样,不论是理事与否,都是社会组织的形象代言人。社会组织成员通过自身的形象、专业和提供的服务等,向居民和利益相关者展示社会组织的基本情况,例如组织成员;社会组织的性质,例如社会组织的定位、运作架构和优势,甚至有时候有必要将其不足也向社区居民坦诚相告;社会组织执行的社会治理项目,例如街道办购买的项目或者是企业合作的项目等。最为重要的是,社会

---

① Fadda N. and F. Rotondo, "What Combinations of Conditons Lead to High Performance of Networks? A Fuzzy Set Qualitative Comparative Analysis of 12 Sardinian Tourist Networks," *International Public Management Journal*, Vol.25, No.4, 2020, pp.517-543.

② 林尚立:《社区:中国政治建设的战略性空间》,《毛泽东邓小平理论研究》2002年第2期。

③ Mosaica, *The NGO Handbook*, Bureau of International Information Programs United States Department of State, 2012, pp.45-47.

组织必须让居民相信,它在执行项目的时候是向居民负责的,居民有权向社会组织索取项目信息、询问进度、提出问题,并要求提供合法合理的社会服务。

社会组织在参与社会治理的过程中,务必保证向居民和服务对象负责。社会组织参与社会治理以公益为导向,必须时刻回应社会公共责任。社会组织通过建立组织自身及其成员对居民和服务对象的负责机制,实现对社会公共责任的回应,例如社会组织的内部评估机制。然而,从国内外的实践来看,更有效的方法是,社会组织引进社区居民对自身工作的评价机制,这种评价既可以通过随机问卷发放的形式,也可以通过对居民随机访谈的形式实现。

社会组织必须确保社会治理相关事务的公开透明。社会组织参与社会治理的资源,绝大多数都具有非营利性质,而且其参与目的也指向纯粹的社会公共利益。基于此,社会组织必须向居民或服务对象,公开有关社会组织的所有信息,而不能刻意隐瞒有关内容。以下四项重大信息,是社会组织需要向社区居民公开的:首先是社会组织的运行架构和参与人员的相关情况。其次是相关项目执行情况。再次是项目的先后优先事项。最后是项目资金来源及其使用情况。

社会组织必须尊重相关参与主体和服务对象,并保护他们的隐私。社会组织在参与社会治理的过程中,以公平公正的态度和行为尊重所有参与主体和服务对象。社会组织必须禁止一切形式的歧视态度和行为,例如族群、性别、宗教、户籍、身体残缺等方面的歧视。同时,社会组织对其志愿者进行培训,将这一行为规范灌输给志愿者。尊重参与主体和服务对象的一个重要的表现是,保护他们的隐私。社会组织工作人员在开展社会治理服务的时候,必定会接触相关居民的个人敏感信息,例如个人健康、家庭、财务、婚姻状况等。这些都是居民的隐私,不属于社会组织公示信息的行列。社会组织通过培训和管理,制定相关规定,促使社会组织工作人员保护居民隐私,并且制定相关补救违反居民隐私保护的措施。在此基础上,社会组织设置相应的督导职位,对工作人员和志愿者的行为进行督导,防止他们出现这方面的问题。

建立社区信任很重要,但事实上,社会组织的工作和提供的服务无法让每位居民和服务对象都满意。在现实的社会治理过程中,社会组织所提供的服务,始终都无法满足所有人的期望,但是,社会组织只要坚持自己的使命,遵守项目执行规范,提供优质的社会治理服务,就会获得大多数社区居民和服务对象的信任。

四是将共识转化为行动。社会组织需要从主观上让参与社会治理的主体认识到,参与行动不是自然发生的,只有在共识的基础上才可能凝聚起真正的行动。多元主体具有不同的禀赋、认识和目标,如果不能形成基于大多数主体的共识,社会组织即使设定了科学的治理议程,建立了良好的伙伴关系,社会治理行动也较难实现。

社会组织首先让参与主体从主观上加深对社会治理的认识。社会组织作为项目执行者和主要协调者,需要让多元参与主体充分理解社会治理的理念,愿意承担社会治理的风险,倾听其他参与主体的想法,协助其他主体解决棘手的社会治理议题,在一定程度上实现多元主体在更长的时间段内持续参与社会治理实践。同时,在社会组织的引导下,多元主体应认识到在社会治理过程中,冲突是在所难免的,不能害怕冲突,而是要勇敢面对,理智解决,还要学会欣赏其他主体的付出和贡献,最终将不同参与主体的差异化认识形成基于社会治理的行动共识。

社会组织推动共识转化为行动的关键,是让参与主体从消极行动者向主动行动者转化。换言之,社会组织需要使多元主体从参与者逐渐转变为协助者,甚至是主导者,进而主导一些项目活动的策划、组织和执行。对占参与主体绝大多数的社区居民来讲,社会组织一般通过定期调研,征求社区居民的意见和建议,邀请楼组长、居民代表和居民领袖参与项目反馈,为他们的主动参与营造更好的行动空间。对社会组织自身来讲,社会组织需要尊重居民和其他利益相关者的族群、阶层和文化多元性,听取他们的意见、建议,逐步改进项目执行过程中的缺点,及时公布社会治理议程的进展情况和遇到的挑战,并了解居民的新兴需求,与所有参与主体分工协作,积极申请政府发布的社会治理项目以争取资源,并分享自身拥有的观点和资源,持续努力地提升参与社会治理的能力。

共识只有转化为行动,才能带来社会变革。社会组织通过帮助多元主体评估各自所拥有的资源,鼓励各方表达观点,确定参与角色和做出承诺,实现并提升他们在社会治理过程中的集体行动能力。这种行动能力不仅表现在可以制定出集体协作的方案,产生解决社会治理议题的方法,而且表现在能够切实付诸实现并达成社会治理的目标。社会组织一般通过大众传播、社会营销、参与和动员、组织发展和冲突解决等技术,激发深藏于参与主体自身的行动潜能和驱动力,不断寻求社会治理成本和效益、过程和目标之间的平衡,加强他们的相互了解能力、决策制定能力、共识形成能力和行动的可持续能力。

一般来讲,社会组织可以通过一些具体的指标,判别多元主体的参与行动是否需付诸现实。虽然多元主体的现实参与行动有深有浅,但可以被判别。如果多元主体的行动表现出以下特征,我们认为共识在社会治理中已经转化为真正的行动了。第一,对社会组织的工作人员嘘寒问暖,给他们送一些小食品,甚至是赠送礼物。第二,对社会组织的工作、工作人员和领导做出好的评价。第三,主动寻求社会组织的服务,给出真实反馈,以改善社会组织的工作及其项目,并帮助社会组织避免不必要的,甚至是非常不利的指责。第四,成为志愿者,或者以其他方式,例如捐赠实物或金钱,支持社会组织。第五,参与社会组织的项目,甚至成为项目执行的核心志愿者。

五是实现行动的可持续化。如果其他多元主体的参与行动只是即兴行为,那么,任凭社会组织有再大规模的工作人员,都无法满足社会治理的多元化、规模化需求。因此,维持参与者的可持续化行动,是衡量社会组织参与社会治理的专业动员能力的重要标志。为了让参与者的即兴行为转化为可持续化行动,社会组织必须让多元主体,尤其是积极行动者,参与社会治理的尽可能多的阶段和环节,甚至让具有较强能力的参与者担任一些简单项目的主导性职位。只有让参与者具有了主人翁意识、参与感和自我实现感,才能让他们的行动可持续化。

使社会治理参与行动可持续化的重要做法之一,是建构一个基于多元主体的"行动链条"。行动链条是一个连续光谱,而非仅包括两个极端的两极光谱。行动链条要求社会组织将特定的社会治理项目或事项,划分为可供各个类型的主体参与的连续光谱。这个细分的连续光谱的每个较大的节点,我们称之为链扣。经过细分过的链扣包含除居民之外的其他参与主体,例如政府、驻区单位、企业、捐赠人等。哪些主体更适合在哪个链扣开展参与行动,哪个链扣需要社会组织的协作配合和特别关注,这都需要社会组织的精细划分和精致匹配。

这个连续的行动链条和细分的链扣成功的关键在于,社会组织需要在调研的基础上,为各类行动者在多大程度上,从决策制定到项目执行再到项目评估等各个环节,提供充分的参与机会,充足的行动资源和顺畅的信息反馈渠道。同时,社会组织根据行动者和细分的链扣,重新分配自己的工作人员和工作安排,确保自己的工作人员与行动者建立良好的"行动搭配"关系,形成具有行动者特色的陪伴参与式社会治理模式。这种模式对行动搭配的要求比较高,不仅依赖社会组织自己的工作人员,更依赖社会组织挖掘的居民和本地参与者作为各个环节的志愿者、兼职人员或核心行动者,形成"工作人员 + 行动者"的搭配集合。

同时,社会组织通过各种方式解决阻碍参与者的行动实现可持续化的障碍。因为这些参与者基本是以业余形式而非全职参与社会治理,即使是退休的老年群体参与者,他们也负有家庭责任,必然会面临各种限制。基于此,许多社会组织会为核心参与者提供各种形式的激励,帮助他们克服时间或其他成本,以提高其行动的可持续性,例如,传统上效果比较好的志愿者实物补贴、时间银行补偿等。社会组织也开发了许多创新的激励形式,例如,有的社会组织在多个城市设有分支机构,社会组织会让此城市的参与者去分支机构所在的彼城市交流和锻炼,以一种"城市间参与者交流"的方式,极大激发参与者的行动积极性和可持续性。① 但是,对于参与者的激励并不能替代对他们的教育和培训,因此,社会组织一般会定期,例如每年两次,对参与者开展基于社会治理所必需的方法、技能和领导力的培训,以提供使他们的参与行动可持续化的技术支撑。②

六、结语

社会组织是参与社会治理的重要力量,它们的参与对社会治理专业化的实现具有重要作用。社会组织的发展具有良好的政治形势,受到政府政策的积极鼓励。党中央、国务院以及各地方政府从政治和政策两个方面,对社会组织的发展及其参与社会治理的政治合法性与参与合法性,提出了高度的肯定,提供了各项政策激励,并对社会组织参与城乡基层社会治理单独予以强调,创造了社会组织参与社会治理的大好形势。在这种大背景下,社会组织对

---

① 笔者对杭州市亲民社会工作服务中心、张能庆公益服务站、益优公益服务中心等社会组织的调研。
② 笔者对北京市、重庆市社区参与行动服务中心的调研。

社会治理的参与,不仅弥补了社会治理的鸿沟,丰富了社会公共产品的供给,而且凭借其所遵循的原则和准则,以及五类参与机制,并以一系列具体的专业化行动,促使社会治理向专业化方向迈进。

社会组织的参与带来了社会治理专业化的同时,也面临较大挑战。社会组织参与的社会治理,不仅带来了社会治理逐步从粗放化和依赖居委会经验向专业化方向的转变,而且巩固了国家治理的社会基础,成为国家治理体系和治理能力现代化的重要推动力量。但是,这并不意味着当下中国的社会治理在社会组织的参与下,已经实现了较高水平的专业化。实际上,社会组织推动的社会治理专业化实践才刚刚起步。中国的社会治理专业化水平的提高,一方面需要社会组织的专业化参与能力的不断提升,另一方面还需要国家政策和资源的持续支持,再一方面还需要包括居民和企业在内的广大社会的信任和具体的参与行动。

How Is the Specialization of Social Governance Possible: Taking the Participation of Social Organizations in Community Governance as an Example

Daolei SONG

Abstract: As the state attaches increasing importance to social governance, social organizations have gained favorable political and policy incentives to participate in social governance. The participation of social organizations in social governance can address the challenges faced by individualized and empirical governance led by neighborhood committees in the form of organized and professional governance, and help China's social governance move in the direction of professionalism. The principles and guidelines followed by social organizations lay the foundation for the legitimacy of their participation in social governance. The professional participation mechanism of social organizations has enriched the ways for multiple subjects to participate in social governance. A series of professional actions by social organizations have brought the professionalization of social governance from possibility to reality. The professionalization of social governance brought about by the participation of social organizations is an important manifestation of the modernization of the state's governance capacity and system, and has greatly consolidated the social foundation of state governance.

Keywords: social governance; social organizations; specialization; multiple subjects

父母教养行为如何影响个体的政治效能感[*]

余泓波[**]　苗红娜[***]

[内容提要]　父母是孩子的第一任"政治老师"。作为重要的政治社会化途径,家庭中父母的教养行为会深刻影响子女的政治态度。S省六所高校大学新生抽样调查数据显示,子女在家庭决策中的角色与作用、父母对子女的管教方式、父母自身的公共参与状况等,显著影响了个体的政治效能感。具体而言,子女对家庭事务的意见表达、对自身家庭决策影响力的感知,能够显著提升其政治效能感。"棍棒底下出孝子"的说法并不适用于现代公民人格的培育,沟通与说理等现代方式才能够显著提升子女的政治效能感。从管教的严格程度看,父母"一个唱红脸一个唱白脸",则子女的政治效能感显著高于父母双方均严厉或都不严厉的情况。此外,父母自身的公共参与及其与子女的公共讨论,也有助于现代政治人格的培育。

[关键词]　父母教养行为;政治效能感;政治社会化;大学生

---

[*]　基金项目:江苏省社会科学基金项目"新时代青少年政治社会化路径及有效性研究"(项目编号:22ZZB007)。
[**]　余泓波,南京师范大学公共管理学院讲师。
[***]　苗红娜,南京大学政府管理学院副教授。

"家庭是人生的第一所学校,家长是孩子的第一任老师。"①从家庭的政治社会化功能来看,父母亦堪称孩子的第一任"政治老师"。曾有学者在梳理国内政治社会化研究的基础上指出,相较于西方研究,学界对中国家庭模式转型的政治社会化功能关注不足,尚未探明家庭在政治人成长过程中的重要作用。②近年来,随着这一领域的关注与探讨的逐步增加,国内学界对早期政治社会化议题展开进一步研究,既涉及儿童③、青少年④等不同年龄段,也关注中学生⑤、大学生⑥等不同学历阶段,还包括农民工子女等特殊群体。⑦回顾来看,上述研究多关注家庭对个体的政治认知、情感与价值信念的社会化效应,而对直接关乎公共生活的必备技能的参与性态度⑧讨论较少。因此,本文将家庭政治社会化的结果变量聚焦于个体的政治效能感,尝试探究发现中国父母的教养行为如何影响子女对自身与政治系统之间关系的体验与感受,以此深化我们关于现代公民培育过程中的家庭因素的认识。

政治效能感反映了民众对自身与政治系统关系的主观取向,其核心在于对自身的政治影响力以及政治系统的回应力的评

---

① 习近平:《坚持中国特色社会主义教育发展道路 培养德智体美劳全面发展的社会主义建设者和接班人》,《人民日报》2018年9月11日,第001版。
② 苗红娜:《国内政治社会化研究三十年述论》,《教学与研究》2014年第12期。
③ 季乃礼、李志亮、王焱:《家庭与儿童的政治认知研究》,《深圳大学学报》(人文社会科学版)2013年第4期;苗红娜:《儿童政治认知的现状与特征》,《青年研究》2020年第5期。
④ 侯逸华、王梓嘉:《谁在影响青少年社会化——父母作用与同伴作用的对比分析》,《教育学术月刊》2021年第7期。
⑤ 参见黄高峰:《中学生政治社会化进程中的家庭因素分析——基于调节变量的分析》,中国青年政治学院硕士学位论文,2017年。
⑥ 参见吴鲁平等:《大学生政治社会化的结果研究:以"社会互构论"为理论视角》,社会科学文献出版社,2013年;马得勇、刘天祥:《政治态度的家庭代际传承——基于265对亲子样本的分析》,《云南大学学报》(社会科学版)2021年第5期。
⑦ 参见熊易寒:《城市化的孩子:农民工子女的身份生产与政治社会化》,上海人民出版社,2010年。
⑧ Nam-Jin Lee, Dhavan V. Shah and Jack M. Mcleod, "Processes of Political Socialization: A Communication Mediation Approach to Youth Civic Engagement," Communication Research, Vol.40, No.5, 2012, pp.669-697.

价①,因此,常被视作影响公民参与和政治表达的重要政治态度。国内学界尤其关注政治效能感在个体层面的政治效应,包括其对公民选举参与②、协商参与③、维权与抗争行为④、社会矛盾调解参与⑤等的不同影响。可见,政治效能感,既是公民有序参与现代政治生活的必要政治心理条件,也是社会治理现代化与政民良性互动的重要政治文化基础。具体到青年人而言,学界关注到了政治效能感对青年社会参与乃至择业偏好的影响。⑥ 既然政治效能感如此重要,那么在讨论其影响效应的同时,也应该探寻其萌发与形塑的过程。这也是本文选择从父母教育行为这一早期社会化视角分析个体政治效能感的原因所在。

事实上,中国文化中具有独特的家庭教养传统。例如,"棍棒底下出孝子"的俗语强调打骂式教养观,并肯定了打骂方式对子女成长的正面作用⑦;父母在管教子女时"一个唱红脸一个唱白脸"的说法,则朴素地表达了家庭教养中的角色分工。这也是本文选择的初衷之一:将某些传统育儿观念进行操作化之后,进一步探究其对现代政治人格发育的影响。首先,本文将回顾相关文献,梳理

---

① 李蓉蓉、王东鑫、翟阳明:《论政治效能感》,《国外理论动态》2015 年第 5 期。
② 郑建君:《政治效能感、参与意愿对中国公民选举参与的影响机制——政治信任的调节作用》,《华中师范大学学报》(人文社会科学版)2019 年第 4 期。
③ 裴志军:《政治效能感、社会网络与公共协商参与——来自浙江农村的实证研究》,《社会科学战线》2015 年第 11 期。
④ 谢秋山、陈世香:《政治效能感与抗争性利益表达方式——基于 Cgss2010 的定量研究》,《甘肃行政学院学报》2014 年第 3 期;肖唐镖、易申波:《哪些人更可能认同并走向维权抗争——政治效能感视角的分析》,《社会科学战线》2018 年第 9 期;余泓波:《为何会有民众认为"闹"能解决问题?——基于 2015 年全国抽样调查资料的政治心理分析》,《社会科学战线》2020 年第 8 期。
⑤ 陈升、卢雅灵:《社会资本、政治效能感与公众参与社会矛盾治理意愿——基于结构方程模型的实证研究》,《公共管理与政策评论》2021 年第 2 期。
⑥ 黄永亮:《中国"90 后"青年的社会参与研究》,《青年研究》2021 年第 4 期;高翔、黄张迪:《大学生选择党政机关就业的生涯激励:公共服务动机,还是政治效能感?》,《治理研究》2018 年第 2 期。
⑦ 林文瑛、王震武:《中国父母的教养观:严教观或打骂观?》,《本土心理学研究》1995 年第 3 期。

家庭的政治社会化效应的相关研究,尤其家庭教养方式对个体政治态度的影响。其次,本文将介绍所使用的 S 省六所高校大学新生的抽样调查数据,包括家庭决策参与、父母管教方式、父母公共参与示范等在内的核心自变量,并提出对应的研究假设。再者,本文将进行数据分析,比较不同教养行为下个体政治效能感的差异,并通过回归分析开展进一步的多变量分析。最后,本文将总结基本发现,并对研究的理论意涵、政策启示及局限之处展开讨论。

一、文献回顾

(一)家庭的社会化效应及其研究取向

作为社会化的重要途径,家庭教养方式得到了心理学界的广泛关注。20 世纪中叶起,西方心理学家开始将家庭教养方式作为一个相对明确的概念与议题进行探究;20 世纪 80 年代开始,国内学者也陆续进入这一领域,并形成了若干基于中国经验的研究成果。[1] 整体来看,家庭教养方式包括父母教养行为与家庭情感氛围[2],亦可区分为家庭结构与家庭过程。[3] 作为重要的社会化渠道,学界研究了家庭教养方式对个体心理障碍[4]、挫折应对[5]、新生

---

[1] 陈陈:《家庭教养方式研究进程透视》,《南京师大学报》(社会科学版)2002 年第 6 期。
[2] 徐慧、张建新、张梅玲:《家庭教养方式对儿童社会化发展影响的研究综述》,《心理科学》2008 年第 4 期。
[3] 魏莉莉、马和民:《提升国家竞争潜力亟需变革家庭教养方式——基于上海市 90 后青少年成就动机的实证研究》,《青年研究》2013 年第 3 期。
[4] 蒋小娟、赵利云、程灶火等:《儿童和青少年心理障碍与家庭教养方式的关联研究》,《中国临床心理学杂志》2013 年第 5 期。
[5] 张莉琴、赵彦军、吴蕊:《大学生挫折应对方式、家庭教养方式的相关研究》,《现代预防医学》2014 年第 7 期。

适应行为①等不同方面的影响。本文则进一步聚焦家庭教养过程中的父母行为,并探讨其在个体层面的政治效应。

梳理现有文献可知,家庭的政治社会化相关研究,大致可分为三种取向:一是强调家庭的结构与社会经济状况等外在因素,一般以家庭规模与代际结构、父母的职业与收入等为观测变量。②此外,中国家庭教养的阶层特征③也得到了学界关注,包括家长阶层差异带来的育儿资本投入与理念差异④、家庭教养的阶层再生产⑤等。

二是强调家庭成员行为与互动的过程,如父母具体的管教方式、家庭决策互动等。成人与儿童之间存在权力与能力的巨大不对称,使得父母与子女的互动具有独特的社会化作用。⑥具体来看,有研究从亲子互动角度探究了父母要求的严格程度与亲子交流陪伴⑦、家庭决策中儿童的参与程度⑧的效应,也有研究从父辈示范的角度研究了父母的政治参与行为与公共讨论对子女政治态度的影响。⑨

---

① 谢佳琼、陈科:《父母教养方式对大学新生不良适应行为的影响》,《青年研究》2021年第5期。
② 参见吴鲁平等:《大学生政治社会化的结果研究:以"社会互构论"为理论视角》,社会科学文献出版社,2013年。
③ 田丰、静永超:《工之子恒为工?——中国城市社会流动与家庭教养方式的阶层分化》,《社会学研究》2018年第6期。
④ 洪岩璧、赵延东:《从资本到惯习:中国城市家庭教育模式的阶层分化》,《社会学研究》2014年第4期。
⑤ 蔡玲:《育儿差距:家庭教养方式的实践与分化》,《青年探索》2021年第3期。
⑥ Eleanor E. Maccoby, "The Role of Parents in the Socialization of Children: An Historical Overview," *Developmental Psychology*, Vol.6, No.28, 1994, pp.1006-1017.
⑦ 李佳丽、赵楷、梁会青:《养育差异还是养育陷阱?——家庭教养方式对学生发展的异质性影响研究》,《中国青年研究》2020年第9期。
⑧ Smiljka Tomanovic, "Young People's Participation within the Family: Parents' Accounts," *International Journal of Childrens Rights*, Vol.8, No.2, 2000, pp.151-167;董海军:《家庭因素对大学生政治制度认同的影响研究》,《思想教育研究》2015年第7期。
⑨ Ron Warren and Robert H. Wicks, "Political Socialization: Modeling Teen Political and Civic Engagement," *Journalism & Mass Communication Quarterly*, Vol.88, Iss.1, 2011, pp.156-175. 参见王琳媛:《当代中国大学生政治社会化进程研究》,上海人民出版社,2017年。

三是强调家庭教养的整体风格与类型,如专制型、权威型、放任型的经典三类型划分①,以及回忆性教养方式量表区分出的拒绝、情感温暖和过度保护三个维度。② 也有学者③基于质性资料分析归纳出恩威并施型、谨慎规划型、丛林法则型、束手无策型四种当代中国家庭教养的实践类型。在研究农民工子女的政治社会化时,有学者④分析了简单粗暴、放任不管、溺爱粗暴与放任的混合型等家庭教育方式及其不同影响。

从学科特点看,以家庭教养的整体风格与类型为家庭社会化主要研究内容的文献,多见于心理学的量表测量或质化案例分析。而在政治学与社会学的研究中,不少已经涉及家庭结构类因素的讨论,但未将之置于政治社会化的语境之中。因此,出于研究主题与方法的考虑,本文将从家庭过程的取向来分析家庭的政治社会化效应,集中于父母的家庭教养行为与互动如何影响个体的政治态度。

(二) 家庭教养方式如何影响个体政治态度

在政治人的成长过程中,童年时期的非政治经历对个体政治态度与行为的影响会贯穿一生⑤,而家庭则被视为早期政治社会化最为重要的途径。⑥ 儿童的早期政治社会化,不仅具有个体政

---

① Diana Baumrind, "Current Patterns of Parental Authority," *Developmental Psychology*, Vol.4, No.1, 1971, pp.1-103.

② 蒋奖、鲁峥嵘、蒋苾菁等:《简式父母教养方式问卷中文版的初步修订》,《心理发展与教育》2010年第1期。

③ 许丹红:《当代中国家庭教养实践的类型化探索——基于质性资料的分析》,《中国青年研究》2020年第5期。

④ 参见熊易寒:《城市化的孩子:农民工子女的身份生产与政治社会化》,上海人民出版社,2010年。

⑤ 参见[美]加布里埃尔·A.阿尔蒙德、西德尼·维伯:《公民文化:五个国家的政治态度和民主制》,徐湘林等译,东方出版社,2008年。

⑥ See Herbert H. Hyman, *Political Socialization: A Study in the Psychology of Political Behavior*, New York: The Free Press, 1959; James C. Davies, "The Family's Role in Political Socialization," *The Annals of the American Academy of Political and Social Science*, Vol.361, No.1, 1965, pp.10-19.

治知识与能力发展的意义,也有助于政治系统的持续与稳定。①

在海外学界的讨论中,有学者②归纳出家庭影响儿童政治态度的三种方式:政治态度由父辈向儿童传递、家庭提供儿童政治认同的模仿对象、家庭互动中的等级关系与权威模式向政治领域迁移。也有研究③将这种影响归因于家庭政治取向对儿童的吸引力、父母间政治取向的一致性、家庭内的政治讨论、父母的政治兴趣等。此外,还有研究讨论父母与子女之间双向的政治社会化效应④,以及兄弟姐妹等对个体政治态度的影响。⑤ 由于家庭内政治态度的代际传递,在方法上至少需要分别对父母与子女进行配对测量,限于本文所使用的数据库,后续分析集中于家庭权威模式的政治效应、子女对父母的政治模仿两方面。

国内学者同样关注了家庭因素对个体不同政治态度的影响。从家庭结构看,社会经济地位及早期家庭生活经历,会显著影响个体的政治认同⑥、政治信任⑦,以及政治效能感与政治参与态度。⑧ 从家庭过程看,父母管教中的情感投入、子女的家庭参与

---

① See David Easton and Jack Dennis, *Children in the Political System: Origins of Political Legitimacy*, New York: McGraw-Hill, 1969.

② See Robert D. Hess and Judith V. Torney, *The Development of Political Attitudes in Children*, London; New York: Routledge, 2017.

③ See Philo C. Wasburn and Tawnya J. Adkins Covert, *Making Citizens: Political Socialization Research and Beyond*, New York: Palgrave Macmillan, 2017.

④ Francisco I. Pedraza and Brittany N. Perry, "Validating a Measure of Perceived Parent-Child Political Socialization," *Political Research Quarterly*, Vol. 73, No. 3, 2020, pp.623-637.

⑤ Andrew Healy and Neil Malhotra, "Childhood Socialization and Political Attitudes: Evidence From a Natural Experiment," *The Journal of Politics*, Vol.75, No.4, 2013, pp.1023-1037.

⑥ 参见吴鲁平:《大学生政治社会化的结果研究:以"社会互构论"为理论视角》,社会科学文献出版社,2013年;董海军:《家庭因素对大学生政治制度认同的影响研究》,《思想教育研究》2015年第7期。

⑦ 王天夫、许弘智:《家庭生活经历如何影响新阶层人士的政治信任倾向》,《江苏社会科学》2019年第3期。

⑧ 余振、郭正林:《中国大学生的家庭政治社会化》,《开放时代》1999年第1期。

等,会提升个体的公民素质与政治认同水平。① 从家庭教养风格看,相对于威权方式,民主方式教育下儿童的政治情感认知更高②,且有助于健康的政治心理的代际传递。③ 此外,也有研究④专门关注政治态度的家庭代际传承,并发现中国人在一般性社会政治态度上表现出较为明显的代际传承,而在涉及具体议题的政治态度上又有所不同。

整体来看,对于家庭的政治社会化效应,尤其是对个体政治态度的影响,学界有着较为丰富的讨论,其中不乏基于中国经验的优秀之作。但具体到本文所关注的议题:一方面,现有文献对个体政治效能感的家庭教养因素关注不足,更多停留在政治态度的认知与情感层面。然而,对标培育合格的现代公民要求,仅有认知性与价值性的政治态度仍不足够,参与性、动员性的政治取向更加有助于公民的有序参与、理性表达。另一方面,现有社会学与政治学的文献对家庭结构要素讨论较多,心理学文献则长于家庭教养风格的测量与分析,关于家庭过程中父母教养的不同方式与成员互动的讨论有待加强。因此,本文将着重分析中国家庭中父母的具体教养行为,包括子女的家庭决策参与、父母的管教方式、家庭的公共参与与讨论等如何影响子女的政治效能感。

---

① 参见张明慧:《大学生公民素质及其与家庭教养方式关系的研究》,天津师范大学硕士学位论文,2017年。
② 季乃礼、李志亮、王焱:《家庭与儿童的政治认知研究》,《深圳大学学报》(人文社会科学版)2013年第4期。
③ 参见王琳媛:《当代中国大学生政治社会化进程研究》,上海人民出版社,2017年。
④ 马得勇、刘天祥:《政治态度的家庭代际传承——基于265对亲子样本的分析》,《云南大学学报》(社会科学版)2021年第5期。

二、研究设计：数据、变量与假设

（一）数据来源、因变量的概念化与测量

1. 数据来源

本文使用了 S 省六所大学 2015 级本科新生的抽样调查数据。该数据来自南京大学课题组开展的"大学生政治社会化问卷调查"。① 调查于 2015 年 10 月至 12 月开展，这六所大学在中国高等教育体系中位于不同层次（"985"工程大学、"211"工程大学、普通本科大学、民办本科大学），六所大学的学科分布与办学方向也不相同。另外，课题组也充分考虑了调查的便利性和样本的可获得性，所选六所大学均具有较好的配合度和合作经验。在每一所大学中，均采取分层整群抽样的抽样方案。以大学为分层依据，以专业（不分专业的则以系所）为初级抽样单位，凡被选中的专业则整群入选，之后通过加权使其符合母体的专业分布。然后依据每一所大学 2015 级新生人数确定该校的样本量，最终选取六所大学 250 个初级抽样单位中的 53 个，有效样本 3 759 个。

该调查数据具有较好的质量与丰富的变量，可以支撑本文的研究。此外，由于本文关注家庭的早期政治社会化效应，而大学新生的年龄刚好处于未成年向成年的过渡期，且进入大学后，其生活境遇刚脱离家庭不久，适合于本文所关注的议题。

2. 政治效能感及其测量

已有学者系统回溯过政治效能感的概念演进与测量发展。② 学界对政治效能感的内涵较有共识，本文将之界定为个体

---

① 余泓波、吴心喆：《我国大学生对民主评价的差异分析——以中国、美国、日本、印度为评价对象》，《青年研究》2017 年第 5 期。

② 李蓉蓉、王东鑫、翟阳明：《论政治效能感》，《国外理论动态》2015 年第 5 期。

对自身理解、参与及影响政治系统的能力的主观评价。在政治效能感的测量上,有学者采用自编量表①,有学者依据研究对象的特点进行差异化测量设计②,也有学者在大型调查数据中选择既有题组。③ 由于大学新生的年龄特征与生活经历,其缺乏充足的正式政治参与(如:投票)经历,因此,在测量设计时,课题组选择了现有文献中常用且不涉及特殊政治场景的题项。

本文最终选择表1中三个题项用以测量个体的政治效能感,均为反向赋值题目,其 Cronbach's α 值为 0.787。探索性因子分析显示,KMO 值为 0.678,巴特利特球形度检验值为 3 453.789、显著性为 0.000,特征值大于 1 的因子有一个,总方差解释比为 70.155%。可见,该量表的信效度符合要求,在后续分析中政治效能感将以因子的形式使用。

表 1　样本政治效能感的题项与分布

	非常同意	同意	不同意	非常不同意	未回答
像我这样的人的看法,政府官员是不会关心的	11.9	44.0	38.7	2.9	2.5
政治的事情太过复杂,不是像我这样的人可以了解的	5.6	33.0	51.8	7.1	2.6
像我这样的普通老百姓,对政府的政策是没有什么影响力的	8.5	42.2	41.9	4.9	2.6

注:表中报告的为加权后的百分比。

---

① 郑建君:《政治效能感、参与意愿对中国公民选举参与的影响机制——政治信任的调节作用》,《华中师范大学学报》(人文社会科学版)2019 年第 4 期。
② 李蓉蓉:《脱域的政治态度:中国新市民政治效能感的特征分析——基于比较的视角》,《上海大学学报》(社会科学版)2017 年第 1 期。
③ 肖唐镖、易申波:《哪些人更可能认同并走向维权抗争——政治效能感视角的分析》,《社会科学战线》2018 年第 9 期。

（二）研究假设、自变量与控制变量

1. 家庭决策参与

早期社会化过程中，个体的家庭参与被视作其未来社会参与的重要基础，而家庭决策的交流与参与是主要维度之一。[1] 国外研究发现，过度保护和幼稚化的家长教养方式，对儿童的参与权利重视不够，会带来缺乏参与精神的弊端，并影响个体成年后的公民参与活动。[2] 而家庭内部的沟通[3]、平等而民主的交流[4]则被视为培育孩子公民美德的关键。

已有早期研究发现，子女对家庭决策的影响力、不满表达等，与其政治效能感显著正相关[5]，并且这种对家庭决策的影响力体验也将有助于提升其成年后的政治制度认同。[6] 正如前文所介绍，这其实是随着年龄增长与社会化效应的巩固，个体将家庭互动中的权威模式逐渐向政治领域迁移的表现。[7] 基于此，本文提出以下假设：

假设1a：个体的家庭决策参与越频繁，其政治效能感越强。

假设1b：个体对家庭决策的影响力越大，其政治效能感越强。

---

[1] 参见史秋琴：《儿童参与与公民意识》，上海文化出版社，2007年。

[2] Smiljka Tomanovic, "Young People's Participation within the Family: Parents' Accounts," *International Journal of Children Rights*, Vol.8, No.2, 2000, pp.151-167.

[3] Hillary C. Shulman and David C. Deandrea, "Predicting Success: Revisiting Assumptions About Family Political Socialization," *Communication Monographs*, No. 3, 2014, pp.386-406.

[4] See Micha de Winter, *Socialization and Civil Society: How Parents, Teachers and Others Could Foster a Democratic Way of Life*, Rotterdam: SENSE PUBLISHERS, 2012.

[5] 余振、郭正林：《中国大学生的家庭政治社会化》，《开放时代》1999年第1期。

[6] 董海军：《家庭因素对大学生政治制度认同的影响研究》，《思想教育研究》2015年第7期。

[7] See Robert D. Hess and Judith V. Torney, *The Development of Political Attitudes in Children*, London; New York: Routledge, 2017.

按照现有文献常用的回顾性测量①,本文采用个体的回顾方式来获取其家庭决策参与状况。如表 2 所示,在家庭决策参与方面,本文分别考察了父母对子女的意见征询、子女的意见发表,以及子女的家庭决策影响力。

表2 样本的家庭决策参与($N=3\,759$)

	从不	多半不	有时候会	几乎每次	未回答
征询意见[a]	2.8	19.2	46.6	31.2	0.2
发表意见[b]	11.1	38.1	40.6	9.8	0.3
	根本没有影响力	影响力很小	有点影响力	相当有影响力	未回答
决策影响力[c]	2.2	19.7	62.1	15.7	0.3

注:表中报告的为加权后的百分比;对应的题干表述为:a.在您小的时候,您的父母亲买一些属于您的东西,他们事前会询问您的意见吗? b.在您小的时候,您的父母亲会让您对家中的事发表意见吗? c.目前您在家中重要事情的决定上有没有影响力?

2. 父母对子女管教的程度与方式

家庭社会化的重要体现之一,即亲子之间的互动。诚如有学者②指出,"成年后的政治冷漠或者异常的热情,或许与儿童时期的需求剥夺相关"。对中国父母而言,管教子女的程度与方式有诸多特殊的文化传统,譬如"父母一个唱红脸一个唱白脸""棍棒底下出孝子"等所反映的管教观念。有研究③指出,至少 20 世纪 90 年代,中国台湾地区的父母依然将打骂视作一种用途广泛的教育方

---

① 蒋奖、鲁峥嵘、蒋苾菁等:《简式父母教养方式问卷中文版的初步修订》,《心理发展与教育》2010 年第 1 期。
② James C. Davies, "The Family's Role in Political Socialization," *The Annals of the American Academy of Political and Social Science*, Vol. 361, No. 1, 1965, pp. 10-19.
③ 林文瑛、王震武:《中国父母的教养观:严教观或打骂观?》,《本土心理学研究》1995 年第 3 期。

式。与此同时,其对儿童政治人格发育的危害也是显而易见的①,传统的打骂管教更多传递的是父母对子女的排斥以及对子女自我意识的违背,而权威式管教则应注重表达父母对子女自我意识的接受与尊重。② 概言之,权威型管教方式对个体政治心理发育具有正向影响,而简单粗暴型管教则有碍于政治人的成长。基于此,本文从父母管教严格程度、管教方式两方面提出以下假设:

假设2a:相对于其他类别,父母管教都严格的个体,其政治效能感更高。

假设2b:相对于传统管教方式(体罚等),父母采用现代管教方式的个体,其政治效能感更高。

表3 样本的父母管教严格程度($N=3\ 759$)

	父母亲都不严格	父亲比较严格	母亲比较严格	父母亲都严格	从小没有和父母亲住在一起	未回答
管教严格程度[a]	25.2	22.3	25.7	23.6	2.9	0.3

注:表中报告的为加权后的百分比;对应的题干表述为:a.请问您觉得您父、母亲的管教严格吗?

如表3所示,受访样本回顾了自己父母管教的严格程度,其中,符合俗语"一个唱红脸一个唱白脸"特征,即父亲比较严格或母亲比较严格的比例各有22.3%、25.7%。父母双方全都严格的比例为23.6%,而父母双方均不严格的比例为25.2%。四种类型分布较为均衡。在本文的理论预设中,父母任意一方或者双方严格,

---

① 季乃礼、李志亮、王焱:《家庭与儿童的政治认知研究》,《深圳大学学报》(人文社会科学版)2013年第4期。
② Qian Wang and Lei Chang, "Parenting and Child Socialization in Contemporary China," in Michael Harris Bond, ed., *The Oxford Handbook of Chinese Psychology*, New York: Oxford University Press, 2010, pp.53-67.

均属于父母管教的权威型,预期能够提升个体的政治效能感,而双方均不严格则属于放任型,将不利于子女政治心理的发育。

表4 样本的父母管教方式($N=3759$)

	体罚	责骂	哄	讲道理	不理不睬	朋友般的交流	未回答/不适用
父亲管教方式[a]	11.6	21.9	3.3	46.9	3.5	12.3	0.5
母亲管教方式[b]	10.4	32.5	5.2	40.6	2.0	9.0	0.4

注:表中报告的为加权后的百分比;对应的题干表述为:a.在您小的时候,当您犯错之后,您的父亲主要是以下列何种方式来管教您的? b.在您小的时候,当您犯错之后,您的母亲主要是以下列何种方式来管教您的?

在测量父母的管教方式时,问卷中列举了若干管教方式,受访者分别从中选择其父亲、母亲最常用的一项。其中,"讲道理""朋友般的交流"对应现代型管教方式,"体罚""责骂""哄""不理不睬"则对应传统型管教方式。如表4所示,对比受访者在父母两题上的选择可知,相对于母亲,父亲更多采用讲道理和交流的方式,更少责骂。

3. 父母的公共参与与讨论

成年人通常会将政治视为与自己相关的事情,但却认为政治超出了儿童的认知能力与心智水平,因而可能不偏好向儿童谈论政治与公共事务。① 但事实上,成年人的政治态度在很大程度上是其早期政治社会化的产物。② 国外有研究指出,家庭中父母的政治讨论与兴趣将影响子女的政治态度③,童年时期形成的家庭

---

① See David Easton and Jack Dennis, *Children in the Political System: Origins of Political Legitimacy*, New York: McGraw-Hill, 1969.

② See Edward S. Greenberg, *Political Socialization*, New York: Routledge, 2017; Philo C. Wasburn and Tawnya J. Adkins Covert, *Making Citizens: Political Socialization Research and Beyond*, New York: Palgrave Macmillan, 2017.

③ See Philo C. Wasburn and Tawnya J. Adkins Covert, *Making Citizens: Political Socialization Research and Beyond*, New York: Palgrave Macmillan, 2017; Herbert Mcclosky and Harold E. Dahlgren, "Primary Group Influence On Party Loyalty," *The American Political Science Review*, Vol.53, No.3, 1959, pp.757-776.

沟通模式,通过自我效能的发展从而影响了成年时的政治参与。①

此外,家庭中父母不只是与孩子讨论政治信念,而且还会采取行动,这些行动会影响子女的政治模仿对象与政治取向。② 也即是说,父母的政治参与很大程度上也会鼓励子女的政治讨论与参与。③ 国内也有研究发现,父母对政治与公共事务的关注度与参与度,会正面影响子女的政治态度。④ 基于此,本文提出以下假设:

假设 3a:父母自身公共参与越频繁的个体,其政治效能感越强。

假设 3b:父母与子女公共讨论越频繁的个体,其政治效能感越强。

表 5 呈现了本文对父母公共参与与讨论状况的测量题项。从中可知,样本父母的公共参与频率整体不高,选择"有时"的比例为 30.5%,"经常"的比例仅 4.0%。相对而言,父母与子女讨论公共事务的频率稍高,"很少"与"有时"两个中间选项各占四成左右。

表 5 样本的父母公共参与与讨论状况($N=3\,759$)

	从不	很少	有时	经常	未回答
父母自身公共参与[a]	14.8	50.1	30.5	4.0	0.7
与子女的公共讨论[b]	13.4	39.4	38.9	7.6	0.6

注:表格中报告的为加权后的百分比;对应的题干表述为:a. 您父母亲是否常参与公共事务有关的活动(如社会福利、小区事务、向政府反映事情等等)? b. 您父母亲是否常与您讨论公共事务有关的活动(如社会福利、小区事务、向政府反映事情等等)?

---

① Elizabeth E. Graham, Tang Tang and L. Meghan Mahoney, "Family Matters: A Functional Model of Family Communication Patterns and Political Participation," *Communication Studies*, Vol. 71, No. 2, 2020, pp. 262-279.

② See R. Urbatsch, *Families' Values: How Parents, Siblings, and Children Affect Political Attitudes*, New York: Oxford University Press, 2014.

③ Ron Warren and Robert H. Wicks, "Political Socialization: Modeling Teen Political and Civic Engagement," *Journalism & Mass Communication Quarterly*, Vol. 88, No. 1, 2011, pp. 156-175.

④ 参见王琳媛:《当代中国大学生政治社会化进程研究》,上海人民出版社,2017 年;何彩平、赵芳:《父母教养方式对儿童参与的影响》,《当代青年研究》2021 年第 4 期。

4. 控制变量

考虑到后续的多元回归分析,本文选择了若干控制变量。正如现有研究强调的,中国家庭的子女教养方式表现出一定程度的阶层分化①,家庭结构变量也是该领域文献中常提及的。因此,本文将家庭社会地位、家庭收支状况、父母教育程度等作为控制变量纳入后续分析。也有文献强调城乡二元结构与户籍差异对个体政治效能感的影响②,因此,本文也将户籍变量作为控制变量。

三、数据分析

(一)家庭决策参与状况与政治效能感

图1显示了不同家庭决策参与状况下,个体政治效能感因子的差异。数据分析的结果与本文的理论基本一致:在家庭决策中,父母征询意见越频繁、子女发表意见越频繁的个体,其政治效能感越高;子女对家庭事务的影响力越强,则其政治效能感也随之越高。

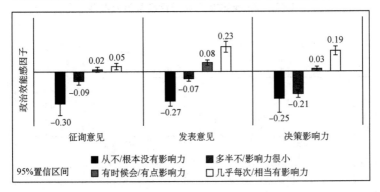

图1 家庭决策参与与个体政治效能感

---

① 蔡玲:《育儿差距:家庭教养方式的实践与分化》,《青年探索》2021年第3期。
② 裴志军:《农村和城市居民政治效能感的比较研究》,《政治学研究》2014年第4期。

(二)父母对子女的管教状况与政治效能感

图2与图3显示了个体政治效能感因子在父母管教程度与方式的不同类别中的分布。从管教程度看,父母都不严格,即放任型管教下的个体,其政治效能感较低,而在父母任一方或双方均严格的权威型管教下,个体的政治效能感稍高,且相互差异不大。此外,由于从小没有和父母住在一起的样本量较小,后续分析中将其作为缺失值处理。

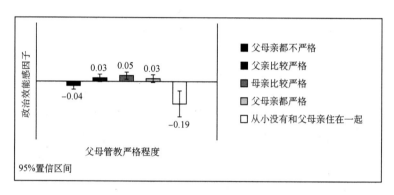

图2 父母管教的严格程度与政治效能感

如图3所示,无论是父亲还是母亲,如果主要采用讲道理、朋

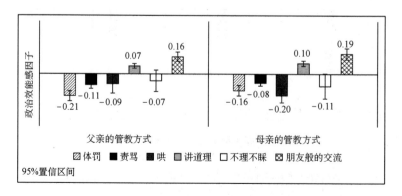

图3 父母管教的方式与政治效能感

友般的交流等现代管教方式,其对应样本的政治效能感显著高于其他类别。反之,体罚、责骂等传统管教方式对应的样本,其政治效能感均为负值,尤以体罚为最低。这些发现仍待进一步多元回归分析检验。

(三)家庭公共参与状况与政治效能感

图4反映了在父母公共参与和讨论的不同频率下,子女的政治效能感因子分布。整体而言,与本文的理论预期一致:父母越频繁与子女讨论公共事务,则子女的政治效能感越高;父母越是频繁参与公共事务,则子女的政治效能感越高。

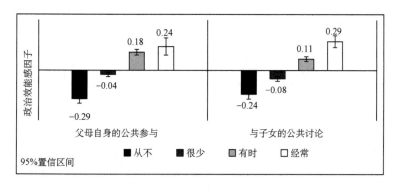

图4 父母公共参与与政治效能感

(四)个体政治效能感的多元回归分析

表6报告了以政治效能感因子为因变量的回归模型。模型1至模型4依次添加本文关注的核心自变量,模型 R^2 也随之提升,从模型1的3.1%增加至模型4的7.3%。

家庭决策参与的自变量中,征询子女意见最终未通过统计显著性检验,而子女对家庭事务的意见发表在0.1的显著性水平上提升了其政治效能感。这说明在家庭决策参与中,相较于子女被动得被父母征询意见,其主动的意见表达更能培育其政治效能感。假设 1a 部分得到验证。

表 6 样本政治效能感的多元回归分析

	模型 1	模型 2	模型 3	模型 4
家庭决策参与				
征求子女意见		0.012 (0.023)	−0.005 (0.024)	−0.010 (0.024)
子女发表意见		0.091*** (0.024)	0.066** (0.024)	0.042+ (0.024)
子女有影响力		0.134*** (0.027)	0.127*** (0.027)	0.115*** (0.027)
父母管教状况				
父亲比较严格[a]			0.124* (0.049)	0.106* (0.049)
母亲比较严格[a]			0.121* (0.047)	0.103* (0.047)
父母都严格[a]			0.099* (0.048)	0.072 (0.048)
父亲现代管教方式			0.087* (0.037)	0.068+ (0.036)
母亲现代管教方式			0.176*** (0.036)	0.160*** (0.036)
父母公共参与				
父母参与公共事务				0.140*** (0.026)
父母讨论公共事务				0.059* (0.024)

(续表)

	模型1	模型2	模型3	模型4
控制变量				
性别(男=1)	-0.163*** (0.037)	-0.152*** (0.037)	-0.149*** (0.037)	-0.150*** (0.037)
民族(汉族=1)	-0.010 (0.086)	-0.006 (0.086)	0.019 (0.086)	0.009 (0.086)
专业(理工医=1)	-0.116** (0.039)	-0.100** (0.039)	-0.097* (0.039)	-0.089* (0.039)
大学类型	-0.052** (0.016)	-0.040* (0.016)	-0.053** (0.016)	-0.059*** (0.016)
户籍(城镇=1)	0.015 (0.042)	0.025 (0.041)	0.009 (0.042)	0.001 (0.042)
家庭社会地位	0.070*** (0.012)	0.058*** (0.012)	0.051*** (0.012)	0.042*** (0.012)
家庭收支状况	0.056* (0.025)	0.057* (0.025)	0.047+ (0.026)	0.035 (0.025)
父亲教育程度	0.027 (0.022)	0.025 (0.022)	0.016 (0.022)	-0.001 (0.022)
母亲教育程度	-0.028 (0.022)	-0.038+ (0.022)	-0.050* (0.023)	-0.064** (0.023)
常数项	-0.200 (0.130)	-0.824*** (0.157)	-0.780*** (0.161)	-0.917*** (0.162)
样本量	3 443	3 430	3 314	3 293
R^2/调整后R^2	0.031/0.028	0.048/0.045	0.058/0.053	0.073/0.068
F值	12.13***	14.45***	11.91***	13.57***
VIF最大值/均值	2.10/1.41	2.11/1.37	2.14/1.38	2.16/1.39

注：a 对照组为"父母都不严格"；表中报告的是回归系数，括号内是标准误；+ $p<0.1$，* $p<0.05$，** $p<0.01$，*** $p<0.001$。

此外,子女对自身家庭决策影响力的感知,其对政治效能感的提升尤为明显。家庭中的自我影响力感知的确能够迁移至政治领域,成为政治效能感的重要来源之一。假设 1b 得到验证。

父母管教状况的自变量中,从管教的严格程度来看,相较于父母都不严格(放任型),其他三种类型(权威型)均显著地提升了子女的政治效能感。不过,随着更多变量加入,在模型 4 中父母都严格与父母都不严格之间,不再存在子女政治效能感的显著差异。而父母任一方严格的管教类型,其政治效能感优势依旧显著。这暗合了俗语中"父母一方唱白脸一方唱红脸"所倡导的管教模式,由此可知,父母都严格的管教方式可能超越了权威型,而走向强压型,因此不利于个体政治人格的发育。假设 2a 基本得到验证。

从父母管教的具体方式来看,相对于打骂等传统方式,无论父亲还是母亲,现代管教方式的确能够显著提升子女的政治效能感。具体来看,母亲采用现代方式管教对政治效能感提升效应要高于父亲。假设 2b 得到验证。

父母公共参与的自变量中,与本文的理论预期一致:父母公共参与越频繁、与子女讨论公共事务越频繁,则子女的政治效能感显著越强。假设 3a、3b 得到验证。进一步看,父母公共参与的影响效应要大于与子女的公共讨论,这说明在政治效能感培育方面,父母的行胜于言。

四、研究发现与小结

政治效能感既反映了个体对自身与政治系统关系的主观界定,也为政治参与与表达提供了起码的政治心理基础。从家庭政治社会化的角度研究大学新生的政治效能感,有助于我们廓清大学生这一具有重要社会政治意涵的群体在成年阶段起点处的政治态度状况,探索现代公民素质提升与健康公民心理培育的"家庭政治教育方案",与此同时,也可为后续学校与同侪的政治社会化效应研究提供参照系。

通过对 S 省六所高校新生的问卷调查与分析,本文测量了其政治效能感状况。在政治效能感量表的 3 个问项中,均有四至六成样本持有正面态度。进一步的分析表明,子女在家庭决策中的角色与作用、父母对子女的管教方式、父母自身的公共参与状况等,显著影响了个体的政治效能感。也即是说,政治社会化理论的经典命题得到了中国经验的支撑,并将之置于父母教养行为与子女政治效能感的特殊议题之中。

具体而言,相较于被动的询问意见,子女主动表达自身对家庭事务的意见,更能够增进其政治效能感。个体对自身家庭影响力的感知,能够显著迁移至政治影响力,并因此提升其政治效能感。从这个意义上看,父母有意识地鼓励子女参与家庭事务决策,不仅有助于营造民主式的家庭教育氛围,也有助于为现代政治生活培育合格公民。

父母对子女管教的程度与方式,并不仅仅是"家务事",在很大程度上也直接影响子女的政治人格发育。本文的分析发现,传统"棍棒底下出孝子"的说法并不适用于现代公民人格的培育。相较于打骂式的传统管教方式,沟通与说理的现代方式才能够显著提升子女的政治效能感。父母双方"一方唱红脸一方唱白脸",被证明有助于子女政治效能感的提升,反之,双方均不严格管教的放任模式、双方都严格管教的压力模式则并无助益。

家庭之所以具有突出的政治社会化功效,很大程度仰赖于子女对父母政治行为的学习与模仿。本文研究发现,若要培育子女的政治效能感,则父母首先应该积极参与公共事务,并愿意与子女进行相关讨论。

家庭的政治社会化效应,是一个经典且久远的话题。由此出发,本文聚焦于父母的教养方式,并将之与政治效能感这一重要的现代政治态度相关联。需要说明的是,本文在理论与方法上仍存有待进一步探讨之处:首先,本文只关注父母与子女的互动,而忽略了家庭社会化中隔代互动与同辈互动。其次,在测量方式上,本文使用的是子女(大学生本人)的自填问卷,而未能通过与之匹配的父母问卷来采集变量。最后,本文使用的数据采集自S省六所高校,无法推论至全国范围或高年级大学生。后续研究中,课题组会继续开展更广地域、更大范围的抽样调查以增强后续研究的可推论性,同时也将采用多波次的跟踪调查,进一步跟进讨论大学生活的不同阶段所产生的政治社会化效应。

How Parenting Behaviors Affect Individuals' Political Efficacy: Experience from a Survey of Freshmen at Six Universities in the S Province

Hongbo YU　Hongna MIAO

Abstract: Parents are the first "political teachers" of their children. As an important way of political socialization, parents' parenting behaviors in the family can profoundly affect their children's political attitudes. Empirical data from a representative survey of freshmen in six universities in S province show that children's role in family decision-making, parents' disciplinary practices, and parents' own public participation significantly affect individual political efficacy. Specifically, children's expression of opinions on family matters and their perceived influence on their own family decisions can significantly enhance their sense of political efficacy. The saying that "spare the rod and spoil the child" is not applicable to the training of modern citizenship, and modern methods such as communication and reasoning can significantly improve children's political efficacy. In terms of strictness of discipline, children's political efficacy is significantly higher when parents are "one coaxes, the other coerces" than when both parents are strict or neither. In addition, parents' own public participation and public discussion with their children also contribute to the development of modern political personality.

Keywords: Parenting Behavior; Political Efficacy; Political Socialization; College Students

马克思主义研究

马克思政治概念的重新理解
——一项基于历史存在论的初步研究

张 磊[*]

[**内容提要**] 长久以来,西方学界普遍将马克思政治学置回到传统理论加以理解,必然遮盖了马克思政治学作为批判理论的革命性和科学性。因此,重新理解马克思的政治概念,对于坚持和发展历史唯物主义具有重要意义。我们认为,进入存在的历史性中是理解政治的基本原则,由之而生的应该是感性政治,只有通过感性政治概念,才能理解以积极改变世界为内容的共产主义道路。感性政治概念始于青年马克思的政论斗争和理论探索,特别是奠基于对黑格尔思辨法哲学的纯政治概念和费尔巴哈感性世界的纯直观概念进行的存在追问。或许是迫于当时理论斗争的紧迫性,马克思并没有来得及细致阐述自己关于政治的存在理论,这一工作只待由领会时代任务的阐释者继续完成。

[**关键词**] 马克思;人的政治性存在;纯政治;感性政治

一、问题的提出

重新理解和阐释马克思政治学革命的理论意义和当代价值,

---

[*] 张磊,复旦大学国际关系与公共事务学院博士研究生。

是坚持和发展历史唯物主义的重要构成。马克思政治学创立之后,在现代以来的西方学界仍然遭遇着各种顽固误解,将其理论性质置回到西方传统的企图以各种或隐或显的形式表现出来。比如阿伦特(Hannah Arendt)曾经深刻地指出:把马克思政治学在理论上斯大林化和在实践上布尔什维克化是肤浅的,因为苏联工人社会不过是马克思所批判的美国资本社会的最激进形态。然而,她最终所采取的复归古典的解释方法,即在理论上亚里士多德化和在实践上城邦化,无疑还是把马克思政治学的当代性质彻底消解了。

我们试以"人的政治性存在"为例,看误解究竟呈现哪些主要样态,这一问题如此重要,以至于它是任何进入马克思政治学都必须首先面对的基础问题,也是理解历史唯物主义何以具有科学性和革命性的关键。

我们知道,在《关于费尔巴哈的提纲》第六条中,马克思将人的本质在现实性上界定为一切社会关系的总和。为了同唯心主义形成对峙,传统马克思主义从决定国家制度的市民社会来界定人的现实性本质,或者更进一步从决定政治形式的经济运动来理解人的历史性本质。这样一来,人的国家关系和政治性活动都没有包含在人的实体性存在当中,人的社会关系和经济生活也被僵化地理解了。这种观点不知道社会和国家在人的存在关系中的交织,也不知道从人的主体性或能动性方面理解人的政治活动对经济关系的改造。结果就是,青年马克思从存在论角度对"人的政治性存在"的表述,如"个人的国家特质"和"知道使命的政治动物"等,就被视为早期不成熟的观点,被轻易打发了。青年马克思不是以"人是一种动物,这种动物虽然是社会的,但完全是非政治的"①这句话来批判那些将政治性从而也是将历史批判性从人的

---

① 马克思、恩格斯:《马克思恩格斯全集》第1卷,人民出版社,1956年,第410页。

社会存在中抽离出去的实证化态度吗？把历史唯物主义误解为一种规范包括政治生活在内的人类各种生活的知性历史理论，是现代政治科学界的通行看法，完全忽视了马克思对黑格尔"人的真正政治存在是法哲学存在"这一命题进行批判的理论意义，就是要在存在论层面同样地恢复人的政治性存在的本真面目，否则他也不会将政治活动视为"人格的本质的质"，即最高本质的"天然活动"。我们认为，历史唯物主义既是在哲学上先验地规定人的政治性存在的历史存在论，又是在知识上经验地描述政治性事实的历史科学论，它们都把政治纳入人的历史性存在的研究旨趣中了。

再看现代政治哲学界如何误解这一命题。在《德意志意识形态》中，马克思写道："一当人们自己开始生产他们所必需的生活资料的时候（这一步是由他们的肉体组织所决定的），他们就开始把自己和动物区别开来。"①阿伦特据此认为，马克思关于人是"劳动动物"的定义仍然延续着从古典"政治动物"到近代"理性动物"的传统，"属＋种差"的谱系和范式未曾改变。在阿伦特看来，当马克思把维持自然生命代谢活动的劳动从传统价值体系最底层移至最高层时，也就同时颠倒了亚里士多德为劳动和政治确定的逻辑关系，尽管人依然是政治动物，不过已经不再超越于劳动之外，而是围绕劳动展开的动物。②阿伦特深刻地指认了劳动是人的政治性存在的基础，但是完全没有意识到马克思政治学中的劳动基础已经完全超出生物学视角，直接转化为人在历史中生成这一问题的新提法当中。因为马克思写道："我们在这里既不能深入研究人们自身的生理特征，也不能深入研究人们所遇到的各种自然条件。

---

① 马克思、恩格斯：《马克思恩格斯选集》第1卷，人民出版社，1972年，第24—25页。

② [德]阿伦特：《马克思与西方政治思想传统》，孙传钊译，江苏人民出版社，2007年，第16—18页。

任何历史记载都应当从这些自然基础以及它们在历史进程中由于人们的活动而发生的变更出发。"①马克思确实承认人和自然的无机关联，但是他真正关注的是这种关联在政治干预下所完成的历史统一过程。作为社会存在物，人通过劳动改变自然展现出一部历史，从而证明自己是真正的政治性存在物。马克思谈到人和绵羊的不同时写道："他的意识代替了本能，或者说他的本能是被意识到了的本能。"②我们完全可以将人的政治性存在与此处马克思对意识本能的先验设定进行替换，任何将人的政治性存在同动物的生物性本能连用和相加的做法都是荒谬的。

在理解马克思的人道主义已经"先行"完成对动物生物性的扬弃和褫夺方面，海德格尔（Martin Heidegger）更具慧眼。他指出："马克思要求我们去认识和肯定'合人性的人'"，他在"社会"中发现了合人性的人。对马克思来说，"社会的人"就是"自然"的人。在"社会"中，人的自然本性，亦即人的全部自然需要（食、衣、繁殖、经济生活），都均匀地得到了保障。③ 海德格尔把"社会""自然"和"人性"作为具有特定倾向的动词用活了，其中隐含着的正是对政治的暗示，这同马克思把自然主义与人道主义在共产主义运动中的和解是一致的。如何在它们当中去认识和肯定"政治"的本质？马克思不也是以他那绝世名言"哲学家只是以不同方式解释世界，而问题在于改变世界"给出答案吗？在改变世界中确证人的政治性存在不正是通达真理之途吗？我们提出"感性政治"概念作为理解马克思关于"人的政治性存在"命题的存在论概念，或者说作为政治真正进入人的存在及其历史中的基础性概念。

---

① 马克思、恩格斯：《马克思恩格斯选集》第1卷，人民出版社，1972年，第24页。
② 同上书，第36页。
③ ［德］海德格尔：《路标》，孙周兴译，商务印书馆，2000年，第374页。

二、两种纯政治形式的存在论对立

探究马克思关于"人的政治性存在"的命题,首先需要关注两种典型的存在论对立,它们分别是黑格尔的唯心主义和对立面的唯物主义。黑格尔从现代伦理世界中人存在的国家同家庭、市民社会的分离和对抗出发,力图在观念自身的逻辑中实现三个领域的和解和同一。《法哲学原理》的任务在于从《逻辑学》的精神运动中给出一条解决矛盾的道路。① 在黑格尔看来,家庭和市民社会虽然是国家的有限性领域,但是它们都会通过从家庭和市民社会(特殊性)到国家(普遍性)的自觉推移,最终在国家精神中达到无限性,三个领域因此也将成为真正现实的存在。三个领域的存在既是预先被逻辑规定了的精神性存在,也是具有自觉意识的政治性存在,它们的相互关系在思辨运动中达到本有的同一性,国家是这一政治运动和先验逻辑在伦理世界的终结者和体现者。

作为对立面的唯物主义更多的是以《费尔巴哈和德国古典哲学的终结》为依据。在单行本序言中,恩格斯提到了文本的理论意义在于,对历史唯物主义的存在论基础做出重新阐明。从费尔巴哈的中间环节来看,由自然界开创的唯物主义基础应当扩展运用到人存在的社会世界,物质世界决定精神,精神只是大脑对物质的反映的立场。从同黑格尔的批判性脱离来看,"国家,政治制度是从属的东西,而市民社会,经济关系的领域是决定性的因素"。②"归根结底,黑格尔的体系只是一种就方法和内容来说唯心主义地倒

---

① 马克思写道,"黑格尔从市民社会和政治国家的分离这个前提出发,并把这种状况想象为理念的必然环节、理性的绝对真理"。参见马克思、恩格斯:《马克思恩格斯全集》第1卷,人民出版社,1956年,第336页。

② 马克思、恩格斯:《马克思恩格斯选集》第4卷,人民出版社,1972年,第247页。

置过来的唯物主义。"①用费尔巴哈自然观奠定的物质体系对其加以颠倒就是根本方法。随着自然科学的进步,自然界和人的社会世界也不断发展着自身的物质形式,对这些形式的发现和理解同时就是唯物主义对黑格尔唯心主义的全面颠倒和清除。这样一来,唯心主义理性辩证法就颠倒为唯物主义物质辩证法了,把唯物辩证法实际地运用到对世界各个发展领域的理解中,就会体现为诸如自然辩证法和社会辩证法。概念辩证法只能是对物质辩证运动的自觉发现和反映。对于人的社会世界而言,社会辩证法是人的社会和经济运动的辩证联系,国家和政治制度则是这一联系的集中反映。

黑格尔的历史唯心主义用思辨精神对作为观念存在的国家及其关系进行逻辑规定,决定家庭和市民社会的国家是此逻辑规定的体现者,政治被统一到逻辑中。我们把它概括为国家决定论的政治观,人是作为精神的政治性存在物。对立面的辩证唯物主义把自然辩证法应用到作为物质存在的国家及其关系,被家庭和市民社会所决定的国家则是此应用关系的反映者,政治被统一到辩证法中。我们把它概括为国家反映论的政治观,人是作为物质的政治性存在物。

两种关于政治的存在论的最大问题在于,国家及其关系所体现的政治现实都无法从自身的特殊本质中得到存在论说明。具体说来,在黑格尔那里,由国家所完成的政治推移最终不过是法哲学按照逻辑学规定进行的从本质到概念的推移,表现为某种"逻辑的泛神论的神秘主义"。在其对立面那里,由国家所反映的政治应用最终不过是实验和工业按照自然科学发展进行的从自然到社会的应用,表现为某种"抽象物质的方向"。就两者的关系而言,完成对思辨精神的颠倒之后,自然辩证法从自然领域到人的社会领域的

---

① 马克思、恩格斯:《马克思恩格斯选集》第4卷,人民出版社,1972年,第222页。

应用不过是复制了逻辑学为自然哲学和法哲学等不同领域提供灵魂的抽象做法,颠倒双方实际上共处于同一个形而上学基地之上。按照马克思所说,如果从逻辑学到法哲学的桥梁是没有的,也架设不起来的话,那么,从自然辩证法到人的社会领域的通道也是不存在的,无法铺设的。

对存在的先验设定分别在思辨精神和自然辩证法这两个无法颠破的前提面前止步,两种存在论均无法超出自身所划定的客观思想范围对国家及其关系所体现的政治现实进行存在追问。前者没有追问思辨精神何以可能,以及其如何使由国家所决定的政治关系成为具有逻辑规定性的存在;后者没有追问自然辩证法何以可能,以及其如何具有能够应用到由国家所反映的政治关系并使其成为规律性存在。无法追问导致政治现实的真实存在隐而不显,实施隐藏并取而代之的是抽象的政治认识论所规定出来的虚假政治现实,正是此虚假政治现实反向遮蔽和覆盖真正政治现实。在黑格尔看来,政治现实体现在市民社会成员本有的政治情绪对自身国家精神本性的自觉意识,这种政治意识跟随国家必然性运动被统一到精神逻辑的认识中;在其对立面看来,政治现实体现在市民社会成员固有的头脑对国家制度内在支配规律的自觉发现,这种政治认识跟随社会必然性运动被统一到自然规律的认识中。

在这两种政治认识论视角下,政治现实的真理性问题成为一个与国家及其关系无关的纯粹理论问题。黑格尔所讲的政治理论最终只是在于服从精神世界的逻辑,其对立面所讲的政治理论最终只是在于发现物质世界的规律。由于这两种抽象认识论都事先过滤了真正政治对象并同时完成对政治实体内容的清洗,它们捕捉到的只是理想化了的政治形式,而当依此纯粹政治形式为原则规范和矫正真正政治对象时,构成政治运动的本有矛盾就不再可能被发现和把握,从而政治现实自身的批判性质和革命性质就被遗误了。

与此依照纯粹认识形式改造世界内容的态度相反,马克思所讲的政治理论则在于改变世界中直接存在着的政治意识,只有对在改变世界中同时活动着的政治意识的理解才能达到对政治现实的真正认识。因此,在马克思看来,政治现实的真理性问题归根结底是一个体现为改变国家及其关系的政治实践问题。我们可以把这个被有意无意隐藏起来的政治现实概括为国家适应论的政治观,马克思曾写道,"国家制度只不过是政治国家和非政治国家之间的协调,所以它本身必然是两种本质上各不相同的势力之间的一种契约"。① 马克思的国家适应论实际上是国家决定论和国家反映论这两种关于政治的存在论的天然基础。

马克思从英法和德国近代化所展现出的时空错位中看到了政治现实的差异性。英法两国的政治现实是,市民社会中的私有财产已经完成在国内外的国家化,正借助于政治国家实现自身的最大限度,而即将到来的政治任务则在于劳动世界对私有财产世界的重新占有。对于德国来说,政治现实是正有意识地推动私有财产国家化进程。在马克思看来,德国盲目地模仿英法政治现实的做法是不现实的,犹如对照作文题目完成形式主义练习般简单,因为德国完全不具备相同的历史基础。马克思在《评"普鲁士人的"普鲁士国王和社会改革一文》中,把这种做法称为"政治的"老调,把他者已有政治认识结果的抽象形式作为自身政治活动的依据,来矫正现有政治活动的做法,会使得自身政治现实的真正可能性被挫伤而不再可能。对于已经是"政治国家"的英法国家来说,"政治的"老调呈现出另一种形式,先验理性已为政治活动的范围划定界限,比如局限于用行政手段改善社会贫困状况,将社会苦难的根源归结为对立政党的执政,或把社会罪恶的解决寄希望于推翻特定的国家形式,这些政治活动的理性原则同样使得社会自身本有

---

① 马克思、恩格斯:《马克思恩格斯全集》第1卷,人民出版社,1956年,第316页。

的革命意志和需要变得不再可能。马克思把这两种"政治的"老调形式称为政治的内在性，即在"政治的"范围内思考和解决问题。

显然，"政治的"用法在马克思的语义中已经作为贬义词来使用，它表现为"纯政治"的外观以及必然体现为唯心主义的意识形态。"纯政治"是马克思在《〈黑格尔法哲学批判〉导言》中对黑格尔关于政治的存在论所指涉事实对象的概括，即在个人生活的社会和国家两个领域中，试图确立以想象生活对世俗生活的改造和统治，英法资产阶级都以此作为旗帜论证自身发动政治革命的合法性。就想象生活的意识形态而言，正如英国国民经济学是其市民社会条件的科学体现那样，法国政治家颁布的《人权宣言》则是其公民国家部分的"法理形式"，如果说"康德哲学是法国革命的德国理论"，那么黑格尔的思辨法哲学就是对整个纯政治形式的最完善和最极端表达，马克思称其为"唯一站在正统的当代现实水平的德国历史"。

政治的唯心主义完成同时就是政治的唯物主义完成，马克思要探寻"纯政治"的秘密并揭穿其虚假本质，这一理论活动表现为对"政治一般"的存在基础进行追问。马克思写道，"部分的纯政治的革命的基础是什么呢？就是市民社会的一部分解放自己，取得普遍统治，就是一定的阶级从自己的特殊地位出发，从事整个社会的解放"。① 简单地说，纯政治的存在基础不过是资产阶级要把自身的生产生活条件覆盖到整个市民社会和政治国家，纯政治的虚假外壳不过是资产阶级在自身利己主义本质之外不得不为共同体所伪造的虚假普遍性。它的谜底在于当资产阶级把现实中对无产阶级的统治和压迫在整个社会和国家范围内加以实现时，必须同时把自身的消极狭隘内容诡辩地转化为积极普遍形式。具体统治的普遍化完成同时就是市民和公民抽象解放的普遍性完成。

---

① 马克思、恩格斯：《马克思恩格斯选集》第1卷，人民出版社，1972年，第12页。

因此,"纯政治"只不过是政治的形式主义,本质上是理智论的政治形式或唯灵论的政治形式,国家决定论的政治观和国家反映论的政治观是其两种表现形式。以意识为基础的思辨和以自然为基础的物质之间的存在论对立,并不是无关紧要的对立,而是以抽象对立的形式体现了政治自身紧张本质的虚假解决或者说还未解决。黑格尔的思辨意识抓住的是构成政治矛盾中的人的意识方面,体现为家庭、社会和国家自身的历史;其对立面的物质自然抓住的是构成政治矛盾中的自然的物性方面,体现为自然自身的历史。"人自身"和"自然自身"同它们的"内在性"是同义语,构成了"政治内在性"的先验基础。因此,马克思要掀开"政治内在性"的虚假面纱,显露政治现实的真实面目,就必须从存在论上破除人的历史和自然的历史的抽象对立,对它们共同的存在基础进行追问,并揭示这一基础如何在现实政治的紧张过程中完成统一。我们认为,在马克思的语义中,这个不是"纯政治"的政治或出离"内在性"的政治,然而却是它们的天然基础的政治,应当是感性政治,在感性政治过程中实现着的自然同社会和国家相统一的感性世界才是真实的政治现实,人的政治性存在是在感性政治中的存在。我们先从马克思对构成纯政治的经验矛盾的发现和认识开始,讨论这个经验事实是人与人之间在社会和国家中围绕自然所产生的感性对抗。

三、纯政治的感性基础及其存在还原

众所周知,马克思进入《莱茵报》报社后首先展开的是同官方的政论斗争,论战实际上反映的是市民社会中贫民和有产者两种物质利益在国家政权中的活动,这是一个严肃的政治问题。一个典型的例子就是:贫民和有产者分别对枯枝和林木的生活需要和权利意识牵扯出对于国家所有权的争夺。"林木的国家神经"问题引起马克思的关注,当"自然"问题本质重要地进入政治问题的核心时,就引发出所谓的"物质利益难题"。一方面是由于黑格尔的自然哲学是纯粹逻辑学意义上的,即与法哲学是分离的;另一方面是由于解决利益矛盾的黑格尔法哲学在政治现实中完全走向自己的反面。马克思发现,一方面,国家并不是纯金般普照的光,不能平等对待它的公民,反倒是由林木占有者的林木被盗窃后所必然产生的特殊诉求所决定的;另一方面,私人利益的政治活动从未倾向于国家精神所要求的普遍性,反倒是消解了国家自身的崇高目的,并使其下降为私人利益的手段。总而言之,黑格尔的政治逻辑被颠倒了,政治不是把人封闭在由公民所完成的伦理范畴里面旋转,而是发生在外面对人自身自然的活动关系中;政治也不是由头顶的先验理性逻辑预先规定的,而是与脚下的经验利益时时相适应的。

马克思对自己先前所信仰的在理性中批判政治的方法产生了怀疑,而此时费尔巴哈对宗教所采取的人本主义和自然主义相结合的实证批判方法,为马克思观察和理解政治进而批判政治提供了方向。[1] 关于这种实证批判方法的特质,马克思在次年做了如下总结:"感性(见费尔巴哈)必须是一切科学的基础。科学只有从感性意识和感性需要这两种形式的感性出发,因而,科学只有从自然界出发,才是现实的科学。"[2]从这句话可以看出,马克思此时被费尔巴哈"对象性个人"的感性存在论所吸引,因为这一立场直接突破了黑格尔"内在性个人"的理性存在论,费尔巴哈把人在思辨

---

[1] 其实,早在《路德是施特劳斯和费尔巴哈的仲裁人》一文中,马克思就意识到:"费尔巴哈,这才是我们时代的涤罪所。"参见马克思、恩格斯:《马克思恩格斯全集》第1卷,人民出版社,1956年,第34页。在马克思看来,正如费尔巴哈的名字所意寓的那样,火流体现的是人对自然的激情和欲望,只有通过火流才能把哲学和政治从思辨和神学中解放出来。

[2] 马克思:《1844年经济学哲学手稿》,人民出版社,2000年,第89—90页。

思维中的本质性还原为人对自身自然对象的感性意识的本质性。

然而,对于经过《莱茵报》论战产生问题意识的马克思来说,从思辨思维的本质性中解放出来首先就意味着从法哲学逻辑化了的政治中得到解放,因为让贫民对枯枝的感性需要和权利意识挣脱来自林木占有者的社会和国家的束缚,从而在自身的社会和国家中实践政治真理才是马克思的关切。显而易见,如要在宗教批判之后继续开展政治批判,费尔巴哈还原为人和自然的非政治关系显得过于单纯和无力。开路人并非同路人,以至于马克思在《德法年鉴》初期致信卢格时写道:"费尔巴哈的警句只有一点不能使我满意,这就是:他过多地强调自然而过少地强调政治。然而这一联盟是现代哲学能够借以成为真理的唯一联盟。结果大概像在十六世纪那样,除了醉心于自然的人以外,还有醉心于国家的人。"①这句话是理解马克思同费尔巴哈之间在关于政治问题的感性存在论上发生分歧的起点,结合其他版本的翻译②,我们看到,除了肯定费尔巴哈的以自然为对象的自然的人以外,马克思首先发展出的是以国家为对象的国家的人。马克思告诉卢格,人们既要着眼于自身的自然对象,又要着眼于自身的国家对象,还应该着眼于自身的政治活动对象(把政治活动作为对象是马克思的决定性突破)。只有把它们结合起来,费尔巴哈的哲学基础才能真正展现出现实性。具体地说,只有把自然对象和国家对象放入人的政治活动对象中来理解,即对象性的东西除了自然和国家外,还有它们在其中存在着的政治活动,只有把对象性的东西从主体性方面来理解,以

---

① 马克思、恩格斯:《马克思恩格斯全集》第27卷,人民出版社,1972年,第442—443页。
② 如梅林所著的《马克思传》版本,"费尔巴哈的警句只有一点不能使我满意,这就是:他过多地注重自然界,而过少地注重政治。然而,唯有把两者结合起来,现今的哲学才能成为真理。如果象在16世纪时那样,除了醉心自然界的人之外还存在着醉心国家的人,那末一切就会走上轨道了。"参见[德]弗·梅林:《马克思传》,樊集译,人民出版社,1972年,第73页。

及把对象性的东西同时还原为主体性活动的产物,随之而来的现实性真理才得以可能。

这里更深层的存在论意涵在于,马克思要根据《莱茵报》时期的经验观察把人的感性-对象性存在中缺失的构成填补进去,这实际上是马克思对费尔巴哈关于人的自然存在进行存在追问的结果。从相反的视角看,填补的东西实际上是被费尔巴哈从人的感性-对象性存在中不自觉地抽离出去后又被马克思重新寻找回来,放归本来的完整统一体中。人自身的感性自然在自身的国家中的存在,或者说人自身感性交织着的自然存在和国家存在,以及使其具有感性现实性的人自身的政治活动就是最先得到完善的东西。① 填补人的感性-对象性存在意味着,一方面马克思带着黑格尔的国家政治议题已经开始了对费尔巴哈存在论的革命,通过重建自然在国家及其活动中的现实性存在使得"具有主体性"的对象性得以可能;另一方面马克思借助费尔巴哈的感性立场也开始了对黑格尔存在论的革命,通过重建国家及其活动在自然中的现实性存在使得"指向对象性"的主体性初步恢复。对象性和主体性在人的感性存在层面的对向归位,使得人的世界和自然的世界的抽象对立即得到消解,"林木的国家神经"问题突破了内在性政治的逻辑而在存在论层面得到初步阐明。

需要说明的是,对于人的感性-对象性存在的填补和重建并不是机械的拼凑,而是以有待展开和留有余地的有机体为旨向的,我们可以从马克思对国家存在和政治活动的表述中看出来。翻阅同期致卢格的其他书信,马克思此时对于人的国家存在的理解隐蔽地连带着作为基础的人的社会存在的定向,比如,他目标中的理想国家已与法国式的"民主共和国"明显不同,而是一种以"社会同

---

① 这些东西之所以在费尔巴哈的"视野之外",恩格斯给出的解释是,政治对他是一个不可通过的区域,历史对他是一个不愉快的可怕领域;马克思给出的解释是,费尔巴哈的感性确定性与他不满意的黑格尔的思辨确定性是直接对立的。

盟"为基础的新型共和主义国家。马克思在存在论上批判启蒙理性的国家,同时把已经被抽离开、遮蔽掉然而却作为基础和对象的社会也包括进来了。马克思此时对于政治活动的理解则是,由工商私有制度兴起而引发的瓦解包括君主专制制度在内的整个现存旧秩序的批判活动,或者更根本地说是使历史进步的革命要素。把政治活动的本质理解为批判活动和历史革命,以及把人的整体存在和政治的结合理解为哲学实现为真理的条件,在《〈黑格尔法哲学批判〉导言》中得到印证。如对于德国来说,摘掉锁链上的虚幻花朵之后就要着手摘掉锁链本身,宗教批判之后就要开始政治批判,摘掉锁链不就是指对人自身的整个社会和国家存在进行政治批判吗?"为历史服务的哲学"要想成为现实,就需要推翻包括社会和国家关系在内的一切奴役制度,而这要通过彻底的具有原则高度的政治实践才能实现。"哲学成为现实"不正是意味着以彻底的政治批判来使人的存在真正达至人的自身吗?

然而,填补和重建人的感性-对象性存在,关键一步是要从理论和实践上说明自然和政治如何结合,或者说如何启动对人的自然存在和国家存在进行政治批判活动,这需要马克思予以回答。在稍后完成的《论犹太人问题》中,这个结合的中间媒介和启动的原初机制显现出来了,马克思看到还没有来得及获得虚假公民权利的犹太人已经在实际上支配了国家权力,原因在于犹太人手中用以做生意和打交道的犹太是社会中真实的统治因素,犹太人首先是以社会为对象的社会的人,其次才是以国家为对象的国家的人。在对德法美三个国家"政治解放"的经验样本进行比较研究的基础之上,马克思从人的国家存在形式中明确地区分出各自的社会存在内容。以"政治解放"为目标的政治活动起始于人的社会存在在其国家形式中所需要的感性解放,人的国家存在所完成的抽象解放只局限于公民权利的范畴,而人的自然存在仍然被自身的社会存在和国家存在所统治着,把自然从人的社会存在产生的所有统治因素中解放出来,需要由以"人类解放"为本质的新型政治活动所完成。

马克思写道:"社会一旦消灭了犹太的经验本质,即做生意及其前提,犹太人就不可能产生,因为他的意识就不再有对象,犹太的主观基础即实际需要就会人性化,因为人的个体感性存在和类存在的矛盾就会消失。犹太人的社会解放就是社会从犹太中获得解放。"①这段话特别地回应了费尔巴哈的感性对象性,当马克思主张在一种新的感性社会存在中通过消灭犹太实现感性需要和感性意识的人性化时,存在于个体身上的感性的类的矛盾,就由具有新的感性存在基础的政治活动彻底解决了。至此,马克思已经基本复原并真正发现了人的感性存在的构成和性质,人自身的自然对象和国家对象正是通过人自身的社会对象才得以可能。只有在这个意义上,人才是感性对象性的存在物;同时,人的感性存在是政治性存在,人也只有通过相继起源于感性社会对象中的感性政治活动才能清洗掉自身身上存在着的肮脏内容,也只有在这个意义上,人才是感性主体性的存在物。因此,这个构成纯政治经验本质的政治是感性政治,它是基于人的整个感性世界而产生的感性批判活动。

四、感性政治概念的存在论内涵

在感性存在中发现政治,需要同时揭示这个非内在性的政治究竟为何。我们将从感性现实世界的结构、感性的革命政治活动和感性政治性三个方面展开。首先引用《〈黑格尔法哲学批判〉导言》中针对费尔巴哈人本学的一段话,马克思写道:"宗教是那些还

---

① 马克思、恩格斯:《马克思恩格斯全集》第1卷,人民出版社,1956年,第451页。

没有获得自己或是再度丧失了自己的人的自我意识和自我感觉。但人并不是抽象的栖息在世界以外的东西。人就是人的世界,就是国家,社会。国家、社会产生了宗教即颠倒了的世界观,因为它们本身就是颠倒了的世界。"①

费尔巴哈的功绩在于揭示了天国的宗教意识在人间的感性起源和感性本质,也就是宗教即感性意识。然而,费尔巴哈不懂得感性意识是人对自身实在过程的意识,马克思把这个实在过程概括为既自我肯定又自我否定,或表现为在获得自身中又丧失自身的活动。同样,这种意识和活动并非存在于个体自身内部,而是存在于所有人共同生活世界的感性显现中。社会和国家这双重组织及其活动关系构成了人间感性生活世界的双重现实,换言之,它们都是人的感性存在的实在领域。然而,感性个人(复数)的这双重现实是经常处于异化之中的,它们在感性个人的意识和活动中颠倒并外化出另一个虚假的"现实世界",人们沉浸在对其的幻想中,反过来使真实的现实世界的结构蔽而不显,也使感性个人在感性现实世界中寻求真我不再可能。在这段话中,马克思实际上是在《论犹太人问题》基础上进一步表达了社会和国家中的意识和活动在本质上是感性的理论,我们可以称之为感性社会和感性国家,它们是感性政治的现实基础。

与在超感性的虚假世界中寻求现实性不同——黑格尔的思辨法哲学由于是其最丰富体现而幻想地满足了整体的人——马克思在感性的现实世界中寻求真实性。② 这个寻求过程即获得自己的过程就是政治之所指。感性现实世界的真实结构是什么呢?在

---

① 马克思、恩格斯:《马克思恩格斯选集》第1卷,人民出版社,1972年,第1页。
② 海德格尔高度评价了马克思对现代世界双重现实——社会和国家的把握,"现今的哲学满足于跟在科学后面亦步亦趋,这种哲学误解了这个时代的两重独特现实:经济发展与这种发展所需要的结构。马克思主义懂得这双重现实"。参见[法]F.费迪耶等辑录:《晚期海德格尔的三天讨论班纪要》,丁耘摘译,《哲学译丛》2001年第3期。

《1844年经济学哲学手稿》中,马克思将其概括为对象性活动的二重化结构。马克思写道:"正是在改造对象世界中,人才真正地证明自己是类存在物。这种生产是人的能动的类生活。通过这种生产,自然界才表现为他的作品和他的现实。劳动的对象是人的类生活的对象化:人不仅像在意识中那样在精神上使自己二重化,而且能动地、现实地使自己二重化,从而在他所创造的世界中直观自身。"①

马克思告诉我们,区别于动物之人之类,既不在于在非对象性意识和活动中的自我创造,也不在于对非生产性对象的自我直观,而在于对改造对象世界的活动及其成果的自我意识。因此,人在感性现实世界中的改造活动是有意识直接参与其中的,这种意识活动是感性的意识活动。作为两种感性的类生活,社会和国家通过人在其中的主体性自觉不断实现自身的再生产,不断创造新的生活世界。作为两种感性的类存在物,社会和国家是人的两种类特性对象化的产物,新的对象化世界复又成为主体性自觉产生的基础,即对象性创造以被对象设定为前提。

这里还需注意的是引文中的自然界,它并不是单纯地可被感觉的对象和可被理解的规定性,在现实性上,它已是人的世界的双重现实——感性社会和感性国家对象化了的人化自然,即"他的作品和他的现实"。马克思曾明确地把自然与人的世界的交织称为"自然界的社会现实",我们可以进一步从**社会**——大写的人化过程中分解出其中的构成,即"自然界的国家现实"。被马克思称之为"林木的国家神经"不就是它的最生动体现吗?不在社会和国家中生成和存在着的自然界是抽象的自然界,就是不在政治中生成的自然界,从而也是非现实的自然界。

《1844年经济学哲学手稿》另一处也提到感性世界中的这种

---

① 马克思:《1844年经济学哲学手稿》,人民出版社,2000年,第58页。

相互交织关系。"没有自然界,没有感性的外部世界,工人什么也不能创造。它是工人的劳动得以实现、工人的劳动在其中活动、工人的劳动从中生产出和借以生产出自己的产品的材料。"①工人是现代社会、国家及其政治关系的代名词,"得以实现""在其中活动"和"从中生产"意味着打开社会和国家的内在封闭性之后,追问对自然纯粹直观关系的缘由,还原了自然、社会和国家之间在相互交织中完成的全面生产,表明了社会和国家的自然对象性存在,以及自然的社会和国家的主体性存在。

这样,我们就把感性现实世界的先验结构揭示出来了。简单地说,以感性自然界为对象的感性社会和感性国家,通过人的有意识的对象性活动,在创造自然的同时也创造着自身。

接下来需要继续探讨的方面是先验结构中自觉能动的历史因素,即感性个人在现实世界的对象化活动中寻求真实性的过程,这个方面特别地关涉政治问题。从逻辑上讲,如果本来先验结构是感性的,那么贯穿其中的政治也必定是一种感性政治,感性政治在存在论上回答了有待讨论的感性社会和感性国家之间的交织关系,以及它们何以同时是历史性过程。

"如果说**具有政治精神的社会革命**不是同义语就是废话,那末**具有社会精神的政治革命**却是合理的思想。一般的**革命**——推翻现政权和破坏旧关系——是**政治行为**。而**社会主义**不通过**革命**是不可能实现的。社会主义需要这种**政治行为**,因为它需要消灭和破坏旧的东西。但是,只要它的组织活动在哪里开始,它的自我目的,即它的精神在哪里显露出来,社会主义也就在哪里抛弃了政治的外壳。"②

在这段话中,马克思区分了两种不同性质的现代革命政治活

---

① 马克思:《1844年经济学哲学手稿》,人民出版社,2000年,第53页。
② 马克思、恩格斯:《马克思恩格斯选集》第1卷,人民出版社,1972年,第488—489页。

动,同时概括了一般革命政治活动的基本内容。比较地说,前者资产阶级性质的政治行为是部分的和片面的,因而要把自身的政治秘密伪装起来。它在瓦解封建主义专制国家及其所依靠的市民社会时,把人变成资本国家和资本社会中的利己主义成员,并以普遍性政治外壳来掩盖政治国家保障自身社会基础的狭隘本质。后者无产阶级性质的政治行为是彻底的和全面的,因而要消灭自身的政治性质。它通过建立社会共和国代替资本主义国家上层建筑,同时依靠国家政权力量来对抗和消灭资本主义市民社会,保障自身自由人联合体的逐步形成,并最终把人变成社会化了的人类。

总的来看,马克思语境中的感性政治活动是多种相反的历史运动在感性社会和感性国家这两个领域所展开的革命活动和反革命活动。如前所述,资产阶级市民社会要逐步取代它的封建主义对立面,而自身最终又会被无产阶级所发动的社会革命所推翻。专制国家机器被打碎之后,政治的任务就转化为为彻底消灭国家的奴役性质而斗争。由此看来,革命和反革命的政治活动必然产生于多种历史运动在不同方向上所组成的存在结构——即各阶级的市民社会和政治国家所组成的存在结构中,恩格斯所提出的平行四边形法则就是对此结构的形象描述。换句话说,它们是多种敌对的主体性力量自觉围绕新旧感性世界的存续和更替所展开的政治活动。

在这个意义上,感性政治活动和辩证法是一同出现的,甚至可以说感性政治活动体现了辩证法本身。正如马克思政治学说的使命在于改变世界那样,改变世界的政治力量并非来自上帝之手或其在人间的理智代表,而是人间世界——感性社会和感性国家在自身主导形式的历史运动中自然生成的内在批判力量。它表现为旧的物质力量只能由它所产生的新的物质力量所摧毁,新世界只能从旧世界中产生。在这个意义上,感性的革命政治是内生于历史中的本能活动,是感性活动中真正具有历史批判性质的环节。马尔库塞(Herbert Marcuse)因此把政治行为(激进行为)视为从历史中产生,被历史所决定,也必然影响历史存在的行为。

最后,理解马克思语境中的感性政治概念关键在于,理解从感性活动的自我批判本能中所生长出来的"政治性"的涵义。马克思在《哲学的贫困》中的一段例证对我们具有重要启发,"在无产阶级尚未发展到足以确立为一个阶级,因而无产阶级同资产阶级的斗争尚未带政治性以前,在生产力在资产阶级本身的怀抱里尚未发展到足以使人看到解放无产阶级和建立新社会必备的物质条件以前,这些理论家不过是一些空想主义者"。① 马克思在《法兰西内战》中的另一段描述了政治性在各种感性政治活动之间传递的涵义,"它的政治性质也随着社会的经济变化而发生了变化。现代工业的进步促使资本和劳动之间的阶级对立更为发展、扩大和深化,国家政权也就随着愈益具有资本压迫劳动的全国政权的性质,具有为进行社会奴役而组织起来的社会力量的性质,具有阶级统治机器的性质"。②

马克思告诉我们,政治性起源于阶级斗争及其自我意识,阶级斗争本质上是各阶级为自觉实现自身生活的物质条件(社会和国家)而展开的斗争,斗争的政治性是处于相互对抗的阶级利益要求消灭对方的集中体现。由于感性生产同时产生与其直接相联系并在其中进行着的感性交往,因此,一方面,阶级斗争会把感性生产的政治性实现为感性社会的政治性,使感性社会也由于交往中的对抗性而产生自我更替的政治活动,具体表现为感性社会的要素在阶级的对象化活动中经由辩证法的中介能动地改变自身。对于资产阶级来说,他们在自由贸易积累的动产中和在自由劳动形成

---

① 马克思、恩格斯:《马克思恩格斯选集》第1卷,人民出版社,1972年,第121—122页。
② 马克思、恩格斯:《马克思恩格斯选集》第2卷,人民出版社,1972年,第372页。

的手艺中,意识到对立着的领主特权和等级公会及其直接具有的政治性是自身感性交往和感性存在难以实现的桎梏,因而要求从中得到解放。对于无产阶级来说,只有意识到自身劳动要素和无产状况同资本要素和私有制度处于矛盾对立的本质之中,因而在感觉上无法忍受之时,即进入互为消灭和排除关系的扬弃阶段时,才能开始着手进行社会的感性解放。

另一方面,阶级斗争会同时把感性生产的政治性实现为感性国家的政治性,表现为阶级斗争从感性社会到感性国家的政治活动,以及必然由此引发的感性国家自我更替的政治活动。一方面,马克思将前者称为市民社会生活在政治国家范围内的活动,感性社会的要素经由权利意识的中介积极地对象化为国家要素。对于资产阶级来说,当作为对象的感性国家通过暴力从感性社会内部产生出来时,私有财产的利己和支配原则在国家中完成替代并随之得到贯彻,因为私有财产的奴役制是感性国家借以存在的天然基础。对于无产阶级来说,既要揭露私有财产的奴役制所产生的社会奴役制,以及以对其维护为生的国家奴役制,又要使否定私有财产的社会要素有意识地进入和掌控国家并占有主体地位,同时还要防止自身本来的感性力量在对象化过程中重新异化为具有抽象形式的社会进而当作和自己分开的国家。另一方面,马克思将后者称为政治国家的形式变更,形式是有自身内容的形式,因为它在政治活动的范围内适应了感性社会的历史斗争。最形象的莫过于资产阶级革命时期的分权学说,"某个时期王权、贵族和资产阶级争夺统治,因而,在那里统治是分享的"①,这不过是用政治国家的言辞来表明社会统治中已经完成了的真理。

至此,我们已把感性现实世界的本来结构及其在感性政治活动中寻求真实自我的历史过程完整地揭示出来了。

---

① 马克思、恩格斯:《马克思恩格斯选集》第 1 卷,人民出版社,1972 年,第 52 页。

五、感性政治概念的理论意义

马克思阐述历史唯物主义原理时提出过感性自然、感性社会、感性世界、感性存在、感性需要、感性意识和感性活动等核心概念，但没有提出感性国家和感性政治概念。搜索研究文献我们发现，尽管在马克思学说之外，出现了一些类似的零星提法①，但是感性国家和感性政治概念还没有严格地从历史唯物主义角度提出来。我们以上的论述只是根据马克思的经典表述所作的义理分析。

已有研究或许还没有意识到历史唯物主义中政治概念的重要性，以及随之而来的感性政治概念作为历史存在论概念的正当性。究其原因，一方面，感性概念更多地会被认为是早期马克思所使用的概念，且主要是联系着费尔巴哈进行的表述，马克思也没有在此基础之上发展出完整的感性理论，他在成熟时期系统阐述的是如物质资料的生产方式、经济基础和政治上层建筑等；另一方面，感性政治概念会被认为至多只是一个政治认识论领域的概念，表达的是无产阶级阶级意识在政治上不成熟和认识不到自身本质的表现，只有自觉地以科学社会主义为指导，才能发现并理解政治发展

---

① 如吕澎所提出的"感性的政治"，这一概念意指朝向基层民众日用常行的东方政治智慧，凸显的是能够突破意识形态幻象的经验特质。此种"感性的政治"如东方政治实践一样，由于社会高度成熟稳定缺乏自我批判能力，以至于无法完成历史更新，因而是一个非历史性概念。参见吕澎：《感性的政治——关于李勇政的作品（节选）》，《艺术当代》2018 年第 6 期。作者在同一篇文中也提到法国思想家朗西埃（Jacques Rancière）的"可感物分配的政治"，它是对压抑感性身体的当代资本权力等级秩序进行批判的一种理想政治形态，政治介入是对可感物重新分配的过程。然而，朗西埃的可感物没有建立在异化劳动基础之上，也就没有回答此理想政治的介入又是从何而来。张涛甫在《政治强人的感性魅力》一文中，将感性政治和理性政治作为维护权力合理、合法性的两种方式，感性政治借助于象征和仪式而更具生动性和亲和性。感性政治和理性政治间对举的理解方式与日常习惯用语相适应，与马克思的感性存在论及其理性政治批判根本不同。见《人民论坛》2014 年第 18 期。

道路的内在规律。

对感性政治概念产生误解,一定程度上与马克思在思想形成阶段不断改变理论任务有关。我们知道,在《〈黑格尔法哲学批判〉导言》中,马克思从政治批判的原则高度论证了德国人彻底革命对于法国人部分革命的优越性。与此同时,马克思在文中也预告了将通过法哲学批判的形式对黑格尔观念论进行批判,以把费尔巴哈发现宗教和思辨哲学秘密的方法应用到法哲学上,从而真正实现感性存在在人间的真理,感性存在中的国家方面和政治维度就此被提上日程。然而,写作时间靠前的《黑格尔法哲学批判》既没有写完,也没有付印。之所以没有写完,或许马克思认为以下两个任务比纠缠于黑格尔法哲学更加重要:一是需要更直接地深入对市民社会的理论批判当中;二是需要更紧迫地落实到对政治原本的实践批判当中。前者完成于对异化劳动的揭示,后者引出了对无产阶级解放的期盼。之所以没有付印,或许与马克思站在接受者角度对法哲学批判的存在论成果在表述方式上的顾忌有关,他可能会认为在没有完成对法哲学体系的批判性颠倒,并对新基础进行证明之前,草率地将还属于传统存在论性质的感性概念和法哲学体系中的各种要素建立联系,会被误认为又制造出了一种黑格尔式的先验理论。结果就是,可以颠倒以抽象国家运动为内容的黑格尔唯灵论政治概念,并与之形成对举关系的由社会运动引发的马克思新唯物主义政治概念——感性政治概念在此时没有提出来。

作为未出版的《黑格尔法哲学批判》的替代方案,马克思在《1844年经济学哲学手稿》最后写成的序言中曾计划将其构成分解,单独对法哲学中的国家等要素和整个法哲学的逻辑学结构进行批判,这一理论任务的转换是由马克思随后在批判国民经济学时发现市民社会的秘密所决定的。马克思超出国民经济学的理论范围对抽象劳动的存在意义进行追问,进一步得出了异化劳动的自我扬弃是私有财产运动的存在根据,从而上升到"精神现象学"把思辨理性活动概念颠倒为感性活动概念。由于马克思在《1844年经济学哲学手稿》中把政治国家视为感性活动对象化了的国家现实,把工人解放视为感性活动在新时期实践批判的政治形式,因此,在完成对国民经济学及其背后理性支柱的批判之后,以感性活动概念为基础分别对政治国家的感性异化,以及由其超感性形式所展开的思辨加工进行批判,就顺理成章地成为马克思所预期的理论任务。然而,这个由序言明确安排的理论替代方案也没有付诸实施。马克思在写出一份《关于费尔巴哈的提纲》总结感性活动存在论成果,并依此提出改造世界的政治任务后,就直接转换到唯物史观的科学阐述和理论论战中去了,甚至连最初阐述和论战的《德意志意识形态》也没有问世。按照马克思和恩格斯的风趣说法,"既然我们已经达到了我们的主要目的——自己弄清问题,我们就情愿让原稿留给老鼠的牙齿去批判吧"。① 由于马克思没有系统阐述唯物史观的感性存在论基础,恩格斯生前也没有看到《黑格尔法哲学批判》和《1844年经济学哲学手稿》这两大基础存在论手稿,以至于在意识形态愈加混乱的情况下,晚年恩格斯敏锐地觉察到存在论空缺的危险性。他把费尔巴哈以自然为出发点的物质概念直接作为政治概念的存在论基础,长久地影响着对马克思政治概念的理解方式。

我们认为马克思的感性政治概念直接奠基于感性活动概念,感性活动概念同时扬弃了费尔巴哈对纯粹自然(非政治)对象的感性直观和黑格尔局限于逻辑学(思辨法哲学)的理性自我活动。没有以感性活动—感性政治概念为基础结构的存在论体系,就没有以共产主义学说和运动为导向的实践唯物主义。我们引用历史唯物主义开创之作《德意志意识形态》中的经典表述,来印证以上

---

① 马克思、恩格斯:《马克思恩格斯选集》第2卷,人民出版社,1972年,第84页。

观点。在"历史前提"的总结部分有这样一段话,"事情是这样的,以一定的方式进行生产活动的一定的个人,发生一定的社会关系和政治关系。经验的观察在任何情况下都应当根据经验来揭示社会结构和政治结构同生产的联系,而不应当带有任何神秘和思辨的色彩。社会结构和国家经常是从一定个人的生活过程中产生的"。①

这个"事情"是什么呢?是马克思通过对人类历史的经验材料和当时的经验观察所抽象出来的一般结构,位于结构基础地位的是生产活动。在"原初历史关系"的第一个方面,马克思运用比喻形象地对此生产基础的感性特质做了存在论阐明,"即使感性在圣布鲁诺那里被归结为像一根棍子那样微不足道的东西,但它仍须以生产这根棍子的活动为前提"。② 建筑在人们的感性生产这一历史基础之上的是人们的社会、国家结构及其政治关系,因此,感性社会、感性国家和感性政治也必然成为"历史前提"中的实体性内容。四个"一定"表明感性个人,即感性生产及其所创造的感性存在(感性社会、感性国家和感性政治)的内在关系是有机适应的。"经常"和"过程"表明感性社会和感性国家由于感性生产带来的政治性而具有了历史性。这样,马克思就把人的国家存在和政治活动从思辨逻辑的先验规定中解救出来,复归于由人的感性生产所创造的感性存在结构当中,从而在根本上破解了"政治内在性"的谜团。与此同时,任何一种国家和政治的呈现方式和认识方式也发生了彻底改变,由给定的概念和想象出发规定抽象事实,转换为从实际经验出发对事实进行范畴描述。

"原初历史关系"的第二个方面则是直接针对着人的政治性存在。马克思写道:"第二个事实是,已经得到满足的第一个需要本

---

① 马克思、恩格斯:《马克思恩格斯选集》第1卷,人民出版社,1972年,第29页。
② 同上书,第32页。

身、满足需要的活动和已经获得的为满足需要用的工具又引起新的需要。这种新的需要的产生是第一个历史活动。从这里立即可以明白,德国人的伟大历史智慧是谁的精神产物。"①这个德国人正是黑格尔,他将历史真理的谜底归结为理性政治史,而马克思将历史真理的谜底颠倒为感性政治史。马克思告诉我们,正是新的感性需要的产生而非生产工具的改进带来历史的发展,因为需要的产生和需要的满足对于历史条件和生活方式的形成和改变而言是同构的,它们将被作为历史任务由政治活动历史地提出和解决。已经满足需要的感性活动及其所使用的工具会引出政治活动,而政治活动将带来感性活动方式(社会和国家)的改变和感性生产方式(自然)的改变,人的世界的改变和自然界的改变是一致的,统一于政治活动对需要的再次满足当中。

如果"第二个方面"还是隐晦地暗喻人的政治性存在,另一处就直指感性政治的历史意义了。"如果我们的理论家们一旦着手探讨真正的历史主题,例如十八世纪的历史,那末他们也只是提供观念的历史,这种历史是和构成这些观念的基础的事实和实际过程脱离的。他们抱的目的是使某个非历史性人物及其幻想流芳百世而编写过去的历史,根据这一目的,他们根本不提真正历史的事件,甚至不提政治对历史进程的真正历史的干预。"②历史并非由政治个人的意志所决定和创造,而是由人们的感性活动及其在受阻的节点中产生的感性政治活动所促成的。真正的政治家不过是善于发现人们感性活动中自发产生并具有未来向度的新的感性需要,并自觉地参与把阻碍需要实现的物质条件转换为满足需要实现的物质条件的政治活动中。

---

① 马克思、恩格斯:《马克思恩格斯选集》第1卷,人民出版社,1972年,第32—33页。

② 同上书,第46页。

A New Understanding of Marx's Political Concepts: A Preliminary Study Based on Historical Ontology

Lei ZHANG

Abstract: For a long time, the Western academic community has generally put Marx's political science back into traditional theory, which inevitably overshadows the revolutionary and scientific nature of Marx's political science as a critical theory. Therefore, reunderstanding Marx's political concept is of great significance for upholding and developing historical materialism. We believe that entering the historicity of existence is the fundamental principle of understanding politics, and from it should be sensuous politics. Only through the concept can we understand the communist path with the content of actively changing the world. The concept of sensuous politics began with the political struggle and theoretical exploration of young Marx, especially based on an existential inquiry into the pure political concept of Hegel's speculative philosophy and the pure intuitive concept of Feuerbach's sensuous world. Perhaps due to the urgency of the theoretical struggle, Marx did not have the time to elaborate on his theory of political existence in detail. This work was only to be continued by interpreters who understood the tasks of the times.

Keywords: Marx; The Political Existence of Human Beings; Pure Politics; Sensuous Politics

政治理论

初论现代欧美尚贤民主观[*]

由 迪[**] 贝淡宁[***]

[**内容提要**] 近年来,贤能政治研究的复兴引发了国内外学界关于民主政治与贤能政治关系的激烈争论。但在这场对话中,对现代欧美尚贤主义的探讨是几近缺失的。以托克维尔、密尔、李普曼、熊彼特、哈耶克为代表的一批现代欧美尚贤民主论者在西方民主框内阐述了不同版本的尚贤民主观。他们将政治尚贤视为一种可欲且必要的政治原则,同时批判了西方体制内民主与尚贤存在着张力这一内在积弊。为解决这一问题,他们分别提供了选举层面、分工层面与政府层面的三种尚贤民主方案。然而,三种方案均遭遇了不同程度的挫败,揭示了西方民主体制的内在矛盾。重拾现代欧美尚贤民主观对反思现代西方民主问题以及深化当下的论辩深具启发性。

[**关键词**] 尚贤;民主;托克维尔;密尔;李普曼;哈耶克

一、引言

贤能政治研究的当代复兴在国内外产生了重要影响,同时也

---

[*] 本文系山东省社会科学规划青年项目"当代西方优绩主义及其批判理论研究"(项目编号:23DZZJ02)阶段性成果。
[**] 由迪,山东大学政治学与公共管理学院博士后。
[***] 贝淡宁,山东大学政治学与公共管理学院教授。

引发了有关中国模式与西方民主、贤能政治与民主政治之间关系的激烈争论。有的学者认为,贤能政治是反民主的,是民主的对立面。① 有的学者认为,贤能政治与民主政治不是对立或平行的概念,且民主政治包含了尚贤因素。② 对贤能政治与民主政治本身的不同理解产生了不同的观点,也造成了论辩的混乱。一批以托克维尔③、密尔(John Stuart Mill)④、李普曼(Walter Lippmann)⑤、熊彼特(Joseph Alois Schumpeter)⑥、哈耶克(Friedrich August von Hayek)⑦等人为代表的现代欧美尚贤民主论者认为,政治尚贤对

---

① 黄玉顺:《"贤能政治"将走向何方?——与贝淡宁教授商榷》,《文史哲》2017年第5期;刘京希:《构建现代政治生态必须祛魅贤能政治》,《探索与争鸣》2015年第8期。

② See Stephen Macedo, "Meritocratic Democracy: Learning from the American Constitution," in Daniel A. Bell and Chengyang Li, eds., *The East Asian Challenge for Democracy: Political Meritocracy in Comparative Perspective*, Cambridge: Cambridge University Press, 2013, pp. 232, 235, 236, 248; He, Baogang and Mark E. Warren, "Can Meritocracy Replace Democracy? A Conceptual Framework," *Philosophy & Social Criticism*, Vol. 46, No. 9, 2020, p. 6; Victoria Tin-bor Hui, "A Discussion of Daniel A. Bell's the China Model: Political Meritocracy and the Limits of Democracy," *Perspectives on Politics*, Vol. 14, No. 1, 2016, p. 151.

③ 夏尔·阿列克西·德·托克维尔(Charles Alexis de Tocqueville, 1805-1859),19世纪的法国贵族、著名的政治理论家,其《论美国的民主》(上、下卷)、《旧制度与大革命》等著作对民主、自由与革命问题的研究在学界享有盛誉。

④ 约翰·斯图亚特·密尔(John Stuart Mill, 1806-1873),19世纪英国著名的自由主义政治理论家、功利主义哲学家、经济学家,代表作为《论自由》《代议制政府》《功利主义》《政治经济学原理》等。密尔的政治哲学既论证了代议制政府的合理性,又批判了其平庸性,倡导以尚贤的方式矫正民主的不足。

⑤ 沃尔特·李普曼(Walter Lippmann, 1889-1974),美国20世纪著名的专栏作家、记者、政治理论家,代表作包括《公众舆论》《幻影公众》《公共哲学》等。他从新闻业、舆论、公众等问题着手对现代民主危机进行了批判性阐释,其政治思想在西方学界颇具影响力。但目前,国内学界对李普曼的了解和研究主要集中在新闻学领域,其政治思想并未获得足够的关注。

⑥ 约瑟夫·熊彼特(Joseph Alois Schumpeter, 1883-1950),20世纪著名的美籍奥地利裔经济学家,其著作《资本主义、社会主义与民主》在政治理论领域影响巨大,在批判古典民主理论基础上修正了民主的概念,提出了竞争性选举的民主理论,被很多学者视为精英民主理论家。

⑦ 弗里德利希·冯·哈耶克(F. A. Hayek, 1899-1992),著名的奥地利裔英国经济学家、政治哲学家。在政治哲学领域,他从古典自由主义立场出发,批判现代西方民主体制中代议机构权力过大且缺乏法律约束的问题,主张使立法机构独立化、尚贤化以制约代议机构的权力。

善治而言是可欲且必要的政治原则,而民主政治的内在积弊之一却是尚贤与民主之间存在着张力和矛盾,这使得贤能政治与民主政治的耦合深具难度。现代欧美尚贤民主论者时常被误解为反民主、缺失德性论的精英主义者。事实上,他们既是民主政治的支持者也是贤能政治的倡导者,并积极寻求尚贤与民主的融合,这为深化当下的论辩提供了独特的思想视角。他们对民主政治困境的洞察分析也为人们理解和反思现代西方民主问题提供了启发。

二、政治尚贤:可欲的政治原则

政治尚贤,即在政治领域选贤任能,旨在将拥有高尚品德与卓越才能之人选拔、任用为政治领导者。政治尚贤观念在东西方政治思想史中均有深厚的渊源。在西方,古希腊哲学家柏拉图在《理想国》中借苏格拉底之口表达了哲人王统治的理想。他将治理国家比喻为航海,将兼具智慧与美德的哲学家视为精通航海术的航海家。① 这意味着,贤者之于国家犹如航海家之于船只,只有"贤者在位"才能使国家之船成功地驶向正确的方向。在东方,中国儒家主张尊贤使能、为政以德。② 基于选贤任能的理念,以科举制为代表的政治尚贤制在中国延续了一千三百多年。古代政治尚贤观对后世政治思想和政治传统的形成和演变影响深远。统治者的素养与政治制度、政治实践的关系一直是政治理论中的重要问题。几乎没有人会否认,才德出众的政治领导者将有益于政治的良善

---

① 参见[古希腊]柏拉图:《理想国》第六卷,郭斌、张竹明译,商务印书馆,2012年。
② 以儒家先贤为代表,孔子阐述了"为政以德"(《论语·为政》)的德治思想,明确地将"举贤才"(《论语·子路》)作为为政措施之一。孟子的仁政思想倡导"贤者在位、能者在职""尊贤使能,俊杰在位"(《孟子·公孙丑上》)。荀子强调"尚贤使能""贤能不待次而举"(《荀子·王制》)乃为政之道,主张"论德而定次,量能而授官"(《荀子·君道》)。选贤任能一直是儒家政治思想的重要内容。

发展。同样,很难想象一个品德败坏、志短才疏之辈在位会产生好的治理结果。换言之,政治尚贤对善治而言是一种可欲的政治原则。

虽然,现代尚贤民主论者与古典尚贤主义者在强调政治尚贤原则的重要性方面具有共性。但是,他们在对待民主政治的态度和立场上存在差异。现代欧美尚贤主义者都是基本的民主价值和民主体制框架的捍卫者。尽管他们对西方民主进行过严苛的批判,但批判更多是建设性的而非对民主本身的否定。在这方面,他们又与维尔弗雷多·帕累托(Vilfredo Pareto)、莫斯卡(Gaetano Mosca)、米歇尔斯(Robert Michels)等古典精英主义者否定民主价值和民主真实性的立场具有本质区别。对他们而言,政治尚贤是一种可欲的政治原则,对西方民主而言尤具必要性。这种可欲性和必要性可从以下四个方面获得阐释。

1. 公共事务之复杂性

公共事务处理的是庞大、多样、变化的人类事务,牵连着复杂的社会关系。因此,它是一个专业的领域,需要专门的人才。密尔认为,现代国家的地理条件和社会规模的变化都加剧了人类事务具有复杂性这一客观现实。而尊重道德和智识优越性有助于使政治结构达到符合人类事务复杂性的完善程度。① 李普曼则从认知实践的角度质疑了公众能够对他们所处的复杂环境形成准确、理性的认知这一论断。在他看来,正是由于"直接面对的现实环境着实太庞大、太复杂、太短暂,我们并没有准备好去应对如此精微、如此多样、有着如此繁多的排列组合的环境"。② 哈耶克也强调,人

---

① 参见 J. S. Mill, "Considerations on Representative Government," in J. M. Robson, ed., *Essays on Politics and Society Collected Works of John Stuart Mill*, Vols. XVIII and XIX, Toronto: University of Toronto Press, 1977, pp. 477-479.

② Walter Lippmann, *Public Opinion*, New Brunswick, N.J.: Transaction Publishers, 1998, p.16.

的认知力在复杂现实面前具有显著的局限性。"在大社会里,没有人能够对有可能成为政府决策对象的所有特定事实了如指掌或有任何见解。在这样的社会中的任何成员只了解构成整个社会的各种社会关系结构中的一小部分……"①然而,现代西方民主国家的治理和立法都囿于一种理性不及的社会条件,其中,个人同意的范围远超其所能意识到的事实范围。因此,尚贤民主论者相信,公共事务的复杂性决定了政治事业的专业性,而政治事业的专业性决定了政治人才的特殊性。就像医学领域需要医学专业或有医术的人才,汽车行业需要机械工程类人才,政治领域也需要特殊的能力和品质。或可将这种政治才能理解为柏拉图修辞中的"政治技艺",其特殊性体现的正是正义所需要的一种必然分工。

2. 公众之局限性

一般而言,民主政治对公众参与具有较高的依赖。但实际上,公众在精力、注意力和理性能力方面的局限性不能够确保民主参与的质量。这使得政治尚贤成为民主政治良好运转的必然需求。

首先,在精力和注意力方面,公众对公共事务的投入十分有限。人们对政治事务不仅缺乏持续关注和深入理解,而且对宏大、长远的政治问题缺乏兴趣。托克维尔指出,在社会财富水平有限的情况下,大多数人只能将主要精力用于维持生计,缺少时间关注公共事务并从中提升智识水平。② 换言之,只要存在生计问题,人们就不得不先为物质生活操劳,滞后对公共事务的关心。然而,"既难想象在一个社会中人人都博闻强识,又难想象在一个国家中每个公民都家财万贯"。③ 李普曼从注意力的角度来描述公众对

---

① F. A. Hayek, *Law, Legislation and Liberty*, Vol. 3: *The Political Order of a Free People*, Chicago: University of Chicago Press, 1979, p.17.
② Alexis de Tocqueville, *Democracy in America*, Eduardo Nolla, ed., James T. Schleifer, trans, Indianapolis: Liberty Fund, 2012, p.315.
③ Ibid.

政治事务的主观疏离。这种注意力的狭隘性体现为人们以"以自我为中心"的方式认识世界,只关注自己周身和当下的事情。① 事实上,公众既没有时间也缺乏兴趣关注各类公共事务和研究理论学说。② 一些当代研究似乎也佐证了李普曼的结论:美国人在公民知识方面依然匮乏③,并且对新闻倍感厌倦。④ 而有限的精力和狭隘的注意力都使公众无法在公共知识和政治能力方面获至足够良好的水平,以致无法保证政治参与的质量足以应对复杂的政治议题。⑤ 因此,民主政治需要一批以政治为志业者,投其精力、专业能力与公共精神于公共事务之中。

其次,公共事务需要理性的指引,而公众在参与集体行动时往往具有非理性的特征,这使得政治贤能的理性引领成为民主成功的必要条件。在尚贤民主论者看来,传统民主理论包含一种"全权公民"(omnicompetent citizen)的理念,即"一个普通的有理智的公

---

① Lippmann, *Public Opinion*, New Brunswick, N. J.: Transaction Publishers, 1998, pp. 261-262.
② See Walter Lippmann, *The Phantom Public*, New Brunswick, N. J.: Transaction Publishers, 1993, pp. 14-15; Lippmann, *Public Opinion*, News Brunswick, N. J.: Transation Publishers, 1998, pp. 58-63.
③ 这项由宾夕法尼亚大学安纳伯格公共政策中心于2019年8月份进行的调查发现,只有2/5(39%)的美国成年人能正确说出政府的三个分支:行政、立法和司法,这还是五年来的最高水平。参见 Annenberg Public Policy Center, "Americans' Civics Knowledge Increases But Still Has a Long Way to Go," September 12, 2019, https://www.annenbergpublicpolicycenter.org/americans-civics-knowledge-increases-2019-survey/, accessed October 6, 2023.
④ 皮尤研究中心于2019年对12 000多名美国成年人进行的一项调查显示,约2/3(66%)的美国人对铺天盖地的新闻感到厌倦,并且这种状况已经持续了几年。See Jeffrey Gottfried, "Americans' News Fatigue Isn't Going Away-About Two-Thirds Still Feel Worn Out," February 26, 2020, https://www.pewresearch.org/fact-tank/2020/02/26/almost-seven-in-ten-americans-have-news-fatigue-more-among-republicans/, accessed October 6, 2023.
⑤ 虽然尚贤民主论者都认同,公众在参政能力方面存在普遍的局限性。但就这一问题能否改善,他们持有不同的态度。托克维尔和密尔似乎更乐观一些,他们寄希望于公民通过民主参与发挥自身的潜能,进而提升公民精神和政治能力。李普曼和熊彼特则更悲观一些,对于广泛的政治参与能否有效地培养理想公民、促进公民理性的提升持怀疑态度。

民能够在了解事实的情况下对公共事务作出明智的判断"[1],这假设了公民自身具备充分的理性能力。然而,帕累托、古斯塔夫·勒庞(Gustave Le Bon)和格雷厄姆·沃拉斯(Graham Wallas)等学者[2]对人性的心理学研究打破了传统民主理论对人性的理性假设,揭示了非理性因素对个体和群体行为的支配现象。这类理论影响了李普曼、熊彼特等人。李普曼将公众的非理性特质视作一种政治事实。他认为,公众实际上是由具有各种各样的利益、偏好、能力和品格的个体或群体拼凑而成,容易受到成见的影响,难以形成合乎理性的舆论。熊彼特认为,人在群体状态下存在非理性的特质,表现为责任感缺失、思考水平低下、情绪化、易受煽动和操控等。在他看来,"一旦踏入政治领域,一个典型公民的精神状态就跌落到更低的水平上。他会坦率地承认,他的辩论和分析方式是幼稚的,且局限于他实际利益的范围。他又变成了原始人"。[3] 尚贤民主论者旨在通过对政治中人性的分析来表明,公众的理性局限使其容易受到煽动和操控,导致选举竞争中的获胜方常常并非善类或是平庸之流。美国前总统特朗普的胜选和英国的脱欧公投等事件都在一定程度上暴露了选民群体的非理性倾向对其政治行为的消极影响。一些当代社会科学研究表明,选民实际上更倾向于为符合公共利益而非狭隘的个人利益的选项投票,但即使他们拥有良好的意愿也难以避免在政治问题上的无知、被误

---

[1] Ronald Steel, *Walter Lippmann and the American Century*, Boston: Little, Brown and Co., 1980, p.180.

[2] 帕累托(1848—1923),意大利经济学家、社会学家,认为人类行为主要不是由理性因素而是由情感、感觉等非逻辑因素所控制。勒庞(1841—1931),法国心理学家、社会学家、群众心理学的代表人物,认为人一旦进入群体,就会出现种种非理性特征,变得情绪化、低智化。沃拉斯(1858—1932),英国政治学家,社会学家,费边社的领袖之一,批判以理性为基础的政治学传统,主张将现代心理学研究成果运用于政治研究,关注非理性因素对政治行为、政治制度的影响。

[3] Joseph A. Schumpeter, *Capitalism, Socialism and Democracy*, London; New York: Routledge Classics, 2010, p.235.

导和非理性。① 因此,尚贤民主论者相信,民主政治需要补充更理性、更贤能的因素来抵御群体行动和公众舆论中的非理性倾向。马克斯·韦伯(Max Weber)、熊彼特和李普曼等人都认为,公众或选民的任务应该是识别出那些具有专业素养和公共精神的杰出人士,使他们成为政治领导者,为政治行动提供理性的指引。熊彼特直接指出,民主方法②成功的条件之一就是拥有贤能的政治家阶层。政治家的素养在很大程度上影响着"政治决定的有效范围"。③ 总而言之,"人的政治素养——领导政党机器的人,被选出来服务议会的人和升至内阁的人——应该具有足够优秀的品质"。④

3."治权在贤"有助于政府推进社会福祉

实际的治理总是由少数人来进行的,使贤能者掌握治理权有助于提升政府能力,进而推进社会福祉。⑤ 李普曼认为,治理权应该属于知情者,而知情者只能是少数人。在熊彼特看来,政治领导权属于少数人,而民主程序的功能就是决定哪些少数能够获得这项权力。密尔也表明,真正实行治理的是政府中的少数人,而代议机构并不适于治理,他们属于代表意志因素的机构,其职能主要在于传达民意和监督政府,并不参与实际的政府治理工作。李普曼同

---

① Jason Brennan, *The Ethics of Voting*, Princeton, N. J.: Princeton University Press, 2011, pp.161-177.

② 在熊彼特看来,民主是一种政治方法或制度安排而非一种目的本身,是一套产生政府、选举官员的方法,是竞争政治领导权的程序。

③ Schumpeter, *Capitalism, Socialism and Democracy*, London; New York: Routledge, 2010, pp.258-259.

④ Ibid., p.257.

⑤ 社会福祉作为政府的目的,与其相近的概念还包括社会利益、公共利益、普遍利益、人民的福祉等。严谨地讲,尚贤民主论者对这类概念的运用存在差异。如密尔,从功利主义的角度来看待社会利益,它意味着最大多数人的福祉,或最大程度的人民福祉。熊彼特则批判传统民主理论中对某种共同福利的假设,否认存在全体人民能够一致同意的共同福利。哈耶克将普遍利益、公共利益与特定利益相对立,认为前者与维护自生自发秩序所需条件相符合,旨在促进个人追求未知的个人目的。而无论政府所服务的是哪种普遍性或公共性的利益,都有赖于政府自身具备足够的治理能力。

样强调,行政权和代议权的平衡对制度健康的重要性。"行政是国家内的活跃权力,是要求和建议之权。代议的议会是同意之权,是请愿、同意和批判、接受和拒绝之权。若要有秩序和自由,两种权力都是必要的。但每种权力谨守本身的特性,互相限制和补充。政府必须有能力统治,公民必须得到代议以免自己遭到压迫。"①然而,"西方自由民主国家在人类事务方面是一支衰退的力量"。② 在李普曼看来,这主要是治理权与代表权的错置所致。行政权或治理权应该是有力的,不应被代议权所支配。而提升政府治理能力就要求实际从事治理工作的政府官员拥有卓越的能力与品德。

好的政府应该追求"治权在贤"。因为,"治权在贤",即将治理权分配给少数贤能人士,将有助于政府实现其推进社会福祉的目标。密尔认为,最理想的政府必须能够最大程度地实现社会的福祉。而好政府的一个标准就是能够充分运用社会成员的才能和美德为人民、社会的长远福祉服务,即"将现有的道德的、智识的和积极的价值组织起来,以便对公共事务发挥最大的影响所能达致的完善程度"。③ 密尔虽然强调治理工作对智慧、经验因素的依赖与代议机构对意志因素的代表之间存在区别,但他同样呼吁,人民议会至少应该成为"有资格就公共事务发声的人民中各种程度的智识的一个公平的样本"。④ 这意味着,少数贤能公民理应有机会发挥自身的影响力。因为,无论是代议机构、行政机构还是司法机构,都需要具有出色能力和公共精神的贤能者在位以确保传达民意、监督政府、有效治理、公正审判等职责被妥善履行。

---

① [美]沃尔特·李普曼:《公共哲学》,任晓译,上海译文出版社,2020年,第34页。
② 同上书,第36页。
③ Mill, *Considerations on Representative Government*, Toronto: University of Toronto Press, 1977, p.392.
④ Ibid., p.433.

4. "制权在贤"有助于维系法治和自由

"制权在贤",即将制约性权力分配给贤能的立法者有助于维系法治和自由。几位尚贤民主论者都是自由派。① 对大部分自由主义者而言,自由始终是构成其社会理想的优先价值。以哈耶克为例,个人自由的原则是"使一种先进文明的发展成为可能的惟一一项道德原则"。② 因此,好的民主必须有益于个人自由。而民主只有在法治之中,才能够有效维护个人自由,其权力才能受到恰当限制而不至被滥用。因此,哈耶克推崇"法律下的政府"以维护民主社会的自由。而立法是法治的关键。立法权是一种制约性的权力,通过妥善行使立法权来制约代议制政府的权力关乎自由和正义。哈耶克认为,由贤能者掌握立法权不仅能够保障公正立法,而且能够有效监督和制约政府治理工作。立法议员不仅需要具备专业的能力、丰富的经验和出色的判断力,还应该拥有相对独立的政治身份、正直的道德品格。在密尔看来,由专业且经验丰富的法律人才独立行使立法权,能够使智慧因素免于意志因素的不当干涉,有益于国民的自由。尚贤民主论者警惕代议制度权力过度集中的倾向,这与教条民主主义者存在重要分歧。在自由主义立场下,尚贤民主论者认为保护个人自由和防止政府滥用权力比单纯追求民主化更为重要。他们主张限制任何形式的绝对权力,无论权力来自少数还是多数、机构还是个人。而教条的民主主义者则拥护议会至上原则,呼吁民选机构的多数在制定标准和确立法律方面具有绝对的权威性。在某种程度上,"制权在贤"理念是自由主义法

---

① 本文所探讨的尚贤民主论者都是广义上的自由主义者,他们都捍卫基本的自由原则。但"自由"问题在他们的尚贤民主观念中处于不同的位置。如哈耶克,倡导政治尚贤的目的是通过建立法治政府来维护自由社会。托克维尔、密尔则侧重少数贤能人士对威胁自由的"多数暴政"的抵御功能,以及他们在坚持思想自由、人格自由方面对国民所具有的表率作用。

② Hayek, *Law, Legislation and Liberty* (*Vol. 3*), Chicago: University of Chicago Press, 1979, p.151.

治观的一种特殊的政治表达。

诚然,政治尚贤在构建理想政府、促进善治方面的优点不言而喻。但尚贤民主论者也并非在对一种自明的政治原理进行简单的重复。他们寻求一种贤能之治的动力更多是源于他们对现代西方民主问题的观照。他们认识到,民主政治的一种内在积弊便是缺乏尚贤精神,趋向于平庸政治。在他们看来,主要的政治权力与才德资格相分离造成了西方民主的平庸之治。拥抱平庸,排斥卓越甚至被托克维尔、密尔等人视为民主的一种本能。因此,民主政治需要尚贤因素来矫正自身的不足。但在西方体制内,选举民主自身又拙于选贤任能,民主与尚贤之间始终存在着张力。对这一问题的分析将有助于深入理解现代欧美尚贤民主观的理论旨趣与现实指向。

三、民主与尚贤之间的张力:西方民主政治的内在积弊

尚贤民主论者普遍认为,民主和尚贤之间存在着一种矛盾关系,这是他们的一个理论共识。从某种程度上说,正是因为民主与尚贤在西方民主框架内无法自然地形成相辅相成的关系,但在政治发展中又互相依赖,才促进了尚贤民主观念的形成。换言之,民主与尚贤之间的张力是西方民主政治的一种内在积弊。尚贤民主论者对这一问题的论述或明或暗,或集中或散布于其政治著述中。本节将综合这些文本和思考,重构他们对这一问题的阐释,旨在为探究贤能政治与民主政治之间的关系问题提供一种欧美政治哲学视角。

现代西方民主已经发生的衰落或可能产生的堕落与民主政治内在的平庸趋势密切相关。托克维尔曾直言不讳地指出,在美国这样的民主国家的政界中已经很少有杰出的政治家了。在迎合多

数意见的过程中,国民的性格也趋于堕落。① 密尔也认为,民主容易产生平庸政治,使权力不断落入素养较低的阶层手中。② 时隔一个世纪,李普曼在其后期著作《公共哲学》中表示,"自由民主国家的失败,并非由于缺少权力,而是因为缺少政治才能"。③ 他对西方民主耽于扩大公众舆论的权威而忽视政府政治能力的建构感到失望。然而,纵使西方民主亟须补充贤能因素,但它却又具有抵制贤能的内在倾向。可从观念和制度两个层面展开尚贤民主论者对这一矛盾缘由的分析。

1. 观念水位的不均衡:重民主轻尚贤

从观念的角度来看,西方社会存在重民主轻尚贤的不均衡性。当民主与尚贤作为两种政治价值被排序时,主流的社会观念倾向于将民主置于优先的位置。确切地说,对于选择政治领导者或政府官员,西方社会更重视结果是否产生于民主方法而非某种基于候选者资质的择优程序。这种社会观念的形成和强化可以从其他固有观念和习俗中延伸出来。

第一,相信所有人而非少数人都具备适于统治或治理的政治能力,促成了以公共舆论为基础的民治意义上的民主观而非"治权在贤"的尚贤观。尚贤民主论者认为,传统民主理论预设的一个前提是,人皆具有成为统治者或治理者的潜能。"民主论者声称,所有人都具有统治者的天赋,因此都能应付大局。"④因此,公众引领

---

① 参见 Tocqueville, *Democracy in America*, Indianapolis: Liberty Fund, 2012, pp.420-423.

② 密尔认为,由多数统治的民主制在政治行动或意见方面都是平庸的,除非它能够使多数人受到少数贤能人士的指导。See J. S. Mill, *On Liberty*, in J. M. Robson, ed., *Essays on Politcs and Society* (*Collected Works of John Stuart Mill, Vols. XVIII and XIX*), Toronto: University of Toronto Press, 1977, p.269; Mill, *Considerations on Representative Government*, Indianapolis: Liberty Fund, 2012, p.457.

③ [美]沃尔特·李普曼:《公共哲学》,任晓译,上海译文出版社,2020年,第25页。

④ Lippmann, *Public Opinion*, New Brunswick, N. J.: Transaction Publishers, 1998, p.258.

公共事务的发展就成为民主政治的应有之义。既然统治的才能不局限于特定的少数人,那么民主政治就毋须担心广泛而直接的政治参与会产生有悖于民主理想的结果,也不必费尽心力想方设法地寻求天赋异禀的政治贤能。因此,尚贤民主论者认为,民主政治会本能地塑造公众舆论的权威性,巩固民治意义上的民主观念,这自然不利于培养"治权在贤"的尚贤观念。托克维尔曾指出,民主国家的公众舆论具有真实的统治力。① 李普曼认为,这种过分抬高大众能力和舆论权威性的民主论调具有"严重的悖论",它忽视人类认知的局限性而强加人类尊严的理想于民主之上。② 因此,他强调,治理权理应属于知情者,即那些身处政治中心的有识之士,而知情者必然是少数人。

第二,重视权力的来源胜过权力运用的结果,导致对政治领导者品质的忽视。李普曼批判道,"民主的谬误在于它过于关注统治的起源,从而忽视了治理的过程和结果"。③ 哈耶克也指出,民主关注的是"应该由谁来指导政府"。④ 但现代人的问题是"对民主谈得和想得太多,对民主所服务的价值谈得和想得太少"。⑤ 在教条的民主观念中存在这样一种倾向,即只要权力的来源是合法的,权力行使的结果就必然是好的。但事实上,权力是否源自人民的批准或某种民主程序与权力的行使能否有效推进善治并不具有必然的关系。有时候,过于强调权力归属问题会导致对实质的人民利益和长远的社会目标的忽视。除此之外,在西方的政治现实中,所谓的"权力来源于人民"时常以多数统治的形式示人。哈耶克指

---

① See Tocqueville, *Democracy in America*, Indianapolis: Liberty Fund, 2012, p.207.
② See Lippmann, *Public Opinion*, New Brunswick, N.J.: Transation Publishers, 1998, pp.259-260.
③ Ibid., p.312.
④ [英]冯·哈耶克:《民主向何处去?:哈耶克政治学、法学论文集》,邓正来译,首都经贸大学出版社,2014年,第173页。
⑤ F. A. Hayek, *The Road to Serfdom: Texts and Documents: The Definitive Edition*, Bruce J. Caldwell, ed., Chicago: University of Chicago Press, 2007, p.110.

出,所谓民主,就是"代议机构中的多数制定法律并指导政府",人们已经习惯将之视为唯一的民主形式,而不管它是否缺少必要的约束。① 尚贤主义者试图说明,权力的来源并不比权力的结果更重要,后者还应构成权力的正当性基础。如果关心权力的行使是否有益于人民和社会的长远利益,就应该关心由什么人来行使权力,由谁来治理。才德卓越的人掌握领导权和治理权理应比能力平庸、缺乏公共精神的人更有益于公共福祉。

第三,过度热爱平等,催生嫉妒政治,抑制尚贤意识。托克维尔认为,民主社会将造成人们对平等的过度热爱,导致平等主义的无限扩张。最终使人们愈发难以忍受任何差别,并要求实现所有领域的平等。"当身份极为不平等时,多大的不平等也不刺眼;而一旦人们处于普遍的一致性之中,最微小的差别也会引起厌恶;社会的同一性越彻底,人们对不平等就越难以忍受。"②然而,平等主义在扩张的同时滋养了嫉妒政治,使公民在政治心理上缺乏意愿选择优秀的同胞进入政府。③ 通过民主选举,人们一方面获得了某种政治平等,另一方面又要将与自己身份平等的同胞送上更高的地位,导致平等的宏大愿景变得虚幻。民主鼓励着社会对政治平等的激情,但这种激情在托克维尔看来包含了人性"对于平等的低级趣味":"让弱者想要把强者拉低到他们的水平,使人们宁愿选择奴役中的平等,而不要自由中的不平等。"④对平等的激情催生了嫉妒政治,这必然会抑制社会的尚贤意识。因此,托克维尔直指民主的本能是排斥卓越。⑤ 只是相比于痛惜政治天才因民主的痼疾而流失,托克维尔更担心民主的发展会使人们最终为了追求平

---

① See Hayek, *Law, Legislation and Liberty* (Vol. 3), Chicago: University of Chicago Press, 1979, p.1.
② Tocqueville, *Democracy in America*, Indianapolis: Liberty Fund, 2012, p.1203.
③ Ibid., p.316.
④ Ibid., p.89.
⑤ Ibid., pp.316-317.

等而放弃自由。

2. 制度结构的不平衡：强参与弱胜任

与观念分析相比，尚贤民主论者对制度层面的探讨更为清晰明确。在他们看来，西方民主在制度结构上的某些特征促成了整个政治体系的平庸倾向。总体上，这种制度结构具有强参与弱胜任的不平衡性。在西方国家，选举民主是选拔政治领袖的主要制度。尚贤民主论者认为，实际的选举民主却体现了多数统治的诸多消极后果。具体而言，一人一票的普选制与多数原则相结合，在保证公共参与的同时也放大了公众的非理性倾向，导致对胜任力问题的弱化。他们认为，有权利参与政治与有能力胜任职责是两回事。在密尔看来，选举权是一种公共性的权力，它不仅是一种权利也是一种义务，包含了对他人的道德责任。因此，需要考虑选民和候选者的胜任力。选举民主应该使少数德才兼备的人发挥其应有的公共价值。然而，在当代西方社会，选举民主，即一人一票制已经获得霸权地位。第二次世界大战之后，当代西方学者和政客几乎一致认为，选举民主或一人一票是挑选政治领袖的唯一合理方式，任何其他选择都可被划入"坏"的专制阵营。除此之外，一些学者认为，西方民主未必拙于择优，还是选择政治领导者的好方式。① 尚贤民主论者持有不同的看法。他们认为，选举民主与择优选拔之间存在明显冲突，这助长了西方民主的平庸倾向。在他们看来，选举民主强化参与、弱化胜任力的制度特征导致了以下三种劣势。

第一，选举民主践行多数原则，削弱了少数贤能公民的话语权和影响力。多数统治的弊端，不仅在于它会对少数造成压制，还在

---

① See Andrew J. Nathan, "The Problem With the China Model," *ChinaFile*, November 5, 2015, https://www.chinafile.com/reporting-opinion/viewpoint/problem-china-model, April 9, 2023; Leigh Jenco, "A Discussion of Daniel A. Bell's The China Model: Political Meritocracy and the Limits of Democracy," *Perspectives on Politics*, Vol.14, No.1, 2016, pp.151-153.

于它会导致非理性、平庸的力量支配理性、贤能的力量。托克维尔用"多数的暴政"(Tyranny of the Majority)、"多数的专制"(Despotism of the Majority)等概念来表达对多数统治的警惕,并将之视作杰出政治家阶层衰落的主要原因。① 密尔则揭示了多数统治所带来的后果:一是少数贤能之才难以在选举竞争中胜出。密尔指出,"由于资格普遍化,仅拥有才能和品德的人要进入下院就变得愈加困难了"。② "很多具有独立思想的人才根本没有希望由任何现有选区的多数选出……"③二是少数贤能公民不仅缺乏政治影响力,甚至在政府中无法拥有代表。即使一些选民持有明智的政治见解,但只要他们处于少数阵营,就无法发挥影响力。在选举民主中处于少数通常还意味着,选民的代表权将以合法的方式被剥夺。对此,密尔强调,多数人独占代表权只是"虚假的民主",代表全体才是"真正的民主"。④ 对少数人代表权的剥夺违背了民主的要义。然而,在西方民主社会中,多数的影响力仍在不断扩大。托克维尔和密尔都曾称赞,民主政府对参议院的设置更加尚贤,限制了"多数"情感和意志的影响,体现了立法机构更高的智慧和审慎。参议院更具贤能性的一个主要原因是,它采取两级选举而非直接选举的方式,这样能够保证更多优秀的人进入立法机构。⑤ 然而,20世纪初,美国通过宪法第十七条修正案取消了参议院议员由各州议会间接选举,改为由各州选民直选。在大选中,几乎所有的州都行使单一选区简单多数原则。在该体系下,赢得相对多数选票者获胜。现代西方民主的法律和制度使选举和决策更

---

① See Tocqueville, *Democracy in America*, Indianapolis: Liberty Fund, 2012, pp.420-421.

② Mill, *Considerations on Representative Government*, Toronto: University of Toronto Press, 1977, pp.455-456.

③ Ibid., p.456.

④ Ibid., pp.449, 452.

⑤ See Tocqueville, *Democracy in America*, Indianapolis: Liberty Fund, 2012, p.249.

直接地受到多数的影响,同时也缩小了贤能选任的几率。

第二,选举民主易催生恶性竞争,排挤少数贤能之士。理论上,选举民主要求通过自由、公平的竞争来选出政治领袖。实际上,却屡屡出现各种欺诈、阴谋和煽动行为,导致不能胜任之人上位。在尚贤民主论者看来,一方面,对赢得选举的迫切要求激发了不正当的政治行动,包括政党和候选者为获得多数支持而进行伪装、屈从和交易;另一方面,选民在复杂的选举环境中难以保持理性和正直,其意志和情绪容易受到操纵,其偏私和邪妄容易失去控制。如托克维尔所言:"各种江湖骗子十分了解如何取悦人民,而人民真正的朋友却不能获得信任。"① 当代儒家政治学者蒋庆认为,仅凭普选之同意赋予政治权力以合法性很可能会导致腐败,助长人类的私欲和恶念。"在民主国家,政治选择总是落实为选民的欲望和利益。"但民众的意志未必是道德的,可能会认可种族主义、帝国主义或法西斯主义。② 在熊彼特看来,选举竞争就不是一种择优的程序,筛掉的往往是那些有望成为真正政治家的人选。"民主方法造就了职业政客,然后把他们变成了业余的行政长官和'政治家'。他们缺乏处理他们所面对的任务所必需的学识……成为一个成功候选者所需要的智力与品格,不必然是成为一个优秀的行政长官所需要的智慧与品格,在投票中获胜被选出的人并不一定是能够成功领导工作的人。即使选举的结果证明在职场获得了成功,这种成功对国家而言很可能是失败。"③

从政党政治的角度来看,党派通常会支持党内的一些平庸之

---

① See Tocqueville, *Democracy in America*, Indianapolis: Liberty Fund, 2012, p.316.

② Jiang Qing, *A Confucian Constitutional Order: How China's Ancient Past Can Shape Its Political Future*, Daniel A. Bell and Ruiping Fan, ed., Princeton, N.J.: Princeton University Press, 2013, p.6.

③ Schumpeter, *Capitalism, Socialism and Democracy*, London; New York: Routledge, 2010, p.256.

辈而非少数才能卓越之人。因为,往往越是杰出人物越容易树敌。选择"特立独行"的卓越人士在党派竞争中或许是一种冒险。密尔指出,"在全国范围的选举中,一个政党中的杰出人物从来不是该政党最合适的候选人。所有杰出人物都曾树敌,或者做过一些事,或至少表达过某种意见,引起当地或别的重要地区的不满,可能对选票数目产生致命的影响。然而,一个没什么履历,只声称信奉政党纲领的人反而容易得到该党全部力量的支持"。① 哈耶克探讨了选举竞争所催生的各种政治交易。其中,政党为了获取多数选票而长期贿赂立场摇摆的特殊利益群体,不惜违背正义原则。② 对政党而言,能够助其实现政治交易之人必然是忠诚于政党策略者而非拥有独立作风的"个性派"。总之,能够在选举竞争中获胜的人,往往不具备政治领袖所需要的才能和品质。然而,真正的治国贤才却难以在民主选举中赢得"多数"的支持,他们要么被边缘化,要么干脆被淘汰在外。

第三,选举民主会引起有志之士疏远政治。公职对才德卓越、志向高远之士失去吸引力是选举民主拙于择优的又一原因。在托克维尔看来,频繁的选举和多变的立法体现了民主偏爱变化的本能。③ 然而,流于变动的公职会使有志于投身长期事业的人才望而却步,同时又会吸引缺乏经验的投机者。"在美国,长期混迹于政治圈的人一般都没有多大抱负,一些志向高远且才华卓越的人,往往会远离政治而去追求财富。那些感到自身能力不足,做不好自己事情的人反而会投身于公共事务。"④这导致可供选择的候选

---

① Mill, *Considerations on Representative Government*, Toronto: University of Toronto Press, 1977, p.525.
② Hayek, *Law, Legislation and Liberty* (*Vol.3*), Chicago: University of Chicago Press, 1979, pp.9–10.
③ See Tocqueville, *Democracy in America*, Indianapolis: Liberty Fund, 2012, p.322.
④ Ibid., p.327.

者群体中充斥着平庸之辈。此外,贤能之士之所以产生政治冷漠,还因为他们不愿为了迎合多数而放弃独立人格和思想自由。如密尔所言,"有高度教养的共同体成员,除了愿意牺牲自己的意见和判断方法,成为知识上不如自己的人们的卑躬屈节的喉舌的以外,几乎很少参与国会或州议会的竞选。因此,他们几乎没可能当选"。① 频繁的选举和多数统治削弱了少数有志之士对投身政治事业的热情。

尚贤民主论者对民主政治积弊的审视,不仅旨在解惑,亦是为了除弊。追根溯源,尚贤与民主之间的矛盾有其观念和制度上的成因。一方面,西方社会盛行的民主观念,将主权在民、分权、法治、民治、政治平等、公民自由等诸多价值囊括进"民主"这一概念,导致两种趋势:第一,盛行由公共舆论主导的大众民主观,而非"治权在贤"的尚贤民主观。第二,民主的道德价值与一人一票制绑定在一起,促成较为单一的合法性观念,抑制通过其他形式进行权力分配的可能性。另一方面,在制度上,选举民主制重参与而弱胜任削弱了政治体系的择优能力,并导致人数对贤能标准的支配、多数对少数的压制、选举竞争中的腐败、人才对政治"敬而远之"等问题。在实践层面,选举民主常常难以甄选出足具胜任力的政治家或立法者。而无论是选民代表、行政官僚,还是立法者都有其重要的政治职责。其各自使命的担当都有赖于卓越的才能和美德。总之,西方民主内在地趋向于一种平庸政治而非贤能政治。为了防止民主政治陷于平庸甚至衰败,尚贤民主论者试图在民主框架内使民主与尚贤结合起来。对此,他们分别提供了三种尚贤民主方案,为矫正西方民主问题、完善民主政治进行了探索。

---

① Mill, *Considerations on Representative Government*, Toronto: University of Toronto Press, 1977, p. 457.

四、三种尚贤民主方案及其局限

尚贤型民主论者分别提供了选举层面、分工层面和政府层面的三种尚贤民主方案,试图拓展民主政治的尚贤维度。值得一提的是,虽然托克维尔没有贡献明确的尚贤方案,但他对民主与尚贤之间矛盾的批判性思考启发了密尔、哈耶克等人。

1. 密尔:选举层面的尚贤民主方案

密尔的尚贤民主方案旨在在选举层面将尚贤与民主要素结合起来。一方面,密尔支持代议制民主,认为它既有利于保障公民的权利,又有助于提升公民的品质。在他看来,"除非为了防止更大的罪恶,对于任何一个人在他与别人享有同样利益的事务的处理上不给他发言的普通特权,是一种对个人的不公平"。① 并且,"每一个人或任何一个人的权利和利益只有在当事人本人能够且习惯于捍卫它们时,才能免于被忽视"。② 除此之外,"正是通过政治讨论,一个从事日常工作、其生活方式使他接触不到各种现象、环境或想法的体力劳动者能够了解各种远处的原因和发生在远处的事件,对他的个人利益有极明显的影响。正是通过政治讨论和集体的政治行动,一个被日常职业将兴趣集中在他周围的小圈子中的人能够学会同情他的同胞,与他们感同身受,并自觉地成为伟大共同体中的一个成员"。③ 因此,他在职业生涯中,为扩大公民的选举权而不懈奔走。另一方面,密尔认为,民主选举不仅不该阻碍政治尚贤实践,还应通过尚贤化来矫正自身的缺陷。在他看来,"只

---

① Mill, *Considerations on Representative Government*, Toronto: University of Toronto Press, 1977, p.469.
② Ibid., p.404.
③ Ibid., p.469.

有在有教养的少数(instructed minority)之中才能给民主的多数的本能寻找到一种补充或使之完善的矫正之物"。① 卓越的少数能够发挥的作用是,"将大众意见保持在理性和正义的范围内,并使之免受那些攻击民主薄弱之处的各种腐化因素的影响"。② 因此,他主张选择有智慧和品德高尚的人进入政府,使之享有与其才德水平相匹配的影响力。他认为,选举权的公共性决定了行使它需要一定资格,并承担相应的道德责任。"无论选民能够对他自己所关心的问题进行何种控制,他也在对每一个其他人进行同等程度的控制。这就无论如何也不能承认,所有人都具有同等的对他人行使权力的权利。根据人们能够有益地行使这种权力的资格的不同,不同的人对拥有这种权力的权利是不同的。"③"没有任何一个人,在任何与他有关的事情上,不愿让他的事务被一个拥有更多知识和智慧的人来管理,而交给拥有更少知识和智慧的人。没有任何一个人,当他不得不把他的利益一同托付给两个人时,不会渴望把潜在的发言权给予两个人中更有学识和更有教养的那一个。"④事实上,并不是每个人在才智和道德上都处于相等的水平。因此,才德更卓越的选民理应被授予更大的权力份额。

密尔在普选制基础上提出了复票制和比例代表制的尚贤方案。复票制,即在一人一票的基础上依据选民的贤能程度给予不同数量的额外选票,越优秀的选民能分配的额外选票越多。优秀的标准要基于一定的教育资格、工作经验和个人能力。密尔建议,

---

① Mill, *Considerations on Representative Government*, Toronto: University of Toronto Press, 1977, p.459.
② Ibid., p.460.
③ J. S. Mill, *Thoughts on Parliamentary Reform*, in J. M. Robson, ed., *Essays on Politcs and Society (Collected Works of John Stuart Mill, Vols. XVIII and XIX)*, Toronto: University of Toronto Press, 1977, p.323.
④ Ibid., p.324.

给予大学毕业生、要求更多理性的专业领域的成员、经验丰富且业绩突出的部门领导者等两张或多张选票。此外,拥有额外选票的权利也应该给予那些通过自愿考试的人,这类考试"或能证明他达到了所规定的足够的知识和能力标准,从而被允许给予复数投票权"。① 另外,密尔还推崇由托马斯·黑尔(Thomas Hare)提出的比例代表制(又称个人代表制),该选举方案旨在打破旧的选区桎梏和简单多数原则,确保"人皆有代表"。"人皆有代表"不仅意味着,少数同多数一样拥有代表权,还意味着,少数贤能选民能够获得发言权。复票制从正面表达了应赋予优秀选民更大政治影响力的尚贤理念,比例代表制则从民主平等的角度为确保少数贤能公民的发言权提供了保障。

然而,密尔的方案并没有被采纳。基于尚贤理由对普选制进行的等级化改造很难在民主化进程中被广泛接受。托克维尔提醒过,在民主社会中,谁也不愿意承认自己在能力与品德上低人一等。虽然密尔坚信,政治尚贤化能够矫正民主的缺点,提高代议机构的智识水平,防止局限于偏私利益的阶级立法。但在他人看来,密尔强加少数人力量的行为具有反民主倾向,复票制就是对民主的制约。② 另外,即使复票制得到实行,也很难保证它免于腐败。例如,政党有可能采取措施贿赂拥有额外选票的人;对贤能水平的评估难以形成统一的标准。③ 在政治和实践上,选举层面的尚贤方案都面临着挑战。

2. 李普曼、熊彼特:角色分工层面的尚贤民主观

李普曼和熊彼特持有一种角色分工层面的尚贤民主观,强调

---

① Mill, *Considerations on Representative Government*, Toronto: University of Toronto Press, 1977, p.476. 除此之外,密尔还主张职业文官应该通过考试等尚贤方式选拔出来。

② Leo Strauss and Joseph Cropsey, eds., *History of Political Philosophy*, Chicago and London: The University of Chicago Press, 1987, p.796.

③ [加]贝淡宁:《贤能政治:为什么尚贤制比选举民主更适合中国》,吴万伟译,宋冰校审,中信出版社,2016年,第140页。

对政治角色进行分工,进而确立了民主与尚贤两种原则在政治体系中的功能。这种观念旨在从理论层面修正教条主义民主观的弊端,为选举民主的尚贤化提供了理论铺垫。在两人看来,古典民主学说对全权公民的假设和多数权威的高扬造就了民治意义上的教条主义民主观。这种观念夸大了公众的政治能力,混淆了政治实践中必要的角色分工,错配了权力和职责,阻碍了民主政治的贤能化。因此,明确公众与政治家、政治官员之间的角色分工和权力分配是尚贤改革的重要前提。对此,李普曼依据主体与事实、事务之间距离的远近划分出"代理人"与"旁观者"两种政治角色。他认为,公众在实际的政治生活中并不能充分掌握进行治理和决策所需要的知识和信息,也不参与解决具体的政治问题,而是处于旁观者的位置。"实际的治理是由特定的人对大量具体问题进行安排……在漫长的选举间隔期,治理是由政治家、官员以及有影响力的人来做的事情,他们与其他的政治家、官员和有影响力的人达成一些共识。"①换言之,公众参与政治的范围非常有限,通常是在某些组织或少数领导者提供的人选中进行选择,而非直接参与整套程序的组织、筛选和最终抉择。因此,真正的治权属于"代理人"或"局内人",属于处于一线视角并掌握丰富信息和材料的政治家、政治官员等少数群体。而公众的角色赋予他们的职责应是识别出有智慧和品质高尚的政治人才,使之明智、妥善地实践治理权力。

　　熊彼特对选民与政治领袖的职责进行了更明确的划定,并修正了民主概念本身。他将民主定义为一种竞争领导权的程序或方法,将选民的职责界定为选择适于掌握政治领导权的人选。民主的涵义也从包含诸多古典价值的抽象概念转化为一种工具性的程序性概念。这样一来,民主的政治意义更加简明了,即赋予政治领

---

① Lippmann, *The Phantom Public*, New Brunswick, N.J.: Transaction Publishers, 1993, p.31.

袖的地位以合法性。这种合法性由选民通过民主程序所赋予,体现了民主力量对政治权力的控制。但与此同时,政治领袖的职责要求"贤者在位",这也意味着,选民在通过民主方法授予领袖政治权力的同时还担负选贤任能的责任。但由于认识到从"授权"到"尚贤"之间存在着可能的断裂,熊彼特指出,唯一能够有效获得品质卓越的政治家的可能是"存在一个社会阶层,它本身是严格甄选过程的产物,将政治视为理所应当的事业……"①对于选民,具有良好的智力和品德会有利于"民主自制",保证民主方法的顺利施行。睿智和美德会帮助选民避开和抵制政治过程中的煽动和收买。另外,尊重政治分工,承担好自己的职责,避免过度干预政治家的思考和行动,给予其独立行事的自主权等也是选民应具备的素养。

角色分工的尚贤民主观为"治权在贤"的权力分配主张提供了观念支持。由于治权实际上掌握在少数局内人或政治官员手中,治权所有者的素养对民主政治的重要性就不言而喻了。在民主概念简明、角色分工清晰的情况下,选贤任能的意义也更加明确。然而,这种尚贤民主观虽在理论上有颠覆性的突破,却乏于制度建构。选举民主为治权资格设置了合法性的门槛,但如何确保贤者上位却是仍待解决的问题。熊彼特希望为选民提供的选项中集合了已经被严格筛选过的优秀候选者。但何种制度能够在满足尚贤要求的同时又能与民主程序相兼容呢？哈耶克在当代提供了又一种思路。

3. 哈耶克：政府层面的尚贤民主方案

哈耶克的方案是在政府层面将民主与尚贤相结合,实行由选民代表组成的治理议会与制定一般性法律规则的立法议会并行的两院制。如前文所述,哈耶克的自由主义立场优先于他对民主的承诺。在他看来,维护个人自由才是政府的根本目标。因此,他更看

---

① Schumpeter, *Capitalism, Socialism and Democracy*, London; New York: Routledge, 2010, p.258.

重政府是否受到法律的约束而非民主的领导。如他所言,"在非民主的但却是法律下的政府与无限的(因而在实质上是不要法律的)民主政府两者之间,我更倾向于前者。法律下的政府,在我看来,乃是一项更高的价值,而且在过去,人们曾经希望民主这种监督机制所能够维护的也正是这项价值"。① 哈耶克认为,现代西方民主已经演变为"议会至上"原则支配下的具有无限权力的全权性政体。其中,代议机构集中了无限权力,由多数产生的任何决定被视为法律和正义,政府在讨价还价中腐化为利益群体的玩物。因此,他主张通过法治来约束民主政府,使一个尚贤的、独立于特殊利益和党派纠纷的立法议会对由选民代表组成的民主的治理议会形成制约。②

显然,立法工作自身的重要性和专业性需要立法议员拥有卓越的能力与品德。立法议员被期望具备超群的智慧、出色的判断力、突出的专业能力和正直的品格等素质。因此,只有一个尚贤的立法议会才有望担负起建立法治政府的使命。对此,哈耶克提出具有尚贤特征的改革方案。这一方案主张:立法议员的年龄限定在四十五岁至六十岁,享有十五年的任期,由四十五岁的同代人选任,待遇丰厚,任期届满后不能连任但给予荣誉且中立性的工作,不能兼任治理议会的职位等。这些要求旨在确保立法议员具有丰富的工作经验、过硬的专业能力,享有盛誉,仍当盛年,且身份相对独立不易受党派和特殊利益的牵制。立法议员的选举方案包括同龄代议制和间接选举制。同龄代议制规定每一群同龄人在四十五岁时对立法代表进行人生中唯一一次选择。这既符合哈耶克的"同代人是最公正的裁判"这一判断,又能促进选民进行审慎的选择。间接选举制,即由各地方委任的代表从他们当中来推选立法

---

① [英]冯·哈耶克:《民主向何处去?:哈耶克政治学、法学论文集》,邓正来译,首都经贸大学出版社,2014年,第189—190页。
② 性质上,两个议会都是民选机构,都以民主的方式展开工作。但就议员的选拔方式而言,立法议会相比于治理议会更具尚贤色彩。

代表。该制度旨在激励各地区将最贤能、最有望在第二轮选举中胜出的人甄选出来。同龄代议制、间接选举制是对简单多数的一人一票制的改良,体现了哈耶克对选举民主的尚贤化修缮。

然而,哈耶克的方案也未被实现,其原因值得反思。首先,他的方案虽然是在选举民主制的框架内进行的,但却挑战了"一人一票"的神圣地位。如前所述,任何试图限制通过一人一票选举政治官员的想法都难以在现代西方社会获得有力支持。年龄限制和缺乏普选权被认为是哈耶克方案难以克服的阻碍,因为,选民们不太可能放弃他们目前所享有的普选权。① 其次,两院制计划对西方社会的民主信念也构成了挑战。西方社会盛行的民主信念不仅包含一人一票的至上性,还包括通过一人一票选出的政策决定者应该拥有最终控制权。② 两院制计划将立法权授予那些并非通过严格的一人一票方式选举出来的议员,并赋予他们制约民选议会的政治权力。这种冒犯"议会至上"原则的计划并不令人意外地被视为不够"民主"。

三种方案呈现了西方民主框架内民主与尚贤相结合的不同可能性。无论哪种方案,都不可避免地要求民主政治对自身进行一定程度的限制,以让渡部分空间来实践尚贤原则。密尔的方案限制了政治平等的范畴,认同选举资格和代表权层面的形式平等,但不主张平等的投票权,且允许依据贤能程度来对投票权进行差异化分配,以最大程度地发挥少数贤能选民的政治影响力。李普曼、熊彼特的方案建立了政治分工的范式,将选民与政治家、行政官僚的角色及其职责进行划分,要求他们各司其职,避免民主因素对贤能因素的支配,并将尚贤目标纳入民主程序。哈耶克的方案限制了民主机构把控政治权力的范围,使尚贤的立法机构对民主权力

---

① A. J. Tebble, *F. A. Hayek*, New York: Continuum, 2010, p.121.
② [加]贝淡宁:《贤能政治:为什么尚贤制比选举民主制更适合中国》,吴万伟译,宋冰审校,中信出版社,2016年,第144页。

进行制约。此外,选举立法议员的方案也涉及限制选举权的情况。总之,需要西方民主政治在政治平等、政治分工与政治权力方面进行自限以兼容具有层级性、差异性和制约性的尚贤实践。

　　三种方案均告失败反映了西方民主体制在自我变革方面的弹性不足以及自身存在难以克服的内在矛盾。第一,无论是选举层面还是政府层面,对选举权或民主机构政治权力的任何限制都会触动社会的敏感神经。一人一票制与人民主权观念之间紧密的道德捆绑关系使基于政治尚贤理由的任何等级化主张都很难被广泛接纳。投票过程或许会使选民在心理上产生被赋权感,无论事实如何都使人相信自己实际地决定着谁能够在政府中具有发言权。[①] 第二,工具性民主观要求在选民大众与政治家阶层之间进行政治分工,表达了"治权在贤"的理念,却不免遭到众多民主主义者的抵制,被视为将民主理解得过于单薄,且贬低了民众的能力。因此,尚贤民主方案试图通过限制民主原则或民主内涵来拓展政治尚贤化的空间,对现代西方社会固有的民主信念和民主教条构成了挑战,同时也导致了自身的困境。这种困境反映了西方民主体制具有难以克服的内在矛盾。

五、余论

　　归根结底,现代欧美尚贤民主论者的困境反映的正是西方民主政治的困境。西方政治体制是囿于一人一票的形式民主。虽然,它宣扬包罗万象的民主内涵,却在实际中片面地将民主价值的实现局限为竞争性选举制度的实践。这种民主政治狭隘地将民主

[①] [加]贝淡宁:《贤能政治:为什么尚贤制比选举民主制更适合中国》,吴万伟译,宋冰审校,中信出版社,2016年,第354页。

化约为选举民主制,将政治权力的合法性标准单一化,过度强调程序而忽视结果,本质上是一种缺乏实质性和责任性的政治形态。当面对政治衰败与治理危机引发的种种诘问,当代西方民主国家不得不进行自我审视。然而,如果仅仅致力于使政治更加"民主"而不关心如何使政府更具胜任力,并不能摆脱形式民主的虚假性。萨托利(Giovanni Sartori)曾直言,"如果一种民主屈服于不称职的领导和择劣不可避免这种认识,那么从长远看它就是一种人民自己会觉得不值得维护的民主"。① 因此,使民主政治变得更加尚贤对于西方民主的自我修正具有重要价值。

重拾现代欧美尚贤民主观不仅对西方民主的自我反思深具启发性,对当下的学术论辩而言也有意义。尚贤民主论者通过揭示尚贤与民主之间的辩证关系,为当下贤能政治与民主政治之辩提供了新的补充。第一,在观念与价值的维度上,尚贤与民主一样,无论对哪种政治体制而言都具有可欲性。在此意义上,两者不是非此即彼的关系,都服务于某种善治理想。第二,在制度与实践的维度上,贤能政治依赖于一套基于一定贤能标准所设计的人才选任与培养制度,以免政治体系在人才吸纳过程中受到不受控制的非理性因素的左右,通常与一人一票制存在冲突。此外,民主机制与尚贤机制在适用范围上有所不同,需要考虑横向的共同体规模与纵向的政府层级问题。② 通常,政府层级越高制度应该越尚贤,

---

① Giovanni Sartori, *The Theory of Democracy Revisited*, Chatham, N.J.: Chatham House Publishers, 1987, p.141.
② 民主运行的效率和质量与共同体的规模关系密切,一般而言,民主在小的共同体或基层社会运行的效果更好。启蒙思想家孟德斯鸠和激进的民主主义者卢梭都支持这个观点。具体而言,在小范围的社会或基层社会,民众更容易集结起来,公共事务更易于理解,与民众的切身利益更加息息相关,民众对环境、政治人物和公共善治有更好的了解,地方事务的容错率也更大。因此,民众有更大动力和更充分的信息做出知情的政治判断,即便犯错,损失也较小。参见[加]贝淡宁:《贤能政治:为什么尚贤制比选举民主制更适合中国》,吴万伟译,宋冰审校,中信出版社,2016年,第150—151页。就这一点,无论是民主论者还是尚贤论者都具有共识。尚贤民主论者对政治尚贤的强调也主要针对大规模的共同体和高层政府。

政府层级越低制度应该越民主。第三,政治领域存在一种合理的等级秩序,只要这种等级旨在服务人民和社会的利益并受到法律和人民的监督。在理想性上,贤能政治致力于使一种合理的政治等级服务于人民和社会,是一种强调责任性的政治形态,旨在使民主政治更有效。第四,尚贤与民主在观念与制度层面的耦合对实现善治而言具有必要性。理想的政治体系应该在价值目标与实践模式上兼容尚贤与民主。在此意义上,尚贤与民主相结合的某种混合政治模式是值得追求的。总之,辨析贤能政治与民主政治的关系不应回避西方政治尚贤理论提供的见解,不能简单地将贤能政治与民主政治的关系划归于一种"坏的精英政治"与"好的民主政治"之间的冲突。

相比之下,中国全过程人民民主视域下的贤能政治模式为尚贤与民主相结合的混合模式提供了更优的范式。第一,这种范式建立在对民主本质更深刻的理解基础之上。民主是一种人民民主,一种社会主义民主,以民为本,是要真正实现人民当家作主的实质性民主,是值得全人类追求的共同价值。这不同于西方民主将民主的价值局限在选举的形式层面,空谈主权在民,粗浅地将之与一人一票制划等,阻碍了民主的价值内涵在更深维度上的延伸。第二,这种范式呈现了一种责任政治的特征,使贤能政治服务于一种全过程人民民主。中国的贤能政治模式吸纳了中国传统政治文化的责任精神与马克思主义民主观的思想资源,强调选拔任用能力与品德优秀的政府官员为人民的利益服务。这种模式的责任特征在于权力的正当性不仅与权力的授予形式有关,还取决于权力的行使是否真正实质性地推进了民主目标,权力的果实是否惠及了人民民主的全过程与全领域。这不同于西方民主片面地聚焦于竞争性选举程序,受制于个人主义与各方群体势力的特殊意志,无法摆脱多数人暴政、少数人暴政、选民共同体暴政与竞争性个人主义暴政等弊端,缺乏对人民、国家整体与长远利益的问责。如马克思所言:"选举的性质并不取决于这个名称,而是取决于经济基础,取决于选民之间的经济联系。"①换言之,全过程人民民主视域下的贤能政治模式的优越性根本上在于它的社会主义本质,即它是建立在公有制经济基础上的尚贤民主混合模式。因此,西方民主问题与欧美尚贤民主方案的困难根本上都是由其资本主义民主属性的局限性所致。

A Preliminary Discussion on Modern European and American Views of Meritocratic Democracy

Di YOU　　Danning BEI

Abstract: In recent years, the revival of research on political meritocracy has triggered a heated debate on the relationship between democracy and meritocracy. But discussion of modern European and American political meritocracy is almost absent from this debate. A group of modern European and American meritocratic democrats represented by Tocqueville, Mill, Lippmann, Schumpeter, and Hayek have expounded different versions of meritocratic democracy in the framework of Western democracy. They regarded political meritocracy as a desirable and necessary political principle and criticized the inherent problem of the tension between democracy and meritocracy in the Western system. To settle this problem, they provided three schemes of meritocratic democracy respectively at the level of election, the division of roles and government. However, all three schemes have met with varying degrees of failure, revealing the inherent contradictions of Western democracy. Reexploring modern European and American views of meritocratic democracy is deeply enlightening both for reflecting on modern Western democracy and deepening the current debate.

Keywords: Political Meritocracy; Democracy; Tocqueville; Mill; Lippmann; Hayek

---

① 《马克思恩格斯文集》第3卷,人民出版社,2009年,第406页。

比较政治

历史遗产、民族国家与族群冲突：
缅甸"罗兴亚问题"的内在历史政治逻辑*

陈 宇**

[内容提要] 缅甸在2011年正式拉开了国家政治转型的序章，并由此在经济、社会、文化及外交等领域都开展了全方位的改革，系列改革使得缅甸的政治社会空间从闭塞封锁迅速转变为开放多元。政治转型导致国家统治能力下降，过度分裂的社会基础出现了沿着民族和宗教边界的裂痕，并由此爆发了不同宗教和民族间的冲突。交织着民族冲突的"罗兴亚问题"便是缅甸政治转型进程中"阴暗面"的典型。"罗兴亚问题"在本质上是缅甸近代以来殖民历史、政治转型及分裂社会等复杂现代国家历史进程中遗存的内政问题，它不仅紧密地与缅甸近代以来的历史发展变迁有关，而且也同缅甸的现代民族国家构建的进程密切相关。基于此，本文试图借助现代民族国家建构等理论资源，采取过程追踪等方式阐释"罗兴亚问题"的内在历史政治逻辑。本文对"罗兴亚问题"的阐释，将有助于正本清源式地看待"罗兴亚问题"的前因后果，并将有助于为缅甸政治转型、社会冲突及民族国家建构等方面的研究提供参考。

[关键词] 缅甸；罗兴亚人；罗兴亚问题；民族国家构建；历史政治逻辑

---

* 本文系2021年上海市哲学社会科学年度项目"百年大变局下东南亚地区秩序变迁与中国周边命运共同体构建研究"（项目编号：2021EGJ001）的阶段性成果。
** 陈宇，复旦大学国际问题研究院副研究员。

一、研究问题的提出

2021年2月1日,在新选举出的缅甸联邦议会即将召开之际,缅甸国防军(Tatmadaw)通过它紧密控制的"妙瓦底电视台"(Myawaddy TV)发布通告称,由于"联邦选举委员会"在2020年11月的联邦议会选举存在重大舞弊①,国家领土完整、主权独立及民族团结将会面临紧急状况。因此,缅甸国防军根据《宪法》第417条及第418条规定接管国家政权,并在全国范围内自2021年2月1日起进入为期1年的紧急状态。② 在缅甸国防军接管国家政权前,昂山素季(Aung San Suu Kyi)等"全国民主联盟"高级领导人,以及联邦议会议员与地方政府高官政要等,被缅甸国防军暂时扣押。③ 在缅甸国防军接管国家政权后,全国上下迅速爆发了大规模社会抗议活动,要求释放包括被关押等人士并继续推动政治转型。在缅甸发生政治转型"风波"之后,国际社会的目光全部集中在政治转型"风波"上,此前为国际社会广为关注的"罗兴亚问题"则完全失语。然而,在新冠肺炎疫情肆虐的情况下,"罗兴亚问题"中的人道主义危机更为严重,"罗兴亚问题"依然是横贯缅甸内政中的重要问题。

自2012年3月缅甸若开邦出现由于民族宗教引发的社会冲突后,纷繁起伏的社会冲突引发了严重人道主义危机,伴随而来的

---

① "Republic of the Union of Myanmar Office of the President Order Number (1/2021)," *The Global New Light of Myanmar*, February 1, 2021.

② "National Defence and Security Council of Republic of the Union of Myanmar holds meeting," *The Global New Light of Myanmar*, February 1, 2021.

③ "Myanmar Military Seizes Power," The Irrawaddy, February 1, 2021, https://www.irrawaddy.com/news/burma/myanmar-military-seizes-power.html, accessed December 12, 2022.

■ 历史遗产、民族国家与族群冲突：缅甸"罗兴亚问题"的内在历史政治逻辑

人口贩卖、非法移民及毒品走私等问题被国际媒体广泛报道，"罗兴亚问题"在欧洲难民危机的背景下被国际社会广为关注。① 在"罗兴亚问题"上，无论是"罗兴亚人"还是缅甸政府，都认为自身是受害者，而对方是真正的施害者。对于缅甸政府而言，"罗兴亚人"被视为殖民地时期由殖民者从现孟加拉国迁移而来的非法移民，打击非法移民是缅甸民族国家构建的组成部分，不应该将"罗兴亚问题"的责任归咎于缅甸政府。② 对于"罗兴亚人"而言，"罗兴亚人"被视为各个历史时期迁入缅甸的移民，"罗兴亚人是缅甸多民族国家不可或缺的组成部分。由于历史、政治、社会及宗教等现实和非现实因素的纠缠，缅甸政府始终拒绝接受"罗兴亚人"，而"罗兴亚人"却通过各种手段进行反对，这使得"罗兴亚问题"陷入各方都无法妥协的尴尬局面。正如昂山素季在国际法院上陈述的那样，"罗兴亚问题"在本质上是缅甸受殖民统治、国家建构及政治转型进程中出现的复杂内政问题，既不是"罗兴亚人"精英分子通过剪切历史、编撰制造的少数民族问题，也不是被西方国际媒体凭借"话语霸权"所框定塑造出来的模式人权、滥用武力及"种族清洗"问题。

基于此，本文将对已有关于"罗兴亚问题"的研究进行回顾，并指出其争议的核心问题。紧接着，本文将会详细追溯缅甸在殖民地历史和现代民族国家时代时期中"罗兴亚问题"的历史根源，并借助现代民族国家的理论资源来厘清"罗兴亚问题"的历史政治根源。最后，本文还会结合缅甸现代民族国家建构中建构"罗兴亚问题"的历史政治逻辑，提出推动"罗兴亚问题"走向缓解的可行路径。

---

① "Southeast Asia: End Rohingya Boat Pushbacks: Thailand, Malaysia, Indonesia Should Act Urgently to Save Lives," *Human Rights Watch*, May 14, 2015, https://www.hrw.org/news/2015/05/14/southeast-asia-end-rohingya-boat-pushbacks#, accessed August 23, 2023.

② 陈宇：《军政关系与缅甸政治发展道路的形成——兼论其对外交关系的影响》，《当代亚太》2021年第2期。

二、已有研究的述评及其争议

从"罗兴亚问题"研究的图谱来看,"罗兴亚问题"已经是缅甸研究、地区关系及国际移民等领域的热点问题,众多关于"罗兴亚问题"的研究可谓见仁见智。许多关于"罗兴亚问题"的新闻报道及学术研究,并没有从"罗兴亚问题"的事实全貌出发进行全方位的解读,更有很多研究从带有偏见的视角出发,编撰、杜撰或扭曲极为复杂的"罗兴亚问题",并形成了看待"罗兴亚问题"的"视差"。正因为如此,这些基于不同立场、视角和认知差别的视角,产生了解释"罗兴亚问题"的不同解释范式。以下就是这些不同的解释范式。

"罗兴亚人"内部视角。有的学者基于从"罗兴亚人"族群构建的视角出发,认为"罗兴亚人"是在不同历史时期迁移到缅甸的移民,因此,"罗兴亚人"是缅甸现代多民族国家不可或缺的部分,是缅甸政府的错误政策导致了"罗兴亚问题"。在基于"罗兴亚人"族群视角的研究中,不同的学者力图利用地方史、国家史及世界史等材料来"编撰""罗兴亚人"的历史,进而构建"罗兴亚人"作为缅甸少数民族的历史合法性。如塔希尔·巴塔(Tahir Ba Tha)及穆罕默德·尤努斯(Mohammed Yunus)等学者,分别都从缅甸的穆斯林发展历史出发来梳理"罗兴亚人"的族群历史。[1] 尽管这些研究借助各种历史片段来为"罗兴亚人"历史提供了支撑,但是这种基

---

[1] See Tahir Ba Tha, *A Short History of Rohingya and Kamans of Burma*, A. F. K Jilani, trans., Kaladan News via Network Myanmar, 1998; Mohammad Yunus, *A History of Arakan Past and Present*, Chittagong: Magenta Colour, 1994; A. F. K. Jilani, *The Rohingyas of Arakan: Their Quest for Justice*, Chittagong: Arakan Historical Society Press, 1999; Kyaw Min, *A Glimpse into the Hidden Chapters of Arakan History*, Yangon: Daw Khin Ma Cho, 2013; Zaw Min Htut, *Human Rights Abuse and and Discrimination on Rohingyas*, Japan: Burmese Rohingya Association, 2003.

于论证族群历史合法性目的的解释,无法建构起为各方都完全接受的"罗兴亚人"历史。

外部中立主义视角。在"罗兴亚问题"的研究中,"罗兴亚人"极为悲惨的历史吸引了来自国际社会众多研究者的关注,这些研究者也试图从中立和外部主义的立场提出更多补充解释。在从"他者"或者"外部"视角看待"罗兴亚问题"的著述中,包括摩西·耶加尔(Moshe Yegar)、马丁·史密斯(Martin Smith)、尼克·切斯曼(Nick Cheesman)、何立仁(Ian Holliday)及村主道美(Michimi Muranushi)等学者,他们分别从公民身份、民族宗教及缅甸历史的视角对"罗兴亚问题"进行了较有深度的剖析,试图从更理论化的层面梳理"罗兴亚问题"。① 相比较而言,这些从中立主义视角对"罗兴亚问题"进行阐释的研究,为我们看待"罗兴亚问题"提供了更多可靠的依据。

种族宗教偏见视角。非常不幸的是,在国际社会对"罗兴亚问题"的研究及报道中,许多研究视角秉持着人权政治、保护责任等旗帜,将"罗兴亚问题"污名化为缅甸内政中存在着"种族清洗""种族灭绝"等问题。这些充满着极端错误和偏见的研究认为,缅甸政

---

① 参见[缅]伍庆祥:《"罗兴伽"的污名化:缅甸"罗兴伽"问题的文化过程》,《南洋问题研究》2018年第2期;[日]村主道美:《缅甸佛教徒与穆斯林冲突对其民主改革的影响》,刘务译,《印度洋经济体研究》2014年第2期;李晨阳:《被遗忘的民族:罗兴伽人》,《世界知识》2009年第7期; Moshe Yegar, *The Muslism of Buma: A Study of a Minority Group*, Wiesbaden: Harrassowitz, 1972; Jean A. Berlie, *The Burmanization of Myanmar's Muslim*, Thailand: White Lotus, 2008; Martin Smith, *Arakan (Rakhine State): A Land in Conflict on Myanmar's Western Frontier*, Amsterdam: Transnational Institute, 2019; Nick Cheesman, "How in Myanmar 'National Races' Came to Surpass Citizenship and Exclude Rohingya," *Journal of Contemporary Asia*, Vol. 47, No. 3, 2017, pp. 461–483; Ardeth Maung Thawnghmung, "The Politics of Indigeneity in Myanmar: Competing Narratives in Rakhine state," *Asian Ethnicity*, Vol.17, No.4, 2016, pp.527–547; Matthew J. Walton, "The 'Wages of Burman-ness': Ethnicity and Burman Privilege in Contemporary Myanmar," *Journal of Contemporary Asia*, Vol. 43, No. 1, 2013, pp. 1–27; Mikael Gravers, "Anti-Muslim Buddhist Nationalism in Burma and Sri Lanka: Religious Violence and Globalized Imaginaries of Endangered Identities," *Contemporary Buddhism*, Vol. 16, No.1, 2015, pp.1–27.

府就是要将"罗兴亚人"作为"他者"排除出去,并认为造成"罗兴亚问题"的始作俑者就是缅甸政府。这种带有严重偏见的解释,确实脱离了"罗兴亚问题"的基本历史事实,造成了国际社会对"罗兴亚问题"错误的认知。这些错讹并不有助于"罗兴亚问题"的解决,反而使得"罗兴亚问题"陷入偏见与错讹的陷阱之中,加重了"罗兴亚问题"的复杂程度。① 不幸的是,许多研究还采纳了这些充满偏见的研究,导致"罗兴亚问题"以讹传讹。

现代民族国家建构视角。在现代民族国家建构的视角的关照下,许多学者对"罗兴亚问题"的研究进行辩驳,以回应那些偏离"罗兴亚问题"事实的研究,更切实地从缅甸近现代以来的民族国家发展演变看待"罗兴亚问题"。如尼克·切斯曼(Nick Cheesman)、敏登(Min Then)、钦佐温(Khin Zaw Win)及李晨阳等学者,他们普遍认为"罗兴亚人"确实是在缅甸不同历史时期迁移而来的移民。然而,在缅甸现代民族国家构建的进程中,"罗兴亚问题"本质上变成了缅甸现代民族国家构建中的内政问题。在现代民族国家建构的视角的关照下,许多学者注重从"公民身份"的视角对"罗兴亚问题"的研究,试图解释"罗兴亚问题"形成的政治逻辑。② 这些研究认为"罗兴亚问题"是缅甸的民族国家建构的产物,并认为回到缅甸民族国家建构的框架中就能解决"罗兴亚问题"。

---

① See Mikael Gravers, *Nationalism as Political Paranoia in Burma: An Essay on the Historical Practice of Power*, London; New York: Routledge, 2004; Azeem Ibrahim, *Inside Myanmar's Hidden Genocide*, London: Hurst Publishers, 2016; Khin Maung Saw, *Arakan, a Neglected Land and Her Voiceless People*, Yangon: Kha Yee Phaw Publication House, 2016; Azeem Ibrahim, *The Rohingyas: Inside Myanmar's Hidden Genocide*, London: C. Hurst & Co Publishers, 2016; Shw Zan and Aye Chan, *Influx Viruses: The Illegal Muslims in Arakan*, New York: Arakanes in United States, 2005.

② 参见[缅]钦佐温:《佛教与民族主义——缅甸如何走出民族主义的泥淖》,《南洋问题研究》2016年第1期; A. K. M. Ahsan Ullah, "Rohingya Crisis in Myanmar: Seeking Justice for the 'Stateless'," *Journal of Contemporary Criminal Justice*, Vol. 32, No. 3, 2016, pp. 285-301; Nehginpao Kipgen, "Conflict in Rakhine State in Myanmar: Rohingya Muslims' Conundrum," *Journal of Muslim Minority Affairs*, Vol. 33, No. 2, 2013, pp. 298-310.

■ 历史遗产、民族国家与族群冲突:缅甸"罗兴亚问题"的内在历史政治逻辑

由于"罗兴亚问题"是缅甸近代以来民族国家发展、构建及转型过程中出现的内政问题,对"罗兴亚问题"的研究讨论也必然要回归到缅甸复杂的民族国家构建中来。对此,本文试图结合缅甸现代民族国家建构的解释视角及理论资源,来对缅甸"罗兴亚问题"的形成进行"过程追踪"式剖析,全面阐释缅甸现代民族国家建构的"罗兴亚问题"的历史政治逻辑。

三、缅甸民族国家构建进程中"罗兴亚问题"的历史嬗变

在缅甸现代民族国家建立前,缅甸经历过漫长的殖民统治历史,殖民统治历史的遗产变成了"罗兴亚问题"的"前世"。在缅甸现代民族国家建立后,缅甸经历了波澜壮阔的族际整合,现代国家时期的族际政治整合则被视为"罗兴亚问题"的"今身"。在缅甸现代民族国家建立前,"罗兴亚人"被缅甸人民视为殖民者在缅甸殖民统治的组成部分,"罗兴亚人"被视为给缅甸多民族国家带来苦难的"他者"。在缅甸现代民族国家建立后,"罗兴亚人"被缅甸政府认为是通过不同途径进入缅甸的非法移民,并由此影响到缅甸的领土完整、主权独立及民族团结等,"罗兴亚人"被视为缅甸现代多民族国家应该排斥而非吸纳的"他者"。

(一)传统王朝国家时期的"罗兴亚问题"的历史建构

早在公元 10 世纪的蒲甘王朝时期,佛教信仰便逐渐成为缅甸全民信仰的宗教,还获得了类似"国教"的地位。[①] 随着缅甸传统

---

① 贺圣达:《缅甸史》,云南人民出版社,2015 年,第 57 页。

王朝地理范围不断扩大、统治力量不断增强,佛教在缅甸社会融入更深、地理空间更广及政治地位更高,正式取得了近乎全民信仰的"国教"地位。① 彼时,佛教已经在缅甸传统王朝国家时期占有"国教"地位,在国家政治、经济及社会中有着不可替代的影响。然而,佛教信仰对地处缅甸王朝统治"边陲"地区影响微弱,如地处国家"边陲"的若开邦等地区,而受到印度教及伊斯兰教信仰的影响较多。② 在传统王朝统治时期,王朝统治者采取灵活措施,若开邦地区的佛教、印度教及伊斯兰教得以共处共生,这些在早期迁入缅甸的穆斯林族群与其他族群,经过长时期交流交往融合。③

从 16 世纪末大航海时代来临后,葡萄牙殖民者染指吉大港地区(Chittagong)开始,缅甸王朝统治受到严重冲击。对此,缅甸贡榜王朝忌惮殖民者威胁王朝统治,从而加强对若开邦地区等"边陲"的统治。④ 在贡榜王朝加强对若开邦地区的统治之后,处于战略竞争前沿的若开邦地区,在频繁战乱中变成了权力的真空地带,该地区绝大部分的人口都逃向孟加拉国及缅甸中部地区。此后,缅甸王朝统治为加强在若开邦地区的统治,对该地的政治、经济及社会秩序进行了全面改造,彼时也象征着若开邦地区被正式纳入缅甸王朝统治体系。⑤ 随着英国殖民者殖民统治的触角延伸至缅甸,英国殖民者在 1826 年 2 月迫使缅甸签署了不平等条约——

---

① Andrew Selth, "Burma's Muslims: A Primer," *Lowy Institute*, March 27, 2013, https://www. lowyinstitute. org/the-interpreter/burmas-muslims-primer, accessed May 16, 2023.

② 吕振纲:《曼陀罗体系:古代东南亚的地区秩序研究》,《太平洋学报》2017 年第 8 期。

③ Alamgir M. Serajuddin, "Muslim Influence in Arakan and the Muslim names of the Arakanese Kings: a Reassessment," *Journal of the Asiatic Society of Bangladesh*, Vol. 31, No. 1, 1986, pp. 17-23.

④ [缅]貌丁昂:《缅甸史》,贺圣达译,云南省东南亚研究所,1993 年,第 171 页。

⑤ Aye Chan, "The Development of a Muslim Enclave in Arakan (Rakhine) State of Burma (Myanmar)," *The SOAS Bulletin of Burma Research*, Vol. 3, No. 2, 2005, pp. 396-420.

《杨波达条约》,该条约明确规定若开邦地区及德林依达地区为英国的殖民地。这意味着若开邦地区彻底脱离传统王朝国家统治,被纳入英国的殖民统治体系中。在英国殖民者将东印度公司的统治权扩展到若开邦地区后,若开邦地区成为英国东印度公司在孟加拉地区的组成部分(见表1)。① 紧接着,英国殖民者通过《授地法》等方式,吸引来自印度的廉价劳动迁入若开邦地区,导致若开邦地区绝大部分的土地及财富全部被英殖民者,及其"代理人"的"齐智人"(The Chettiars)持有,而若开邦地区的原住民群体则遭受严酷的殖民剥削。② 这些从印度迁移而来的族群改变了若开邦地区传统的人口构成,原住民群体的人口规模及生存空间遭到严重的压缩,并受到了殖民者殖民统治的残酷剥削。③

表1 缅甸若开邦地区在殖民统治期间的人口组成状况(单位:人)

项目 类型	1871年	1901年	1911年
穆斯林	58 255	154 887	178 647
缅甸人	4 632	35 751	92 185
土著人	171 612	230 649	209 432
掸族人	334	80	59
山区部落	38 577	34 020	35 489
其他类别	606	1 355	1 146
总计	276 671	481 666	529 943

资料来源:Aye Chan, "The Development of a Muslim Enclave in Arakan (Rakhine) State of Burma (Myanmar)," *The SOAS Bulletin of Burma Research*, Vol.3, No.2, 2005, pp.396-420.

---

① Aye Chan, "The Development of a Muslim Enclave in Arakan (Rakhine) State of Burma (Myanmar)," *The SOAS Bulletin of Burma Research*, Vol.3, No.2, 2005, pp.396-420.
② 参见[苏联]拉查列夫:《缅甸的土地关系》,明译,《南洋问题资料译丛》1958年第4期;[苏联]Г.Н.克里姆科:《殖民地时期缅甸的土地关系和农民状况》,陈树森译,《东南亚研究资料》1962年第4期。
③ [澳]安东尼·瑞德:《东南亚的贸易时代:1450—1680年》,吴小安、孙来臣译,商务印书馆,2013年,第13—14页。

20世纪30年代,缅甸近代民族主义日渐觉醒,精英分子试图发动民族主义运动对英国殖民者进行反抗。英国殖民者为抑制民族主义萌发,继续大规模向若开邦地区进行移民,以维护英国殖民者在缅甸统治的社会基础,继续加速若开邦地区的"去缅甸化"。在第二次世界大战期间,日本侵略者迅速占领缅甸,而英国殖民者则战略性撤退。英国殖民者从缅甸退出时,将在缅甸的印度移民组成"第五纵队"(Force V)扶植为"代理人",对日本侵略者进行游击战、收集信息及充当翻译,并代理英国维护在缅甸的殖民统治利益。① 在缺乏英国殖民者管制的情况下,这些"代理人"在对抗日本人的同时,也利用武装能力来维护和扩展自身利益。② 与此同时,遭受英国殖民者及其"代理人"剥削的原住群体则选择"联日抗英",成为日本侵略者的"代理人",借助日本侵略者的力量,组织起"若开爱国力量"(the Patriot Arakan Force)等武装势力,抗衡英国殖民者及其"代理人"。在日本侵略者败退缅甸后,英国殖民者再次回到缅甸进行殖民统治,同样卷土重来的还有大规模印度移民,以及英国殖民者的"代理人",对在战争期间同日本进行合作的原住民进行报复。③ 在第二次世界大战期间,殖民者在若开邦地区扶植"代理人战争",导致不同族群间存在着严重的历史仇恨,这些复杂的历史遗产成为缅甸民族国家建立后难以承受的历史遗产。④

---

① Aye Chan, "The Development of a Muslim Enclave in Arakan (Rakhine) State of Burma (Myanmar)," *The SOAS Bulletin of Burma Research*, Vol. 3, No. 2, 2005, pp. 396-420.
② Ibid.
③ 何明、陈春艳:《后殖民时期民族问题的形成——以缅甸罗兴伽人问题为中心的讨论》,《世界民族》2017年第3期。
④ Aye Chan, "The Development of a Muslim Enclave in Arakan (Rakhine) State of Burma (Myanmar)," *The SOAS Bulletin of Burma Research*, Vol. 3, No. 2, 2005, pp. 396-420.

（二）缅甸民族国家建立初期的"罗兴亚问题"的历史构建

在缅甸脱离殖民统治独立建立民族国家之际，英国殖民者的"代理人"还曾成立所谓的"和平委员会"宣布效忠英国，并寄希望英国在战争胜利后给予该地自治。① 然而，在缅甸同英国殖民者协商独立建国后，"罗兴亚人"的精英分子试图同巴基斯坦领导人商议，将若开邦地区北部的布迪当（Buthidaung）、孟都（Maungdaw）及丹德拉（Dhandera）划入信仰伊斯兰教的巴基斯坦。② 不过，昂山在访问印度时，得到巴基斯坦领袖穆罕默德·阿里·真纳（Muhammad Ali Jinnah）的支持，巴基斯坦以缺乏历史根据为由，不支持将这些地区领土划入巴基斯坦。③ 因此，"罗兴亚人"的精英分子在要求加入巴基斯坦遭到反对无果后，便开始成立以宗教信仰为意识形态根基的政治团体"穆夹黑协会"，试图通过"圣战"的分离主义加入巴基斯坦。④ 此后，"罗兴亚人"的精英分子还试图在缅甸独立前夕的"彬龙会议"中，以宗教信仰作为条件要求实现自治，但是这些民族自治要求均遭到缅甸政府的拒绝。

伴随着缅甸民族国家建立的发展，"罗兴亚人"的民族主义也逐渐觉醒，缅甸各地穆斯林代表在1951年6月召开了"穆斯林大会"，并成立了政党"穆贾希德党"（The Mujahid Party），"穆贾希德

---

① Jacques Leider, "Rohingya: The History of a Muslim Identity in Myanmar," in Jacques Leider, *Oxford Research Encyclopedia of Asian History*, Oxford: Oxford University Press, 2019, pp.1-35.

② Aye Chan, "The Development of a Muslim Enclave in Arakan (Rakhine) State of Burma (Myanmar)," *The SOAS Bulletin of Burma Research*, Vol.3, No.2, 2005, pp.396-420.

③ Ronan Lee, "A Politician, not an Icon: Aung San Suu Kyi's Silence on Myanmar's Muslim Rohingya," *Islam and Christian-Muslim Relations*, Vol.25, No.3, 2014, pp.321-333.

④ ［缅］敏登:《缅甸若开邦"罗兴伽"研究》，李英堂译，《南洋问题研究》2013年第2期。

党"向缅甸政府提出议案,要求给予"罗兴亚人"公民身份、承认乌尔都语、给予政党合法地位及释放参与武装行动的叛乱分子等。① 这份议案也在日后成为"罗兴亚人"争取公民身份和民族自治权利的政治纲领。② 由于"罗兴亚人"采取建制性措施试图获得民族自治地位遭到拒绝,而且缅甸在这个时期也陷于少数民族发动武装叛乱的局面中,"穆夹黑协会"趁机发动了寻求分离的武装叛乱运动。③ 然而,"穆夹黑协会"发动武装叛乱后的根本目标并不是要实现民族自治,而是要通过武装叛乱来分离国家。毫无疑问,这对缅甸的领土完整、主权独立、民族团结造成严重威胁。④ 因此,从1952年3月开始,缅甸国防军全面清剿解决"穆夹黑协会"等分离叛乱组织,直到"穆夹黑协会"等分离叛乱组织被完全冲垮。彼时,由于遭遇到缅甸政府的全面打击,"穆夹黑协会"等分离叛乱组织通过游击战等方式,继续进行地下分离主义活动。⑤

20世纪50年代末期,是"缅甸共产党"在农村及山区进行武装斗争最严重的时期,"缅甸共产党"为团结更多反政府力量也曾给"罗兴亚人"开出了给予民族自治地位的政治承诺。⑥ 同时,由于吴努政府时期存在着激烈的派系斗争,吴努政府在派系斗争中

---

① Aye Chan, "The Development of a Muslim Enclave in Arakan (Rakhine) State of Burma (Myanmar)," *The SOAS Bulletin of Burma Research*, Vol.3, No.2, 2005, pp.496-420.
② 参见[缅]敏登:《缅甸若开邦"罗兴伽"研究》,李英堂译,《南洋问题研究》2013年第2期; Zaw Min Htut, *Human Rights Abuse and Discrimination on Rohingyas*, Tokyo: Burmese Rohingya Association, 2003; Shw Zan and Aye Chan, *Influx Viruses: The Illegal Muslims in Arakan*, New York: Arakanes in United States, 2005.
③ Jacques Leider, "Rohingya: The History of a Muslim Identity in Myanmar," in Leider, Jacques, *Oxford Research Encyclopedia of Asian History*, Oxford: Oxford University Press, 2019, pp.1-35.
④ [挪威]费雷德里克·巴斯:《族群与边界:文化差异下的社会组织》,李丽琴译,商务印书馆,2014年,第1—29页。
⑤ [缅]敏登:《缅甸若开邦"罗兴伽"研究》,李英堂译,《南洋问题研究》2013年第2期。
⑥ 同上。

■ 历史遗产、民族国家与族群冲突:缅甸"罗兴亚问题"的内在历史政治逻辑

曾给予"罗兴亚人"政治承诺以换取政治支持。① 在缅甸 1960 年 2 月的联邦议会选举中,吴努派系在少数民族的支持下击败吴巴瑞派系再次执政,不过吴努政府并没有兑现当初对"罗兴亚人"的政治承诺。② 正是在这个时期,"罗兴亚人"的精英分子开始借助"罗兴亚人"的历史、语言及宗教等材料,结合全球史、国家史及地方史,着手编撰成有着文化脉络、历史源流及发展谱系的"罗兴亚史",为塑造"罗兴亚人"的历史合法性进行背书。③ 1961 年 5 月,吴努政府在若开邦地区北部设立了由中央政府直接辖管的"玛玉边疆区"(Mayu Frontier Area),时任缅甸国防部副部长的昂季也曾承诺"罗兴亚人"获得公民身份。④ 同时,"罗兴亚人"的政治精英也对吴努政府进行妥协,宗教极端组织"穆贾希德"的部分激进分子投降,这也被"罗兴亚人"的政治精英视为"罗兴亚人"抗争历史的"里程碑"。⑤ 不过,彼时缅甸政府对"罗兴亚人"的政策仅仅在"选票政治"的承诺,实际上并没有给予"罗兴亚人"公民身份及自治地位。⑥ 在奈温(Ne Win)发动军事政变接管政权后,"罗兴亚人"试图在缅甸现代民族国家族框架中实现民族自治的努力宣告终结。

---

① 张添:《缅甸罗兴亚人问题的视差——历史、现状与症结分析》,《南洋问题研究》2019 年第 2 期。

② Aye Chan, "The Development of a Muslim Enclave in Arakan (Rakhine) State of Burma (Myanmar)," *SOAS Bulletin of Burma Research*, Vol. 3, No. 2, 2005, pp. 496-420.

③ See Tahir Ba Tha, *A Short History of Rohingya and Kamans of Burma*, A. F. K Jilani, trans., Kaladan News via Network Myanmar, 1998; Mohammad Yunus, *A History of Arakan Past and Present*, Chittagong: Magenta Colour, 1994.

④ Nick Cheesman, "How in Myanmar 'National Races' Came to Surpass Citizenship and Exclude Rohingya," *Journal of Contemporary Asia*, Vol. 47, No. 3, 2017, pp. 461-483.

⑤ Jacques Leider, "Rohingya: The History of a Muslim Identity in Myanmar," in Leider, Jacques, *Oxford Research Encyclopedia of Asian History*, Oxford: Oxford University Press, 2019, pp. 1-35.

⑥ Maung Zarni and Alice Cowley, "The Slow-Burning Genocide of Myanmar's Rohingya," *Pacific Rim Law & Policy Journal*, Vol. 23, No. 3, 2014, pp. 681-756.

（三）缅甸军人政权时期的"罗兴亚问题"的历史构建

1962年4月,在奈温领导的军人集团发动军事政变建立军人政权后,缅甸国防军全方位地清剿少数民族叛乱势力,"罗兴亚人"争取到的政治地位和社会空间完全消失。① 从1963年5月开始,奈温政府通过切断政治联系、经济资助、粮食供应及信息联络"四切断"政策,极力压缩少数民族叛乱组织的生存空间,连年围剿也使得"罗兴亚人"的武装组织活动日渐消弭。② 奈温政府从1964年开始加紧对边境地区的整合,直接将若开邦地区兼并到现今实兑地区(Sittway)进行管辖,消除所有可能滋生武装叛乱的土壤。③ 不止于此,奈温政府还进行国民经济国有化整合,包括"罗兴亚人"在内的所有外国人在全国范围内的所有社会组织、经商资格及其他政治权力都被取缔,"罗兴亚人"进行活动的政治和社会空间被最大限度剔除。④

20世纪70年代之后,奈温政府逐渐过渡到由"缅甸式社会主义"发展时期,试图走具有缅甸特色的社会主义发展道路。在"缅甸式社会主义"的框架下,奈温政府于1974年1月颁布《宪法》,给予包括钦族、孟族、克伦族、若开族少数民族地位,少数民族在自治地方建立民族自治区。当然,未被视为多民族国家组成部分的"罗

---

① Jacques Leider, "Rohingya: The History of a Muslim Identity in Myanmar," in Leider, Jacques, *Oxford Research Encyclopedia of Asian History*, Oxford: Oxford University Press, 2019, pp.1-35.

② 参见[缅]连·H.沙空:《缅甸民族武装冲突的动力根源》,乔实译,《国际资料信息》2012年第4期;Robert H. Taylor, *General Ne Win: A Political Biography*, Singapore: Institute of Southeast Asian Studies, 2005, p.293.

③ Jacques Leider, "Rohingya: The History of a Muslim Identity in Myanmar," in Leider, Jacques, *Oxford Research Encyclopedia of Asian History*, Oxford: Oxford University Press, 2019, pp.1-35.

④ Nyi Nyi Kyaw, "Unpacking the Presumed Statelessness of Rohingyas," *Journal of Immigrant & Refugee Studies*, Vol.15, No.3, 2017, pp.269-286.

■ 历史遗产、民族国家与族群冲突：缅甸"罗兴亚问题"的内在历史政治逻辑

兴亚人"无法获得民族自治地位，"罗兴亚人"在国家转型之际谋求获得政治地位的行为，被奈温政府视为分离主义的行径。① 不仅如此，在缅甸制定《宪法》及实施政治转型的关键节点，依然有大量非法移民进入缅甸，试图在缅甸《宪法》颁布后获得缅甸国籍。② 基于现代民族国家构建的需要，奈温政府于1978年2月启动了名为"纳加敏行动"（Operation Naga Min）的非法移民打击行动，在边境地区将那些在缅甸独立后由非公民错误注册成公民的人区别出来，并且将非法移民驱逐出缅甸。③ "纳加敏行动"导致非法进入缅甸的"罗兴亚人"大规模逃离，而逃离到孟加拉国的非法移民又不为孟加拉国所接纳，最终酿成了大规模的人道主义危机。国际社会极力谴责缅甸政府对"罗兴亚人"的非人道主义行为，由联合国牵头进行人道主义救助，协调缅甸和孟加拉国就难民遣返进行协商。不过，"罗兴亚人"并不愿意在联合国的协商下回到缅甸，而缅甸政府也拒绝接受流散到孟加拉国的"罗兴亚人"。④

随着缅甸在"缅甸式社会主义"发展道路下的民族国家建构持续推进，奈温政府在1982年10月出台了现代民族国家建构中的重要法律——《缅甸公民法》，将国家公民类型化，分为公民、准公民、自然公民和外国人，人口识别政策中都存在着极为明确的标准。⑤《缅甸公民法》明确规定包括钦族、掸族、孟族、若开族及克伦族等少数民族都获得公民身份，国务委员会也可以从国家利益

---

① 张添：《缅甸罗兴亚人问题的视差——历史、现状与症结分析》，《南洋问题研究》2019年第2期。
② ［缅］敏登：《缅甸若开邦"罗兴伽"研究》，李英堂译，《南洋问题研究》2013年第2期。
③ Nyi Nyi Kyaw, "Unpacking the Presumed Statelessness of Rohingyas," *Journal of Immigrant & Refugee Studies*, Vol. 15, No. 3, 2017, pp. 269-286.
④ William McGowan, "Burmese hell," *World Policy Journal*, Vol. 10, No. 2, 1993, pp. 47-56.
⑤ "Socialist Republic of the Union of Burma," *Burma Citizenship Law*, October 15, 1982.

出发认定或否定任何民族及个人的公民身份。① 奈温政府除了给予国家官方识别的少数民族正式公民身份之外，还要排除那些在殖民时代给缅甸人民带来历史灾难的非法移民。② 因此，获得临时公民身份的群体不仅无法享受政治、经济、社会及文化等权利，而且还要随时面临被认定为非法移民驱逐出境。③ 在奈温政府时期，缅甸民族国家治理体系逐渐完善，本来就不为缅甸历史认可、政治承认、社会接纳及文化认同的"罗兴亚人"逐渐在民族国家建构的进程中被"梳理"出来并"排斥"出去。

随着"缅甸社会主义"发展道路逐渐僵化，缅甸在1988年夏秋时期爆发了反对军人集团独裁统治的"缅甸之春"（Burma Spring）大规模抗议示威，导致缅甸政治社会秩序陷入混乱。正是在这个关键时刻，"罗兴亚人"乘乱开始发动抗议示威活动，甚至还以"民主化运动"的名义对其他族群进行暴力活动。④ "罗兴亚人"在缅甸政治动乱不稳时，置国家安危于不顾而反而发动具有政治背叛、损害团结及分离主义倾向的抗议示威活动，甚至是发动武装分离活动，这些行径直接刺激了军人集团在稳定政治社会秩序后消除"罗兴亚人"逆杵行径的决心。⑤ 苏貌（Saw Maung）在1988年9月领导军人集团接管国家政权后，立即着手恢复国家政治社会秩序，严格依照公民身份来梳理隐藏在边境地区的敌对分子。苏貌政府的措施不仅是维护国家政权稳定和政治安全的需要，同时

---

① Nick Cheesman, "How in Myanmar 'National Races' Came to Surpass Citizenship and Exclude Rohingya," *Journal of Contemporary Asia*, Vol. 47, No. 3, 2017, pp. 461-483.
② José María Arraiza and Olivier Vonk, "Report on Citizenship Law: Myanmar," Global Citizenship Observatory, October, 2017.
③ Maung Zarni and Alice Cowley, "The Slow-Burning Genocide of Myanmar's Rohingya," *Pacific Rim Law & Policy Journal*, Vol. 23, No. 3, 2014, pp. 681-756.
④ [缅]敏登：《缅甸若开邦"罗兴伽"研究》，李英堂译，《南洋问题研究》2013年第2期。
⑤ Martin Smith, *Burma: Insurgency and the Politics of Ethnicity*, London: Zed Books, 1991, p. 435.

也是缅甸现代民族国家治理体系完善的步骤。① 苏貌政府在肃清边境地区的反政府叛乱组织的过程中,采取军事措施打击"罗兴亚团结组织"(Rohingya Solidarity Organisation)等极端宗教组织,而且采取拘留、判刑及其他方式严打那些非法进入缅甸的"罗兴亚人"。② 1990年5月,在苏貌政府否决了缅甸联邦议会选举后,重新封闭了日渐放开的政治社会秩序,并重新恢复为军人集团独裁统治的军人政权,不断加强对少数民族地区的控制,这种政治秩序的逆转使得"罗兴亚人"在感知到威胁后又继续逃离缅甸。从1991年至1992年,至少有超过20余万的"罗兴亚人"逃离到孟加拉国,又造成了惨绝人寰的人道主义危机。③

1992年4月,丹瑞(Than Shwe)政府上台后,宣布通过召开"制宪会议"等建制目标,计划通过"先制宪,后交权"的方式进行政治转型,逐步建构"有纪律的民主"这种具有缅甸特色的政治发展道路。④ 不过,丹瑞政府并没有改变缅甸在"罗兴亚问题"上的政策,迫于国际社会压力才同意"罗兴亚人"遣返。从1992年至1997年,缅甸从孟加拉国遣返约20万"罗兴亚人",但是丹瑞政府并不愿意也无能力安置从孟加拉国遣返的"罗兴亚人"。⑤ 伴随着

---

① Nick Cheesman, "How in Myanmar 'National Races' Came to Surpass Citizenship and Exclude Rohingya," *Journal of Contemporary Asia*, Vol. 47, No. 3, 2017, pp. 461-483.

② Martin Smith, "The Muslim Rohingyas of Burma," Draft for Conference of *Burma Centrum Nederland, Amsterdam*, December 11, 1995, https://www.burmalibrary.org/docs21/Smith-Martin-NM-2006-10-11-The_Muslim_Rohingya_of_Burma-en.pdf, accessed July 8, 2023.

③ Nyi Nyi Kyaw, "Unpacking the Presumed Statelessness of Rohingyas," *Journal of Immigrant & Refugee Studies*, Vol. 15, No. 3, 2017, pp. 269-286.

④ 陈宇:《军政关系与缅甸政治发展道路的形成——兼论其对外交关系的影响》,《当代亚太》2021年第2期。

⑤ Tony Reid, "Repatriation of Arakanese Muslims from Bangladesh to Burma, 1978-79: Arranged Reversal of the Flow of an Ethnic Minority," paper presented to the 4th International Research and Advisory Panel Conference, University of Oxford, January 1994, pp. 13-14.

"罗兴亚人"遣返的则是边境地区的政治安全、社会稳定及恐怖主义等非传统安全问题,缅甸从 1997 年 8 月停止"罗兴亚人"遣返。① 丹瑞政府基于消除极端主义势力的目标,在"罗兴亚人"聚居较高的地方采取措施改变人口和社会结构,以此来改变若开邦北部地区滋生非传统安全问题的土壤,这种开发政策又导致"罗兴亚人"逃离而引发人道主义危机。②

进入 21 世纪后,美国在 2001 年 9 月发生了"9·11"恐怖主义袭击,这场恐怖主义袭击导致了"伊斯兰恐惧症"在世界范围内传播。经过"伊斯兰恐惧症"的侵染,缅甸社会对"罗兴亚人"的排斥和恐惧上升,并发生了针对"罗兴亚人"的社会冲突。③ 从 2005 年 7 月开始,丹瑞政府拒绝承认"罗兴亚人",并且严词拒绝接受"罗兴亚人"遣返。尽管丹瑞政府此后在联合国的斡旋中勉为其难地重启遣返,但是丹瑞政府依然不愿意开展遣返事宜。④ 同时,"罗兴亚人"对被遣返回到缅甸还是非常忌惮,因此不愿意遣返回到缅甸,而是冒险通过海路前往东南亚地区国家,并在安达曼海(Andaman Sea)等地区形成不为任何国家所接受的人道主义危机。⑤

---

① 郭秋梅、卢勇:《缅甸罗兴伽人问题产生原因初探》,《东南亚南亚研究》2014 年第 3 期。

② "Model Village on Rohingya Land in Northern Arakan," *Kaladan Press*, February 8, 2007, https://www.kaladanpress.org/index.php/news/43-news-2007/february-2007/354-model-village-on-rohingya-land-in-northern-arakan.html, accessed June 6, 2023.

③ "Buddhist Mob Beats 10 Muslims To Death In Myanmar; Communal Violence Spreads," *International Business Times*, June 5, 2012, https://www.ibtimescom/buddhist-mob-beats-10-muslims-death-myanmar-communal-violence-spreads-701466, accessed June 6, 2023.

④ "In-principle Agreement on Repatriation Program," *Myanmar Times*, January 18, 2013, https://www.mmtimes.com/national-news/7177-in-principle-agreement-on-repatriation-program.html, accessed June 6, 2023.

⑤ "Perilous Plight: Burma's Rohingya Take to the Seas," *Human Right Watch*, May 25, 2009, https://www.hrw.org/report/2009/05/26/perilous-plight/burmas-rohingya-take-seas, accessed June 6, 2023.

(四)缅甸政治转型时期的"罗兴亚问题"的历史构建

在丹瑞政府时期,缅甸民主化转型依循"先制宪,后交权"的步骤,顺利按照民主化转型的"七步路线图"完成了"后交权"。登盛(Thein Sein)在 2011 年 3 月带领"联邦巩固与发展党"上台执政,缅甸正式进入由军人集团进行政治领导的"文官政治"时期。在登盛政府开始执政后,缅甸现代国家建构进程的步伐加快,特别是明确了要彻底解决困扰缅甸民族国家建构的民族问题的目标。随着登盛政府改革的推进,缅甸封闭僵化的政治社会秩序逐渐转变为开放多元,同时国家治理能力也不断下降,那些在军人集团威权统治时期被压制的社会冲突,也随着政治社会秩序的转变爆发出来。[①] 从 2012 年 6 月开始,若开邦地区爆发了不同宗教信仰群体间的社会冲突,并逐渐蔓延变成遍及缅甸许多省市的社会冲突,这些冲突导致"罗兴亚人"大规模逃离缅甸,酿成了人道主义危机。缅甸的"罗兴亚问题"在国际社会引起轩然大波,国际社会纷纷质疑缅甸的政治转型、人权及多民族和解等问题。[②] 随着缅甸民族宗教冲突的蔓延,缅甸社会出现以维护宗教及种族纯洁的"969 运动"(969 Movement)和"玛巴塔运动"(Ma Ba Tha Movement),这些以维护宗教信仰的社会运动导致了更频繁的社会冲突。[③] 很显然,尽管秉持着民主政治精神对国家秩序进行全方位改革,然而,受到历史遗产、选票政治、分裂社会及宗教信仰等结构性条件的限

[①] Nyi Nyi Kyaw, "Alienation, Discrimination, and Securitization: Legal Personhood and Cultural Personhood of Muslims in Myanmar," *The Review of Faith & International Affairs*, Vol.13, No.4, 2015, pp.50-59.

[②] Nehginpao Kipgen, "Addressing the Rohingya Problem," *Journal of Asian and African Studies*, Vol.49, No.2, 2014, pp.234-247.

[③] Ian Holliday, "Addressing Myanmar's Citizenship Crisis," *Journal of Contemporary Asia*, Vol.44, No.3, 2014, pp.404-421.

制,登盛政府难以在短期内就改变"罗兴亚问题"的困境。

昂山素季政府上台执政后,提出对国家进行全方位的改革,并誓言将会依照"彬龙精神"解决民族和解问题,昂山素季领导的改革可能会为"罗兴亚人"实现政治目标创造机遇。然而,在缅甸政治转型的关键阶段,以及国际社会调整对缅甸政策的紧要关头,"罗兴亚人"极端宗教主义组织"罗兴亚救世军"在2016年10月和2017年8月先后发动了针对缅甸边防军警的"恐怖袭击",试图将"罗兴亚问题"制造成具有世界影响力的国际问题,迫使国际社会对昂山素季政府施压调整在"罗兴亚问题"上的政策。① 昂山素季政府在面临国际社会的压力下,坚决对由"罗兴亚人"发动的恐怖主义进行打击和清剿,这又迫使"罗兴亚人"大规模逃亡到孟加拉国,酿成严重的人道主义危机。昂山素季政府时期发生的"罗兴亚人"的人道主义危机受到了国际社会的广泛关注,美国及欧盟开始借以民主危机和人权问题加大对缅甸的制裁杠杆,加大施压迫使缅甸政府立即转变对"罗兴亚人"的政策。② 昂山素季政府迫于国际社会压力及制裁,邀请前联合国秘书长科菲·安南(Kofi A. Annan)为主席的"缅甸若开邦事务顾问委员会"调查"罗兴亚问题",并在2017年8月提交了关于解决"罗兴亚问题"的报告。③ 紧接着,缅甸政府又同孟加拉国政府在2017年10月签署了关于难民遣返的协议,然而,这些共识并没有得到落实。同时,缅甸政府还同联合国在若开邦地区开展了经济开发等事务,试图通过改善若开邦地区的经济社会条件来改变"罗兴亚问题"的困境。

---

① "Troops Fight Back Violent Armed Attackers, Kill Four," *The Global New Light of Myanmar*, October 11, 2016; "Extremist Terrorists Attack on Police Outposts in N-Rakhine," *The Global New Light of Myanmar*, August 26, 2017.

② 施爱国:《特朗普政府对缅甸罗兴亚危机的政策》,《美国研究》2019年第6期。

③ "President Receives Rakhine Advisory Commission," *The Global New Light of Myanmar*, August 24, 2017.

事实上,昂山素季政府这些杯水车薪的努力根本无法彻底改变"罗兴亚问题",也无法满足"罗兴亚人"获得公民身份、民族自治及其他更多的政治要求。2019年11月,冈比亚在"伊斯兰合作组织"的支持下向联合国海牙国际法院对缅甸提出诉讼,质控缅甸在"罗兴亚问题"上存在着"种族灭绝"的行为,请求国际法院做出最终裁决之前下达临时措施以对"罗兴亚人"提供保护。[1] 对此,缅甸政府也直接派出了以国务资政昂山素季为首的代表团赴海牙应诉就缅甸的"罗兴亚问题"表达正式立场,向国际社会澄清"罗兴亚问题"的历史及客观事实,反对国际社会干预缅甸内政及制裁缅甸的错误做法。[2]

表2对缅甸"罗兴亚问题"建构的历史进程进行了总结。

表2 缅甸"罗兴亚问题"构建的历史进程

时代 维度	吴努政府 时期	奈温政府 时期	苏貌政府 时期	丹瑞政府 时期	民主化 转型时期
政治性质	民主政体	军人政权	转型中的军人政权		混合政体
权力垄断程度	低	极高	从高→较高		中
政治社会空间	高	极低	从低→偏低		中高
民族国家建构进度	民族国家建构开始	民族国家建构偏离	以民主化转型为中心的民族国家建构		民族国家建构持续推进
民族国家制度体系与能力	制度体系低 制度能力弱	制度体系低 制度能力强	制度体系逐渐成形 制度能力逐渐增强		制度体系完善 制度能力平衡

---

[1] "Gambia Brings Genocide Case Against Myanmar," *Human Right Watch*, November 11, 2019, https://www.hrw.org/news/2019/11/11/gambia-brings-genocide-case-against-myanmar#, accessed June 23, 2023.

[2] "State Counsellor Attends 2nd Oral Proceedings of Myanmar vs The Gambia at ICJ, The Hague," *The Global New Light of Myanmar*, December 13, 2019.

(续表)

时代 维度	吴努政府时期	奈温政府时期	苏貌政府时期	丹瑞政府时期	民主化转型时期
基本结果	"罗兴亚问题"开始构建	出现人道主义危机	出现严重人道主义危机		出现恐怖主义,"罗兴亚问题"国际化

四、缅甸民族国家建构中的"罗兴亚问题"的政治逻辑

民族国家是人类社会演化迄今为止最有效的政治共同体制度形式,绝大多数政治共同体也选择了民族国家这种制度形式。民族国家在建立后,都面临着持续建构的问题,只是对政权、治理、社会等侧重点并不相同。从现代民族国家建构的过程来看,民族国家的建构主要集中在制度建设、社会建设及国族构建的复合结构建设,当然也包括经济建设、文化建设及国际交往等。① 从现代民族国家建构的逻辑来看,尽管缅甸的政治发展道路较为蜿蜒曲折,不过缅甸的民族国家建构在各个时期依然都在推进,特别是在1988年"缅甸之春"后得到快速推进。

(一)现代民族国家建构中的政权维护与"罗兴亚问题"

从缅甸于1948年1月建立现代民族国家开始,缅甸就陷入持续不断的少数民族武装叛乱中,少数民族地方武装成为影响缅甸领土完整、主权独立、政治安全的重要因素。因此,在缅甸的现代民族国家建构中,缅甸政府始终将打击少数民族地方叛乱武装,维

---

① 肖滨:《扩展中国政治学的现代国家概念》,《中国社会科学评价》2020年第2期。

护领土完整、主权独立、民族团结为民族国家建构的首要任务。在缅甸现代民族国家成立后,由于"罗兴亚人"不断发动分离主义运动及恐怖主义袭击,"罗兴亚人"在缅甸民族国家建构中被视为对缅甸领土完整及主权独立有严重威胁的来源,是缅甸民族国家中维护领土完整、主权独立、政治权威中政治权力塑造的对象。

吴努政府时期,在缅甸的国家政权的建设中便对"罗兴亚人"的"穆夹黑"分离主义势力进行了打击,迫使"穆夹黑"分离主义势力逃往国外和转为地下斗争,维护了缅甸领土完整、边境安全和政治安全。① 奈温政府时期,掌握"枪杆子"的军人集团对少数民族叛乱武装更是采取"零容忍"政策,实施进攻性的"铁犁政策"来粉碎包括"穆夹黑"在内的叛乱和分离主义势力,彻底剿杀了"罗兴亚人"分裂国家和制造混乱的希望。② 同时,奈温政府秉持着"剑及履及"的军事纪律方略治理国家,在政治上强调等级制、在经济上进行国有化、在社会上提高同质性及在文化上唯意志论等,以维护军人集团独裁统治的国家治理,全方位地消灭了"罗兴亚人"进行分离主义的空间。③ 苏貌政府时期,当苏貌政府拒绝承认1990年5月联邦议会选举后,导致了反政府叛乱及少数民族叛乱势力达到顶峰,而苏貌政府在维护政治安全及恢复社会秩序的过程中,打击了少数民族叛乱分离势力,维护了国家的领土完整、政治安全和社会秩序。④

丹瑞政府时期,丹瑞政府的现代民族国家建构的重点在于"先制宪,后交权"中"先制宪"的国家制度体系构建,并对有悖于政治安全、社会稳定和民族团结等违背国家安全和秩序塑造的叛乱分

---

① Frank N. Trager, "The Failure of U Nu and the Return of the Armed Forces in Burma," *The Review of Politics*, Vol. 25, No. 3, 1963, pp. 309-328.

② [缅]连·H.沙空:《缅甸民族武装冲突的动力根源》,乔实译,《国际资料信息》2012年第4期。

③ 李晨阳:《军人政权与缅甸现代化进程研究》,香港社会科学出版社,2009年,第178页。

④ Martin John Smith, *Burma: Insurgency and the Politics of Ethnicity*, London: Zed Books, 1991, p. 440.

离势力进行打击。同时,丹瑞政府还改变了以往采取武装力量强制打击少数民族叛乱分离势力的方式,转而采取政治和谈、经济援助及社会交往等方式,以铲除少数民族叛乱分离的社会土壤。1992年,丹瑞政府便组建"边境与少数民族地区繁荣发展事务部",专门负责少数民族地区发展事务,并在1993年初制定了"边境与少数民族地区发展总体规划"及相关法律法规。从制度、政策、资金及人员等方面来促进少数民族地区发展,试图有效从社会结构及经济基础等方面解决少数民族叛乱的基础。① 丹瑞政府同少数民族地方武装进行武装整编、政治和谈、区域自治等政治谈判,有效地改善了缅甸在军人集团执政时期对待少数民族地方武装的模式,也减少了少数民族地方武装叛乱的烈度。

登盛政府时期,经过半个世纪的发展,缅甸民族国家的领土完整、政权稳定等危机基本解除。缅甸现代民族国家建构的目标转变为实现政治、经济、社会现代化,在政权建设中强调建立以民主原则为核心的政权合法性建设,譬如就解决少数民族武装叛乱问题全面推行政治谈判而非武装清剿。登盛政府时期,国家秩序全方位改革推动了国家与社会间的关系发生变革,已经从军人集团统治时期对社会的控制,转变为文官政府时期对社会的"治理"。② 当然,缅甸进行全方位的改革后,抑制社会分类的威权统治能力下降,社会则沿着宗教和族群的边界进行分裂,出现了"玛巴塔运动"等宗教民族主义运动,并导致了较为严重的社会冲突。③ 昂山素季政府时期,昂山素季政府更强调将会秉持着民主政治原则对国家秩序进行全方位改革,这种改革也为社会冲突创造了更为

---

① 钟智翔、李晨阳:《缅甸武装力量研究》,军事谊文出版社,2004年,第148页。
② Ian Holliday, "Myanmar in 2012: Toward a Normal State," *Asian Survey*, Vol. 53, No.1, 2013, pp.93-100.
③ Mikael Gravers, "Anti-Muslim Buddhist Nationalism in Burma and Sri Lanka: Religious Violence and Globalized Imaginaries of Endangered Identities," *Contemporary Buddhism*, Vol.16, No.1, 2015, pp.1-27.

■ 历史遗产、民族国家与族群冲突:缅甸"罗兴亚问题"的内在历史政治逻辑

宽松的社会条件,并刺激社会沿着民族和宗教等分裂边界继续发生分裂,"罗兴亚问题"便是在这种宽松的社会条件下社会冲突活跃的产物。① 因此,即便昂山素季政府面临着极为强大的国际社会压力,但是考虑到缅甸的领土完整、政权稳定、政治竞争及民族关系支持等方面的牵制,昂山素季政府实际上无法采取其他更多措施来缓解"罗兴亚人"危机。

(二)民族国家建构中的国民整合与"罗兴亚问题"

在缅甸的现代民族国家建构中,缅甸历届政府不仅通过族际政治整合来建构"国族",而且还通过公民身份的构建来对国民整体性进行塑造,目的是在法律制度层面将本国人民塑造为具有共同国民意识的"乃甘塔"(Naing-ngan-tha)。② 缅甸于1948年1月建立民族国家后,吴努政府便根据缅甸《联邦宪法》颁布了《联邦公民法》及《联邦公民选举法》,在内政部下设立"国民登记局",初步构建起依靠公民身份的国民整合制度体系。由于缅甸是通过民族主义革命建立的政权,缅甸在建国之初便确立起族裔性的血统原则来确定公民身份,获得公民身份的群体包括主体民族——缅族,以及由官方识别的少数民族。吴努政府时期,若开邦地区信仰伊斯兰教的"开曼人"(Kaman)被识别为若开族的支系并拥有完整公民身份,同样信仰伊斯兰教的"罗兴亚人"则由于是非若开族支系则不拥有公民身份。③ 不过,吴努政府时期的缅甸陷于政治分裂、经济衰败、社会分裂及民生鼎沸的衰败中,这时的公民身份对现代

---

① 张添:《后军人时代缅甸的"双头政治"及其外交影响》,《东南亚研究》2020年第1期。

② Nyi Nyi Kyaw, "Unpacking the Presumed Statelessness of Rohingyas," *Journal of Immigrant & Refugee Studies*, Vol.15, No.3, 2017, pp.269-286.

③ 贺圣达、李晨阳:《缅甸民族的种类和各民族现有人口》,《广西民族大学学报》(哲学社会科学版)2007年第1期。

国家建构中国民整合的影响并不大。①

奈温政府执政时期,奈温政府在政治、经济、社会及民族等方面展开了"国有化运动",以"国家中心主义"为方式来塑造国民整体性。特别是在缅甸于1974年1月进入"缅甸式社会主义"时代之后,奈温政府把国民整体化塑造提上日程,国民整体化塑造以公民身份识别、打击非法移民及制定公民身份法律等多种方式展开。1978年2月,奈温政府在全国范围内发起旨在打击边境地区非法移民的"纳加敏行动","纳加敏行动"便是奈温政府进行国民整合的重要政策。② 紧接着,奈温政府在1982年10月根据以往人口筛查及民族识别,最终制定颁布了《公民法》。③ 在奈温政府颁布的《公民法》中,对"完全公民""客籍公民""入籍公民"及"准公民"的公民身份进行了明确规定。④ 奈温政府还解释了公民身份标准的重要性,认为这种区分将会有助于推动国民整合改造,推动缅甸形成高度的民族国家认同。⑤ 很显然,《公民法》受到根深蒂固的民族主义及殖民地遗产的影响,更加强调根据族裔性原则而非公民性原则对公民身份进行确定,而非法移民不可能获得公民身份。奈温政府当时就明确指出:"在1824年到1948年1月,在我们重

---

① Nick Cheesman, "How in Myanmar 'National Races' Came to Surpass Citizenship and Exclude Rohingya," *Journal of Contemporary Asia*, Vol. 47, No. 3, 2017, pp. 461-483.

② Nyi Nyi Kyaw, "Unpacking the Presumed Statelessness of Rohingyas," *Journal of Immigrant & Refugee Studies*, Vol. 15, No. 3, 2017, pp. 269-286.

③ Socialist Republic of the Union of Burma, "Burma Citizenship Law," *Refworld*, October 15, 1982, https://www.refworld.org/docid/3ae6b4f71b.html, accessed June 23, 2023.

④ Md Mahbubul Haque, "Rohingya Ethnic Muslim Minority and the 1982 Citizenship Law in Burma," *Journal of Muslim Minority Affairs*, Vol. 37, No. 4, 2017, pp. 454-469.

⑤ Marie Lall, et al., "Citizenship in Myanmar, Contemporary Debates and Challenges in Light of the Reform Process," retrieved from a report by Myanmar Egress, 2014, http://www.themimu.info/sites/themimu.info/files/documents/Academic_Article_Citizenship_in_Myanmar_Contemporary_Debates_and_Challenges_in_Light_of_the_Reform_Process_Lall_2014.pdf, accessed July 12, 2020.

新获得独立的这段时间里,外国人或殖民者以各种借口不受阻碍地进入到缅甸……我们缅甸人民无法塑造自己的命运。"① 对于"罗兴亚人"而言,由于在传统上他们被视为历史上从孟加拉国到缅甸的非法移民,不符合缅甸公民身份识别的族裔性原则,"罗兴亚人"只可能变成奈温政府进行国民整合所排斥的对象。

苏貌政府时期,苏貌政府对国民整体性塑造的改革依然秉持着国家中心主义原则,即以"国族"为核心的族裔性原则。苏貌政府于1989年9月上台后,在全国范围内根据缅甸1982年10月颁布的《缅甸公民法》进行"类族辨物"的公民身份识别,并根据确定后的公民身份发放了不同颜色的公民审查卡。② 在公民身份识别中,由于"罗兴亚人"并不符合缅甸《公民法》中规定的身份类别,许多"罗兴亚人"仅获得了象征着进行过身份识别的身份卡,这表明"罗兴亚人"依然不是苏貌政府进行国民整合的对象。丹瑞政府时期,缅甸依靠《宪法》为核心逐步构建出缅甸现代国家的治理体系,为公民身份整合塑造提供了更加完整的制度体系。在丹瑞政府构建国民整合治理体系的过程中,缅甸公民身份的"碎片化"问题愈加突出。那些拥有更多的政治权利、经济资源及社会福利等的群体,在缅甸政治民主化转型中要求国家在未来秩序构建中继续维护公民身份,而处于国民整合边缘的群体则无法拥有完整的公民权利。③

缅甸进行政治转型后,缅甸的宗教民族主义及狭隘民粹主义

---

① Marie Lall, et al., "Citizenship in Myanmar, Contemporary Debates and Challenges in Light of the Reform Process," retrieved from a report by Myanmar Egress, 2014, http://www.themimu.info/sites/themimu.info/files/documents/Academic_Article_Citizenship_in_Myanmar_Contemporary_Debates_and_Challenges_in_Light_of_the_Reform_Process_Lall_2014.pdf, accessed July 12, 2020.

② Nyi Nyi Kyaw, "Unpacking the Presumed Statelessness of Rohingyas," *Journal of Immigrant & Refugee Studies*, Vol.15, No.3, 2017, pp.269-286.

③ Andrew Selth, "Burma's 'Saffron Revolution' and the Limits of International Influence," *Australian Journal of International Affairs*, Vol.62, No.3, 2008, pp.281-297.

膨胀,具有"入世传统"的宗教信仰试图利用转型之际的国家与社会关系变化,要求国家建制化地保护佛教信仰的价值理念、秩序规范及宗教仪轨等方面的优越性。在国家治理中试图借助国民整合政策,限制其他宗教信仰扩张,借以维护"大缅族"的种族纯洁、宗教信仰、公民权利及社会能力等。[①] 登盛政府时期,缅甸联邦议会在2015年8月先后通过了关于保护宗教信仰等的法律法规,通过公民身份的塑造来进行国民整合。显而易见的是,在由宗教信仰为核心的意识形态主导并控制国家的国民整合价值取向和治理体系的情况下,"罗兴亚人"自然地在国民整合中不幸地成为被边缘化的群体。

(三)民族国家建构中的国族整合与"罗兴亚问题"

缅甸自独立建立现代民族国家之初便开始族际整合,不过缅甸多民族国家的族际整合面临着困难重重,迄今为止也没有构建出具有高度凝聚力的"国族",而是始终陷入多民族冲突的泥淖。在缅甸近代以来的民族主义觉醒初期,缅甸多民族国家便围绕着主体民族——缅族形成了"泰茵塔"(Tain-gyin-tha)的"国族"意识。正如尼克·切斯曼在对"泰茵塔"的研究中所指出的那样,"泰茵塔"绵延于缅甸多民族国家发展的历史长河,自缅甸近代民族主义萌芽时期中初步酝酿,在反对帝国主义斗争中实现了民族主义的觉醒,在民族解放斗争中实现了被彻底构建和固定,并在民族国家构建中不断得到完善。[②] 缅甸构建以"泰茵塔"为核心的国族,是构建共同以缅族为核心、为源头,多民族共同繁荣发展的国族。

[①] Min Zin, "Anti-Muslim Violence in Burma: Why Now?" *Social Research: An International Quarterly*, Vol. 82, No. 2, 2015, pp. 375-397.

[②] Nick Cheesman, "How in Myanmar 'National Races' Came to Surpass Citizenship and Exclude Rohingya," *Journal of Contemporary Asia*, Vol. 47, No. 3, 2017, pp. 461-483.

■ 历史遗产、民族国家与族群冲突：缅甸"罗兴亚问题"的内在历史政治逻辑

吴努政府时期，吴努政府秉持着"大缅族"中心主义进行族际整合以加强中央集权统治。然而，这种沙文主义的族际整合政策导致少数民族全面进入叛乱的状态，围绕着构建"泰茵塔"的多民族国家族际政治整合并没有取得进展。① 奈温政府执政之后，奈温政府开始秉持着"国家中心主义"的目标来进行多民族国家族际政治整合，明确指出各民族都要维护"泰茵塔"友好团结对缅甸多民族国家至关重要，只有各民族携手围绕着"泰茵塔"实现凝聚才能造福于各族人民。② 1974年1月，奈温政府在颁布的《宪法》中明确指出，国家有责任促进和发展"泰茵塔"，促进各民族之间的团结、互助、友好和尊重。③ 奈温政府时期，掌握着"枪杆子"的政府以武装暴力为后端，对少数民族地方武装进行了全方位的清剿压制，试图通过武力征服的方式来构建以缅族为中心的"泰茵塔"。④ 然而，奈温政府采取武力征服进行族际整合，反而刺激了少数民族极力发展武装能力寻求独立自主的决心，少数民族地方武装叛乱达到顶峰。⑤ 在奈温政府秉持着国家中心主义的国族整合中，"罗兴亚人"并不是为官方所识别的少数民族，"罗兴亚人"并没有被纳入"国族"整合之中，反而被识别为"非我族类"并被排斥在国族的构建之外。⑥

苏貌政府执政时期，苏貌政府在族际整合中进行了民族识

---

① 钟贵峰：《缅甸民族国家建设中的族际关系治理研究》，中国社会科学出版社，2017年，第113—123页。
② Robert H. Taylor, *General Ne Win: A Political Biography*, Singapore: ISEAS-Yusof Ishak Institute, 2015, p.311.
③ "Constitution of 1974," *Myanmar Law Library*, January 1, 1974, http://www.myanmar-law-library.org/law-library/laws-and-regulations/constitutions/1974-constitution.html, accessed June 23, 2023.
④ Nick Cheesman, "How in Myanmar 'National Races' Came to Surpass Citizenship and Exclude Rohingya," *Journal of Contemporary Asia*, Vol.47, No.3, 2017, pp.461-483.
⑤ 钟智翔、李晨阳：《缅甸武装力量研究》，军事谊文出版社，2004年，第148页。
⑥ Nick Cheesman, "How in Myanmar 'National Races' Came to Surpass Citizenship and Exclude Rohingya," *Journal of Contemporary Asia*, Vol.47, No.3, 2017, pp.461-483.

别,并且将缅甸拥有 8 个民族及其 135 支系视为多民族国家的"政治原则",并将其确立为族际整合的核心原则。① 苏貌政府对那些属于"国族"组成部分的少数民族则给予政治自治权利、进行经济援助、推动停火协商,对那些不属于多民族国家组成部分的"他者"则进行排斥。丹瑞政府时期,丹瑞政府在国家制度体系构建的过程中,将族际整合的"政治原则"写入缅甸 2008 年颁布的《宪法》中。如"各民族团结起来""各民族和谐相处"及"培养真正的爱国主义精神"等词汇被写进了《宪法》的序言中,这表明"国族"构建已经成为缅甸民族国家构建的基本原则。② 正如大卫·布朗(David Brown)所说的那样:获得公民身份有着严格的条件限制,缅甸政府对"罗兴亚人"给予"施害者"和"不忠诚"的"罪责推定",要获得公民身份就必须以切实的证明来推翻这项"有罪推定"。③

缅甸进入民主化转型时期后,登盛政府主要采取推动国家政治权力分享、民族区域自治、停火协商谈判及经济发展援助等方式进行族际整合,缅甸"国族"构建也在这个时期得到了继续推动。时任缅甸总统的登盛在若开邦发生冲突后就表示,"我们只会照顾我们自己的民族,非法来到缅甸的'罗兴亚人'不是我们的民族,我们不能接受'罗兴亚人'……'罗兴亚人'已经威胁到我们的民族团结和国家问题"。④ 很显然,"罗兴亚人"在登盛政府时期依然是缅

---

① Nick Cheesman, "How in Myanmar 'National Races' Came to Surpass Citizenship and Exclude Rohingya," *Journal of Contemporary Asia*, Vol. 47, No. 3, 2017, pp. 461-483.

② 缅甸宣传部印刷与书籍发行公司:《缅甸联邦共和国宪法(一)(2008年)》,李晨阳、古龙驹译,《南洋资料译丛》2009年第1期。

③ David Brown, *The State and Ethnic Politics in Southeast Asia*, New York: Routledge, 1994, pp. 33-65.

④ "Call to Put Rohingya in Refugee Camps," *Radio Free Asian*, July 12, 2012, https://www.rfa.org/english/news/rohingya-07122012185242.html, accessed June 23, 2023.

甸"国族"构建中被忽视的"他者",并没有被登盛政府视为多民族国家族际整合的对象。昂山素季政府时期,尽管昂山素季在执政之初便表示将会秉持着"彬龙精神"在任期内彻底实现民族和解。然而,昂山素季政府受制于历史遗产、国家治理能力缺乏及军人集团的掣肘等,难以真正推动民族和解进程出现重大跨越。因此,在"21世纪彬龙会议"中,"罗兴亚问题"依然被视为缅甸族际政治中的"禁区",不可能进入缅甸多民族国家族际政治整合的框架中。正如貌扎尼(Maung Zarni)及爱丽斯·柯蕾(Alice Cowley)所指出的那样,即便是缅甸已经进入民主化转型的快速发展时期,缅甸已经在政治、经济、社会及其他领域进行了全范围改革,但缅甸政府在"罗兴亚问题"上的政治原则并不会改变,"罗兴亚人"依然是缅甸"国族"建构中的"他者"。①

五、结语

对于缅甸的"罗兴亚问题"的识别和认知,需要超越那些带有偏见的"视差",对"罗兴亚问题"进行正本清源。正如昂山素季就"罗兴亚问题"的评论中指出的那样,"罗兴亚问题"已经制造了"巨大的错误信息冰山",这些错误的信息导致"罗兴亚问题"更为紧张和复杂。②"罗兴亚问题"在本质上是缅甸自近代以来复杂历史过程中现代民族国家构建产生的内政问题,它背后是缅甸沉重的殖民遗产、曲折的政治转型过程、分裂的社会基础、复杂的民族关系

---

① Maung Zarni and Alice Cowley, "The Slow-burning Genocide of Myanmar's Rohingya," *Pacific Rim Law & Policy Journal*, Vol. 23, No. 3, 2014, pp. 681-752.

② "Rohingya Crisis: Suu Kyi Says 'Fake News Helping Terrorists'," *BBC News*, September 6, 2017, https://www.bbc.com/news/world-asia-41170570, accessed June 23, 2023.

等历史政治现实,甚至已经成为缅甸族际政治中难以触碰和解决的"死结""僵结"。①

基于现代民族国家建构等理论资源,本文全面梳理了"罗兴亚问题"建构的历史政治逻辑,由此提出了以下推动"罗兴亚问题"出现转机的路径。

在族际政治中采取"去受害民族主义"族际整合。正如本文分析的那样,无论是"罗兴亚人"还是缅甸政府,都认为自身是"罗兴亚问题"的"受害者",而且在长期的安全、政治、社会及文化冲突中形成了"受害民族主义"。对此,尽管在族际政治整合中将"非我族类"的"罗兴亚人"整合到"泰茵塔"共同体中存在着结构性障碍,然而,在缅甸秉持着建构"国族"的族际政治整合的过程中,可以利用政治协商等方式找到解决"罗兴亚问题"的机遇,至少也需要在实现"去受害民族主义"的目标中拉近彼此的距离。

在国民整合中采取"包容化"的公民身份政策。由于缅甸的国民整体化建构是建立在"国族"整合之上,这使得以公民身份为基础的国民整体化建构变成了"国族"建构的关键机制,而缅甸秉持着族裔性原则进行族际整合政策很难利用公民身份进行族际整合。当今缅甸正在进行民主化改革,在国家与社会的关系中也正在培育以自由、平等及民主为核心的公民身份社会土壤,未来有可能在公民身份社会土壤不断成熟的基础上转变多民族国家国民整体化的建设原则,采取"包容化"的公民身份政策促进"罗兴亚问题"出现转机。

不断加强国家政治建设来提高国家凝聚力。"罗兴亚问题"是缅甸自近代以来复杂历史演化中建构出来的复杂内政问题,解决"罗兴亚问题"需要在缅甸国家秩序全方位改革的过程中进行系统

---

① Anas Ansar, "The Unfolding of Belonging, Exclusion and Exile: A Reflection on the History of Rohingya Refugee Crisis in Southeast Asia," *Journal of Muslim Minority Affairs*, Vol.40, No.3, 2020, pp.441-456.

考虑。① 随着缅甸进行政治转型,缅甸现代民族国家的政权建设及治权建设,都会随着国家治理体系及治理能力现代化的发展而转变。当国家的政权及治权建设不断成熟之后,便增加了解决"罗兴亚问题"的空间,这也将会为促进"罗兴亚问题"的解决创造条件。当然,国际社会也在秉持着"保护责任"来为解决"罗兴亚问题"提供许多帮助,这也将有助于"罗兴亚问题"出现转机。

"罗兴亚问题"是缅甸现代国家构建中的复杂历史政治问题,它并非西方世界所认为的是政治转型、人权政治及文明冲突的简单问题,更不是在污名化叙事中被以讹传讹的种族问题。在解决"罗兴亚问题"的过程中,尽管存在着历史、体制及宗教等方面的结构性障碍,但依然需要从缅甸近现代以来的民族国家发展历史及事实出发,在现代民族国家的族际政治框架中通过政治方式找到解决"罗兴亚问题"的路径。正如本文所分析的那样,族际政治整合、国民整体化塑造及国家与社会关系变动是缅甸现代民族国家中导致"罗兴亚问题"产生的"锁钥",未来推动"罗兴亚问题"出现转机也必须从这些"锁钥"着手。随着缅甸政治转型深入、国家制度体系完善、国民经济繁荣发展、社会多元化提升等条件的改善,可能会推动"罗兴亚问题"在缅甸族际政治框架出现转机。

Historical Heritage, Nation-State and Ethnic Conflict: the Historical and Political Logic in Myanmar's "Rohingya Issue"

Yu CHEN

Abstract: After preparation for nearly two decades, Myanmar started to transition to a civilian government led by the Solidarity and Development

---

① Nehginpao Kipgen, "Addressing the Rohingya Problem," *Journal of Asian and African Studies*, Vol.49, No.2, 2014, pp.234-247.

Party, which marked Myanmar's political transition from a military regime to a civilian regime. Due to the high-pressure rule by the military group in its long-term governance, the deep divisions in ethnic, religious, cultural and other problems are all suppressed and concealed in Myanmar society. Due to the civilian government's national capacity being so weak during the political transition period, it caused fierce social conflicts in this period. The "Rohingya Issue" usually be regarded as a typical example of social conflicts in Myanmar's political transition period, and is also regarded as the "Dark Side" in this transition period. The "Rohingya Issue" is a complex internal affairs issue caused by Myanmar's colonial history, political transition and social division in modern times. It is not only closely related to the historical development of Myanmar in modern times, but also closely linked to the nation-building of Myanmar. Based on this, this article attempts to explain the historical and political logic of the "Rohingya Issue" with the help of theoretical resources such as nation-building and others. This article will help clear up the causes and consequences of the "Rohingya Issue" and increase the knowledge accumulation for research on social conflicts and nation-building in Myanmar.

Keywords: Myanmar; Rohingya People; Rohingya Issue; Nation-state Building; Historical and Political Logic

地区议价能力、政党地区策略与地区性政党的选举表现:基于英国三个地区性政党的比较分析

李小丹* 何俊志**

[内容提要] 传统研究常以地区-文化差异来解释地区性政党的选举表现,新近研究却揭示了地区性政党采取不同地区策略的重要影响。本文综合这两大流派的观点,提出从地区议价能力到政党地区策略的解释框架,并用英国案例来进行检验。研究发现,在议价能力强的苏格兰,苏格兰民族党倾向于采取激进地区策略,有利于其推动独立议题,并竞选为地区执政党。而在议价能力弱的威尔士,威尔士民族党则采取温和地区策略,最终阻碍其获得地区执政权。当北爱尔兰的议价能力在英国脱欧后得到增强时,新芬党采取更为激进的地区策略,正在稳步推进爱尔兰统一公投,该党也因此首次成为地区第一大党。从地区差异到政党差异的因果推导,有助于全面把握地区性政党成功执政地区的内在逻辑。

[关键词] 英国;地区性政党;地区议价能力;政党地区策略;地区专属利益

---

* 李小丹,中山大学政治与公共事务管理学院博士研究生。
** 何俊志,中山大学政治与公共事务管理学院教授。

一、问题提出

地区性政党(regionalist party)是专注于特定地区且为了特定地区组织起来,一般只会在特定地区寻求竞选席位,声称主要代表地区利益的政党①,他们通过中心-边缘议题来吸引选民,与以左右意识形态动员的主流政党有着根本区别,为此很多学者将其视之为利基政党。② 然而,地区性政党在权力下放后开始关注地区发展议题,逐渐正规化,正在实现从"反抗"到"掌权"的转变,成为影响地区政治的关键行为者。③ 如果地区性政党被吸纳进地区联合政府或被边缘为在野小党,地区一般较为稳定。但如果地区性政党发展为有能力单独治理地区的执政党,则容易给国家带来地区分离难题,如西班牙的巴斯克民族主义党、加泰罗尼亚民族主义联盟、英国的苏格兰民族党等。值得一提的是,新芬党在 2022 年 5 月首次成为英国北爱尔兰地区第一大党,并提出将在 5 年内推进统一爱尔兰的公投,对英国的领土完整带来较大挑战。目前,国

---

① 需与地区政党区分开来,地区政党(regional party)是参与具体地区的政党竞争但一般在整个国家领土范围内寻求竞选席位的政党,通常是全国性政党的地区分支。两者的区别请参见 Oscar Mazzoleni and Sean Mueller, "Introduction: Explaining the Policy Success of Regionalist Parties in Western Europe", in Oscar Mazzoleni and Sean Mueller, eds., *Regionalist Parties in Western Europe: Dimensions of Success*, London; New York: Routledge, 2017, pp.4-5。

② Bonnie M. Meguid, "Competition Between Unequals: The Role of Mainstream Party Strategy in Niche Party Success," *American Political Science Review*, Vol.99, Iss.3, 2005, pp.347-359; James Adams et al., "Are Niche Parties Fundamentally Different from Mainstream Parties? The Causes and the Electoral Consequences of Western European Parties' Policy Shifts 1976-1998," *American Journal of Political Science*, Vol.50, Iss.3, 2006, pp.513-529.

③ Anwen Elias, "From Protest to Power: Mapping the Ideological Evolution of Plaid Cymru and the Bloque Nacionalista Galego," *Regional and Federal Studies*, Vol.19, Iss.4-5, 2009, pp.533-557; Filippo Tronconi, "Ethno-Regionalist Parties in Regional Government: Multilevel Coalitional Strategies in Italy and Spain," *Government and Opposition*, Vol.50, Iss.4, 2015, pp.578-606.

■ 地区议价能力、政党地区策略与地区性政党的选举表现：
基于英国三个地区性政党的比较分析

内学者已关注到研究分离主义政党的重要性[1]，但对分离主义政党的原型状态——地区性政党的专门研究还较少。基于此，本文尝试以英国为例来探析地区性政党能够成功执政地区的原因。

1997年，英国对苏格兰、威尔士和北爱尔兰进行权力下放，几乎同时成立地区议会，给地区性政党的发展带来相似的制度性机会，却形成有明显差异的地区竞选结果：苏格兰民族党成为地区执政党，新芬党成为地区联合执政党，威尔士民族党却没能竞选为地区执政党。那么，权力下放后地区性政党为何有着差异较大的选举表现？对此，本文使用政党竞选宣言、国际组织报告、政府资料、民意调查、学术研究和新闻报道等资料，通过案例比较和过程追踪的方法来展开研究。

二、文献综述

关于地区性政党为何能成功的讨论，学界主要有两类文献传统：地区差异理论和政党差异理论。早期研究认为族群运动和族群政党的兴起和成功是基于以地区-文化为基础的社会分裂[2]，随后发展为以地区的经济和文化差异来解释地区性政党的选举表现，形成地区差异理论的第一代研究。20世纪70年代后，伴随着欧洲权力下放浪潮，中央政府的地区政策、主流政党的地区策略等政治机会的地区差异受到关注，成为地区差异理论的第二代研究。进入21世纪后，随着政党宣言数据库的建立和定量方法的引入，

---

[1] 夏庆宇、吴迎来：《英国、西班牙分离主义政党比较研究》，《国外社会科学》2018年第1期；周光俊：《三重政治结构中的分离主义政党》，《世界经济与政治》2021年第9期。

[2] Seymour M. Lipset, Stein Rokkan, *Party Systems and Voter Alignments: Cross-National Perspectives*, New York: The Free Press, 1967, pp.41-43.

相关研究转而关注地区性政党的竞选策略对其发展的影响,政党差异理论逐渐成形。直到最近几年,试图融合两类传统的第三类研究开始出现,但目前成果不多,可以寻求理论突破的空间较大。

(一)地区差异理论:将地区性政党视为代表地区的政党

地区差异理论将地区性政党视为代表地区的政党,将其选举结果放置到具体地区的经济、社会和政治结构下,认为地区在国家之内的议价能力成为决定地区性政党命运的重要因素,主要形成两类地区差异解释。

一类研究关注经济因素、文化条件等地区实力对地区性政党选举表现的影响。赛勒斯·齐拉克扎德(Cyrus E. Zirakzadeh)等人认为由工业化、现代化带来的地区间经济发展不平等是解释地区性政党选举表现的重要原因。[1] 豪尔赫·戈丁(Jorge P. Gordin)则认为文化条件对地区性政党的成功起重要作用。[2] 如果历史上形成的地区文化记忆能持续发生作用,那么将增加地区选民对地区性政党的支持,最直接的体现是地域语言的存在和传播。有学者认为仅仅是地域语言的存在就增加了地区性政党成功的可能性[3],也有学者发现,随着地域语言使用者比例的增加,选民对地区性政党的支持也在增加。[4]

---

[1] Cyrus E. Zirakzadeh, "Economic Changes and Surges in Micro-Nationalist Voting in Scotland and the Basque Region of Spain," *Comparative Studies in Society and History*, Vol.31, Iss.2, 1989, pp.318-339.

[2] Jorge P. Gordin, "The Electoral Fate of Ethnoregionalist Parties in Western Europe: A Boolean Test of Extant Explanations," *Scandinavian Political Studies*, Vol.24, Iss.2, 2001, pp.149-170.

[3] Derek J. Hearl, Ian Budge and Bernard Pearson, "Distinctiveness of Regional Voting: A Comparative Analysis Across the European Community(1979-1993)," *Electoral Studies*, Vol.15, Iss.2, 1996, pp.167-182.

[4] Jason Sorens, "The Cross-Sectional Determinants of Secessionism in Advanced Democracies," *Comparative Political Studies*, Vol.38, Iss.3, 2005, pp.304-326.

■ 地区议价能力、政党地区策略与地区性政党的选举表现：
基于英国三个地区性政党的比较分析

另一类研究考察选举制度、权力下放政策、当地主流政党的地区策略等地区政治机会结构的影响。加里·考克斯(Gary W. Cox)发现基于简单多数制还是比例代表制的选举制度差异会影响地区性政党的发展差异。① 还有不少学者认为，权力下放使地区性政党得到更多发展机会②，地区性政党为获得地区执政权而变得日益正规化，从而获得成长和成功。③ 随着研究的深入，学者们发现全国性政党的地区竞争策略也给地区性政党的发展机会带来差异。邦妮·梅吉德(Bonnie M. Meguid)的经典研究认为主流政党可采取三种议题策略来影响利基政党的成败。④ 莫里茨·梅杰斯(Maurits J. Meijers)等人认为主流政党只有在利基政党兴起之初迅速采取吸纳策略，才能限制其发展。⑤ 迪希尔·什里曼卡(Dishil Shrimankar)也发现在全国性政党地区分支获得更多自主权的地区，地区性政党更难得到发展。⑥

地区差异理论的局限性主要在于，一是用这些因素来解释地区性政党的成败还比较模糊，争议较大。如经济因素，经济实力太好或太差的地区都有地区性政党成功的案例。⑦ 又如权力下放政

---

① See Gary W. Cox, *Making Votes Count: Strategic Coordination in the World's Electoral Systems*, Cambridge: Cambridge University Press, 1997.

② Frans Schrijver, *Regionalism After Regionalisation: Spain, France and the United Kingdom*, Amsterdam: Amsterdam University Press, 2006, p.185.

③ Eve Hepburn, "Introduction: Re-Conceptualising Sub-State Mobilization," *Regional and Federal Studies*, Vol.19, Iss.4-5, 2009, pp.477-499.

④ Bonnie M. Meguid, "Competition Between Unequals: The Role of Mainstream Party Strategy in Niche Party Success," *American Political Science Review*, Vol.99, Iss.3, 2005, pp.347-359.

⑤ Maurits J. Meijers, Christopher J. Williams, "When Shifting Backfires: The Electoral Consequences of Responding to Niche Party EU Positions," *Journal of European Public Policy*, Vol.27, Iss.10, 2020, pp.13-16.

⑥ Dishil Shrimankar, "Why Regional Parties Succeed at the Sub-National Level in India," *The British Journal of Politics and International Relations*, Vol.22, Iss.3, 2020, pp.1-17.

⑦ John R. Wood, "Secession: A Comparative Analytical Framework," *Canadian Journal of Political Science*, Vol.14, Iss.1, 1981, pp.107-134.

策,制度主义理论认为权力下放使地区性政党得到更多发展机会①,适应理论则认为权力下放会挤压地区性政党的生存空间。② 二是这些因素用来解释地区性政党的出现和成功崛起颇有效力,却难以解释其后续的选举表现差异。③

(二)政党差异理论:将地区性政党视为渴望主政的政党

政党差异理论将地区性政党视为渴望执政地区的政党,强调政党竞争与政党能力等政党因素对地区性政党发展的影响。与所有政党一样,地区性政党必须在寻求政策、选票和职位的动机之间找到平衡。由于它们在多层次政体下运作,地区性政党在地区和国家的政治舞台上竞争。已有研究发现地区性政党在进入地区内阁时主要出于寻求公职的动机④,在进入国家内阁时则主要考虑其政策诉求。⑤

由于地区性政党只在特定地区内竞争席位,为扩大政党影响力,他们会很慎重地考虑吸纳地区内的其他族群选民。为此,他们需要改变以往单一地维度的策略导向。索尼娅·阿隆索(Sonia Alonso)发现地区性政党几乎总是在中间-边缘和左-右这两个维

---

① Anwen Elias, Filippo Tronconi, "From Protest to Power: Autonomist Parties in Government," *Party Politics*, Vol.17, Iss.4, 2011, pp.505-524.

② Emanuele Massetti, Arjan H. Schakel, "Ideology Matters: Why Decentralisation has a Differentiated Effecton Regionalist Parties' Fortunes in Western Democracies," *European Journal of Political Research*, Vol.52, 2013, pp.797-821.

③ Filippo Tronconi, "Ethnic Identity and Party Competition: An Analysis of the Electoral Performance of Ethnoregionalist Parties in Western Europe," *World Political Science Review*, Vol.2, Iss.2, 2006, pp.137-168.

④ Jonathan Hopkin, "Political Decentralization, Electoral Change and Party Organizational Adaptation: A Framework for Analysis," *European Urban and Regional Studies*, Vol.10, Iss.3, 2003, pp.227-237.

⑤ Lorenzo Terrière, "'With Respect for the Core Business': on Regionalist Parties and Their Minister Portfolios in Government," *Territory, Politics, Governance*, Vol.11, Iss.8, 2023, pp.1689-1708.

度上与主流政党竞争。① 安文·埃利亚斯(Anwen Elias)等人进一步提出经济-地区双维度竞争策略模型,将政党策略分为四种可选模式:单维度型、模糊型、包容型、双维度型,为分析地区性政党的地区竞选策略提供较为有效的分析工具。②

在意识形态距离方面,内森·瑟罗斯(Nathan Henceroth)和克里斯蒂安·詹森(Christian B. Jensen)发现,地区性政党的选举收益取决于找到一个与当地主流竞争对手足够接近的甜蜜点,成为当地选民的可行替代方案,但又还不足以成为一个独特的选择。③ 但也有不少研究发现,不是由于选民对地区性政党的亲近,而是地区性政党能够满足政治精英的利益和职业抱负,决定了地区性政党的未来。④

上述文献揭示了尽管地区性政党具有强烈的地区属性,其在地区竞选中实际上具有高度的策略性和自主性,而非只能打"地方牌"。这类研究通过补充政党能动视角来对推进议题发展作出重要贡献,但是也容易忽略地区实力差异给地区性政党的成长带来的影响,政党差异理论主张政党能力差异带来选举表现差异的因果路径过于简单,没有追溯造成政党能力差异的地区因素来源,可能导致影响地区性政党选举表现的重要前置因素被雪藏。

---

① Sonia Alonso, *Challenging the State, Devolution and the Battle for Partisan Credibility: A Comparison of Belgium, Italy, Spain and the United Kingdom*, Oxford: Oxford University Press, 2012, pp.204-205.

② Anwen Elias, Edina Szöcsik and Christina Isabel Zuber, "Position, Selective Emphasis and Framing: How Parties Deal With a Second Dimension in Competition," *Party Politics*, Vol.21, Iss.6, 2015, pp.839-850.

③ Nathan Henceroth, Christian B. Jensen, "Confrontation and Competition: The Electoral Benefits of Regionalist Parties' Positions in Parliamentary Democracies," *Party Politics*, Vol.24, Iss.6, 2017, pp.629-639.

④ Kanchan Chandra, *Why Ethnic Parties Succeed? Patronage and Ethnic Headcounts in India*, Cambridge: Cambridge University Press, 2004, p.2; Adam Ziegfeld, *Why Regional Parties? Clientelism, Elites, and the Indian Party System*, Cambridge: Cambridge University Press, 2016, pp.58-78.

地区差异理论和政党差异理论的缺憾使得融合两类文献的第三类理论对相关研究的持续推进很有必要。有研究发现在文化和经济变量中加入政党竞争的因素后,对族群地区性政党选举表现的解释能力大大提高①,也有研究发现 GDP、失业率等地区需求因素的影响不显著,而地区性政党在中心-边缘事件上的站位对其选举结果有影响。② 然而,这些解释只是在同一个研究中同时考虑地区和政党的影响,还不涉及对两个因素之间更有深度的关联研究。本文认为,对此问题的解释不仅需要同时考虑地区差异和政党差异,还需考虑他们之间的关系,更有助于全面把握地区性政党成功执政地区的内在逻辑,否则可能会高估或低估每一个自变量的作用程度,并掩盖它们之间可能具有的相互作用。

三、解释框架

在既有研究基础上,本文提出一个新的解释框架,来分析地区性政党的选举表现③,如图 1 所示。首先,地区议价能力的大小会导致政党采取不同的地区策略,这里将其区分为激进地区策略和温和地区策略。而地区性政党的不同地区策略会影响其推进地区专属利益的结果,进而影响地区性政党的选举表现。在此过程中,

---

① Filippo Tronconi, "Ethnic Identity and Party Competition: An Analysis of the Electoral Performance of Ethnoregionalist Parties in Western Europe," *World Political Science Review*, Vol. 2, Iss. 2, 2006, pp. 137-168.

② Cary C. Fontana, *Regionalist Party Electoral Outcomes and the Supply-Side of Party Politics*, PhD Dissertation, Eugene: The University of Oregon Graduate School, 2018, pp. 200-203.

③ 一般而言,人们可以通过政党赢得的席位数、总投票率或其在政府中的影响力程度来衡量该党的选举表现(Chandra,2004:6),其中能否在地区执政是衡量政党在政府影响力程度的主要方式。由于以议席或选票的测量方式难以揭示地区性政党在地区议会获得的实际影响力,而前所述,地区性政党能否成为地区执政党对国家完整的影响差异较大,本文采用能否成为地区执政党来衡量地区性政党的选举表现。

地区专属利益作为中间机制,在整个解释框架中起到"桥梁"作用,可将地区议价能力、政党地区策略这两个核心解释变量与地区性政党的选举表现有机地联系起来。为剖析上述解释框架,首先,需清晰界定地区议价能力的概念,明确地区议价能力为何能代表地区实力的主要差异;其次,阐释地区议价能力和政党地区策略的内在关联性;最后,分析该解释框架得以成立的中间机制和条件,也就是陈述地区专属利益在此过程中起到的联结作用。

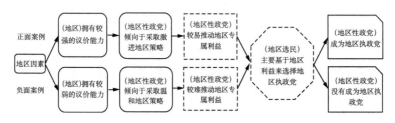

图1 本文的解释框架

(一) 地区议价能力:地区实力的最有力体现

地区议价能力一般用来指述地区在选择脱离母国时所依赖的自然资源多寡,用来分析地区在与母国利益发生冲突时为维护地区利益所能依赖的资源。① 然而,地区之间不均衡的自然资源分配不构成地区议价能力的所有差异,以本文将要分析的北爱尔兰地区为例,由于历史遗留原因,与爱尔兰共和国合并一直是该地区从英国分离后的重要选项,也给该地区带来较强的议价能力。因此,本文采用的地区议价能力是更为广义上的概念,是指地区在选择脱离母国时所能依赖的资源多少。在地区考虑脱离母国庇护的语境下,地区议价能力是地区实力最有力的体现。而本文认为地区实力差

---

① Tohru Naito, "An Economic Analysis of Regional Conflict, Secession, and Bargaining Power Under Uneven Resource Distribution," in Amitrajeet A. Batabyal et al., eds., *Rural-Urban Dichotomies and Spatial Development in Asia*, New York: Springer, 2021, pp.204-205.

异是影响地区性政党能否获得地区执政权的关键因素,因此将地区议价能力作为第一个原因变量。

从已有文献来看,地区议价能力的大小可以用地区资源禀赋、地区民众的分离诉求和中央给地区下放的自治权力三个指标来进行测量。① 首先,地区资源禀赋既包括石油、铁等自然资源,也包括历史、文化遗产等非自然资源。其次,由于多数选民具有理性的特征,在选择与母国分离作为地区出路时,会考虑到地区分离后的发展情况,如果没有较强的地区资源作为支撑,地区民众一般不会考虑离开母国。因此,民众分离诉求强的地区一般拥有较强的议价能力。最后,中央政府给地区下放的自治权力很大程度上是地区和国家博弈的结果,议价能力越强的地区,拥有更多与国家争取地区利益的话语权,一般获得的自治权力种类越多、权力越大。

(二) 政党地区策略:依地区议价能力而变

传统的政党在地区主要围绕左-右意识形态差异展开竞争,而在部分国家权力被下放到地区后,以地区-文化分裂为核心的地区维度策略重新成为地区政党政治的重要逻辑。为获得地区执政权,地区性政党将地区、文化等异质性因素作为重要竞争策略,而全国性政党也需表明支持地区权力下放的程度来展示其竞争策略。② 在此背景下,政党的地区维度策略(简称"政党地区策

---

① Jorge P. Gordin, "Regionalizing Patronage?Federal Resource Allocation and Party Politics in Spain," *Regional and Federal Studies*, Vol.19, Iss.3, 2009, pp.399-413; Erin K. Jenne, Stephen M. Saideman and Will Lowe, "Separatism as a Bargaining Posture: The Role of Leverage in Minority Radicalization," *Journal of Peace Research*, Vol.44, Iss.5, 2007, pp.539-558; Raphael Zariski, "Approaches to the Problem of Local Autonomy: The Lessons of Italian Regional Devolution," *West European Politics*, Vol.8, Iss.3, 1985, pp.64-81.

② Elodie Fabre, Enric Martínez-Herrera, "State-Wide Parties and Regional Party Competition: An Analysis of Party Manifestos in the UK," in Bart Maddens, Wilfried Swenden, eds., *Territorial Party Politics in Western Europe*, London: Palgrave Macmillan, 2009.

略")是指政党围绕着地区还是中央拥有对国家内部边缘地区的政治控制权而展开的竞争策略。① 从内容来看,主要围绕两类事件展开:竞争性事件和认同性事件。前者关心中央政府和地区政府在地区政治权力上的分配,后者关心政治权力需求的逻辑依据:历史、语言的独特性。② 为了方便区分,可以将政党地区策略大致分为两种:激进地区策略和温和地区策略。前者认为地区应该拥有实际的政治控制权、地区语言应为地区的主要语言等,后者则认为国家应该拥有实际的政治控制权、国家通用语言应为地区的主要语言等。

作为代表地区利益的特殊政党,地区性政党的地区策略会随地区议价能力变化而有所调整。一方面,地区性政党会根据地区议价能力差异而选择不同的地区策略。例如,在自然资源丰富、经济较为富裕的地区,独立或者更多地区自治带来的地区经济利益对选民吸引力更大,这种潜在的经济议价权不仅会影响地区的民族主义情绪发展,也会影响地区性政党选择更为激进的地区策略选择,如分离。③ 而经济议价能力差的地区由于需要寻求中央政府的经济资助,地区性政党一般会选择较为温和的地区策略④,如推进地区语言和文化的发展。另一方面,当同一地区的议价能力发生变化时,地区性政党的地区策略也会有所调整。例如,当受到权力下放、脱欧等重大政治机会结构的影响时,较多地区性政党会

---

① Sonia Alonso et al., "Parties' Electoral Strategies in a Two-Dimensional Political space: Evidence from Spain and Great Britain," *Party Politics*, Vol. 21, Iss. 1, 2015, p.852.

② Sonia Alonso et al., "Measuring Centre-Periphery Preferences: The Regional Manifestos Project," *Regional and Federal Studies*, Vol.23, Iss.2, 2013, p.191.

③ Emmanuel Dalle Mulle, *The Nationalism of the Rich: Discourses and Strategies of Separatist Parties in Catalonia, Flanders, Northern Italy and Scotland*, London; New York: Routledge, 2018, p.2 & p.151.

④ Emanuele Massetti, Arjan H Schakel, "From Class to Region: How Regionalist Parties Link (and subsume) Left-Right into Centre-periphery Politics," *Party Politics*, Vol. 21, Iss.6, 2015, p.874.

选择更为激进的地区策略。

政党竞选宣言是用来分析政党策略常见和有效的研究资料之一。有一种较有影响力的测量方式认为,政党的"中心-边缘"定位＝政党竞选宣言中支持边缘议题的句数－支持中心议题的句数。① 受该测量方法的启发,本文通过计算历届地区议会竞选宣言中政党推进或阻碍地区利益的句数,来分析各政党的地区策略,计算方式如下:政党地区策略指数＝政党竞选宣言中促进地区利益举措的句数－阻碍地区利益举措的句数。然而,基于政党竞选宣言的地区策略指数也并非完全等同于地区性政党的实际行为,因此,除了对政党竞选宣言的分析外,本文还增加了对地区性政党实际行为的考察,来共同分析地区性政党的实际地区策略。

(三) 地区专属利益的作用:中间机制和条件

1. 中间机制

地区性政党常常被定义为需要优先考虑两个主要问题的政党:实现某种程度上的地区自治②,以及为了地区的专属利益(exclusive interest)而进行地区权力和资源的分配。③ 可见,能否推动地区专属利益的实现(如从母国分离出去、保护地区语言等)是地区性政党能否获得选民信任的关键能力。在地区议会竞争中,地区性政党一般是新生力量,很少或几乎没有执政经验,很

---

① See Ian Budge et al., *Mapping Policy Preferences: Estimates for Parties, Electors, and Governments, 1945-1998*, Oxford: Oxford University Press, 2001.

② Lieven De Winter, "A Comparative Analysis of Electoral, Office and Policy Success of Ethnoregionalist Parties," in Lieven De Winter and Huri Tursan, eds., *Regionalist Parties in Western Europe*, London: Routledge, 1998, pp.204-205.

③ Margarita Gómez-Reino Cachafeiro, Lieven De Winter and Peter Lynch, "Conclusion: The Future Study of Autonomist and Regionalist Parties," in Lieven De Winter, Margarita Gómez-Reino Cachafeiro and Peter Lynch, eds., *Autonomist Parties in Europe: Identity Politics and the Revival of the Territorial Cleavage*, Barcelona: ICPS, 2006, p.258.

■ 地区议价能力、政党地区策略与地区性政党的选举表现：
基于英国三个地区性政党的比较分析

难像其他全国性政党那样通过以往的治理经验来说服选民投票。如果地区性政党能推动地区专属利益的实现,就能展示其处理地区事务的能力和潜力,因而更容易获得选民信任,成为地区执政党。因此,本文通过地区性政党对地区专属利益的推进策略及进展来分析其选举表现,由此将地区议价能力、政党地区策略与地区性政党的选举表现有机联系起来。

2. 条件

一般而言,国家层面选举主要由政党制定的国家政策来决定,地区层面选举则由政党体现地区治理能力的事情来决定。然而,在权力下放前,地区治理权掌握在中央政府手中,地区无权制定地区政策,因而,国家层面的政策讨论会外溢到地区选举中,政党也会在地区强调国家层面责任的政策而抛开地区性问题或将其重点程度放低,鼓励选民在地区选举中考虑政党在国家层面的表现,一般在治理国家表现较好时采取。但这种策略将国家视为普遍存在的制度和社会背景,将地区选举看成国家选举的延伸,存在明显的国家偏误[1],在地区政治崛起后受到较大挑战。

在英国权力下放后,苏格兰议会有权在尚未为威斯敏斯特保留的领域制定政策,而威尔士议会也能在威斯敏斯特主要立法的框架内推行自己的政策。[2] 伴随着地区自治权力的增加,政党在地区议会的竞争空间也转变为主要围绕地区事务展开,这可以从历届地区议会竞选宣言的内容看出。在这种情况下,选民主要是根据其对各政党推出的地区政策喜好来进行投票,换言之,选民在地区议会中主要根据地区利益而非国家利益来选择地区执政党,

---

[1] See Klaus Detterbeck, *Multi-Level Party Politics in Western Europe*, UK: Palgrave Macmillan, 2012.

[2] Martin Laffin, "Devolution and Party Organisation in Britain: How Devolution Has Changed the Scottish and Welsh Labour Parties," paper presented at the PSA Conference 'Devolution in Comparative Perspective', 2004.

这是本解释框架得以成立的重要条件。

四、案例分析

以上阐释了本文解释框架的作用机理及传导机制,下面采用此框架来分析英国地区性政党的选举表现差异。由于苏格兰民族党和威尔士民族党分别是苏格兰和威尔士唯一的地区性政党,新芬党是北爱尔兰最大的地区性政党,三个政党都具有较强的地区属性,常常被认为是代表苏格兰、威尔士和北爱尔兰的政党,因此选择这三个地区性政党来进行研究。而英国脱欧事件对北爱尔兰的地区利益影响很大,对脱欧前后的两个阶段进行比较分析,对理解地区性政党为何具有不同的选举表现具有重要意义。

(一) 地区议价能力:政党地区策略选择的重要依据

首先,从地区资源禀赋来看,苏格兰位于英国北部,东依北海,西邻大西洋,地理位置优越。1970年,苏格兰东海岸附近发现北海石油,英国政府和苏格兰政府针对北海油田的收入划分产生经济争议。苏格兰民族党为此组织了"这是苏格兰的石油!"的运动,强调石油的发现如何使苏格兰陷入困境的经济及其民众受益,从经济角度论证苏格兰成为独立国家的可行性,进一步激发了苏格兰独立的争议。这种"富人的民族主义叙事"成为苏格兰民族党话语的长期支柱,为该党后续采取激进地区策略奠定了重要基础。① 在

---

① Emmanuel Dalle Mulle, *The Nationalism of the Rich: Discourses and Strategies of Separatist Parties in Catalonia, Flanders, Northern Italy and Scotland*, London; New York: Routledge, 2018, pp. 134-158; Emanuele Massetti, Arjan H Schakel, "From Class to Region: How Regionalist Parties Link (and subsume) Left-Right into Centre-periphery Politics," *Party Politics*, Vol. 21, Iss. 6, 2015, pp. 866-886.

■ 地区议价能力、政党地区策略与地区性政党的选举表现：
基于英国三个地区性政党的比较分析

三个地区中,独有的石油资源使苏格兰获得较强的地区议价能力,使其成为经济话语权最大的地区。

北爱尔兰内部由于政治合并、宗教冲突等历史遗留问题,存在以宗教为内核的利益冲突,体现为民族主义政党和统一主义政党两大阵营的对立。前者以天主教徒为主,以与爱尔兰合并为政治目标;后者以新教徒为主,以维持北爱尔兰归属英国的现状为政治目标。由于与爱尔兰在历史、政治和文化上的密切联系,北爱尔兰一旦脱离母国,所能依靠的外界资源较多,地区议价能力也较强,是三个案例中政治话语权最大的地区。因此,其地区性政党采取地区策略时也较为强硬,常常通过暴力表达政治诉求,直接导致北爱尔兰在2007年之前常常发生武装冲突。

而威尔士是三个案例中议价能力最弱的地区,其既没有自然资源带来的经济话语权,也没有历史附属国支撑的政治话语权。因此,威尔士更需要英国政府的保护来维护地区稳定和经济发展,不像苏格兰或北爱尔兰那样有底气选择独立。与采取激进的地区策略相比,推行促进经济发展的政策显得更为重要,这使得地区性政党的竞选策略时常处于模糊和困境之中。①

其次,从地区选民的分离诉求也可看出苏格兰和北爱尔兰的地区议价能力远大于威尔士。权力下放初期,约30%的苏格兰民众希望独立,这个数据在2005年增长至35%,随后有一定回落,2012年开始大幅增加,英国脱欧公投后寻求独立的声音得到进一步强化,2016年希望苏格兰独立的民众首次比希望留在英国的要多,2020年超50%的民众希望独立。与之类似,北爱尔兰的分离诉求在权力下放初期也较高,2006年高峰时有30%的民众希望和爱尔兰合并,随后逐渐下降到20%以下,直到英国脱欧公投后,分

---

① Thomas Christiansen, "Plaid Cymru: Dilemmas and Ambiguities of Welsh Regional Nationalism," in Lieven D. Winter and Huri Tursan, eds., *Regionalist Parties in Western Europe*, London; New York: Routledge, 2003, pp.125-142.

离诉求又有所上升。与之相反,在大部分年份里,只有不到10%的威尔士民众有独立诉求。①

最后,从各地区获得的自治权力大小来看,苏格兰在1998年不仅获得除保留事项外的主要立法权和全部行政权,还拥有与纳税人收入紧密相关的基本税率变更权,这是英国政府唯一对苏格兰下放的权力,而2012年和2016年通过的修正案给苏格兰下放更多财政权。1998年英国政府向北爱尔兰下放部分领域的主要立法权、部分行政权,同时保留地区民众通过民族自决与英国分离的权力,这是英国政府唯一对北爱尔兰释放的权力。尽管威尔士的分离诉求较小,1998年英国政府也对威尔士下放了次要立法权和全部行政权,在2011年威尔士全民公投后,又下放了部分领域的主要立法权,随后在2014年和2017年通过修正案,增加财政、选举、交通、能源和自然环境等领域的权力下放。如表1所示,与苏格兰和北爱尔兰的授权力度相比,威尔士仍是权力下放最少的地区,进一步佐证了其地区议价能力在三个地区最低的判断。

表1 英国三个地区在不同领域的权力下放状况

	政治	经济	其他
苏格兰	主要立法权、全部行政权	基本税率变更权	无
威尔士	主要立法权、全部行政权	无	无
北爱尔兰	主要立法权、部分行政权	无	地区民众通过民族自决与英国分离的权力

数据来源:https://www.gov.uk/guidance/devolution-settlement-scotland; https://www.gov.uk/guidance/devolution-settlement-northern-ireland; https://www.gov.uk/guidance/devolution-settlement-wales

---

① 数据来源:Scottish Social Attitude、Northern Ireland Life & Times、BBC/ICM poll。篇幅有限,不详细列出。

（二）地区性政党推进地区利益：策略与进展

政党竞选宣言是各政党可以呈递给选民看的、最为重要的正式文本，其关注和讨论的主要议题也是选民的核心关照。本文以地区政党在政党竞选宣言中主张的地区专属利益为主要线索，认为推进苏格兰独立、促进威尔士语复兴分别是苏格兰和威尔士最重要的地区专属利益。而在地区利益存在极端对立的北爱尔兰，地区专属利益难以识别，因此，本文围绕地区性政党如何推进地区共有利益来解释地区性政党能否在北爱尔兰获得执政权。由于英国脱欧对北爱尔兰的地区利益转变产生重要影响，本文将脱欧前和脱欧后的北爱尔兰案例进行独立分析，分别分析新芬党对脱欧前解除北爱尔兰武装和脱欧后推进爱尔兰统一的作用。

1. 苏格兰民族党的激进地区策略与成功推进苏格兰独立议题

苏格兰民族党成立于1934年，其政治目标是推动苏格兰独立，成为欧盟中的一员。在20世纪八九十年代，该党的策略主要局限于批评英国的经济政策，几乎没有什么想法描绘出一个等待中的政府。[1] 尽管苏格兰有石油资源带来的经济支撑，在英国政府控制地区政治的政治体系下，一个地区性政党想要推动地区独立还是难以想象的事情。直到权力下放改变了英国政治空间结构，苏格兰议会的成立给地区性政党带来制度机会，推动苏格兰独立才慢慢成为苏格兰民族党争取地区执政权的重要竞选策略。

本文首先通过计算苏格兰历届地区议会竞选宣言中推进或阻碍地区利益的句数，来分析各政党对地区利益的策略，计算方式如下：政党的地区策略指数（苏格兰独立）= 政党竞选宣言中促进苏

---

[1] Graeme Roy, "The Scottish National Party's Economic Prospectus for Independence: Out with the Old?" *The Political Quarterly*, Vol. 93, Iss. 1, 2022, pp. 87-94.

格兰独立举措的句数－阻碍苏格兰独立举措的句数。具体编码标准和示例请见附录一。如表2,权力下放后苏格兰民族党在推进苏格兰独立上的重视程度远高于其他几个政党,可见该党采取的是促进苏格兰独立的激进地区策略。

表2　苏格兰主要政党的地区策略指数(促进苏格兰独立)

	1999年	2003年	2007年	2011年	2016年	2021年
苏格兰工党	NA	NA	0	0	-1	-2
苏格兰保守党	0	0	0	0	-3	-4
苏格兰自由民主党	0	0	NA	0	-2	-3
苏格兰民族党	3	3	5	5	2	6

数据来源：https://blog.stevenkellow.com/scottish-parliament-election-manifesto-archive/。1999年、2003年、2007年有数据缺失。

尽管政党竞选宣言能够较好地呈现政党的地区利益策略,却难以揭示政党能否实际推进地区利益。因此,本文还对苏格兰民族党推进苏格兰独立议题的过程进行追踪,发现该党通过三个阶段的努力:将独立公投提上政治日程、推进第一次独立公投、推进第二次独立公投,已成功推进苏格兰独立议题,正在稳步推进第二次独立公投日程。

在权力下放初期,苏格兰工党是苏格兰第一大党,苏格兰民族党位居其后。在这个阶段,苏格兰民族党通过承诺举行独立公投、推出公投草案等将独立议题提上政治日程,向民众展现其推动地区利益的努力。在前三届的政党竞选宣言中,该党均做出推进独立公投的承诺,并在2007年提出《苏格兰独立公投草案》,2010年正式提起公投草案,将苏格兰独立正式推上政治议程。可见,苏格兰民族党将苏格兰议会作为制度平台,运用中央政府下放的主要立法权来推动独立公投进程,充分展现其推进苏格兰专属利益的能力。

■ 地区议价能力、政党地区策略与地区性政党的选举表现：
基于英国三个地区性政党的比较分析

随后，为争取独立公投的机会，苏格兰民族党一方面和苏格兰议会、英国议会进行协商和博弈，代表苏格兰与英国政府进行辩论。党魁萨尔蒙德（Alex Salmond）不仅与苏格兰秘书长摩尔（Michael Moore）进行多次公投谈判，还和英国前总理达令（Alistair Darling）进行多次电视辩论。另一方面组织"苏格兰脱英运动"，通过经济叙事和民族主义话语勾勒独立后由苏格兰民族党执政的美好蓝图，强化对独立议题的占有，为独立公投争取民意基础。2012年10月，独立公投获英国政府批准，在苏格兰民族党的领导和组织下进入筹备阶段。

2014年9月，苏格兰独立公投以失败告终。但苏格兰民族党丝毫没有停止脱英计划，很快开始筹备推进第二次全民公投。在英国脱欧公投后，苏格兰民族党很快推进举行第二次全民公投的地区议案。在英国面临脱欧困境时，苏格兰民族党不关注如何帮助英国在"脱欧"局面中争取最好处境和最大利益，而是关注如何推动第二次独立公投，充分体现其优先地区利益、滞后国家利益的行为倾向。后来在舆论压力下，党魁斯特金（Nicola Sturgeon）才宣布将"重置"全民投票计划，推迟到英国退出欧盟过程结束之前，与之前的政党宣言相比，2016年该党也较少提及独立事宜。

2019年12月，斯特金向英国首相正式请求在2020年举行第二次公投，但被英国政府拒绝，为此她表示将不排除举行"咨询性"独立公投。在新冠肺炎疫情影响下，2021年，其他政党的竞选宣言都以恢复经济为主，并齐齐攻击民族党的二次公投计划，只有苏格兰民族党仍大幅提及推进独立事宜。从目前情况来看，虽然苏格兰独立到现在还没有积极进展，但是苏格兰民族党在稳步推进该议程，清晰地向民众呈现实现地区独立的坚定决心。

2. 威尔士民族党的温和地区策略与推进威尔士语复兴受阻

威尔士民族党成立于1925年，成立之初只是为了保护和推广威尔士语的压力集团,后来演变为政党,其政治纲领是希望为威尔士人成立民族共同体,让威尔士人掌握自己的命运,并通过使用母语来做到这一点。① 在独立议题不受重视的情况下,复兴威尔士语成为威尔士最为核心又具有争议的地区专属利益。由于经济发展需要,移民涌入带来的多元语言成为复兴威尔士语的主要阻碍。2001年,威尔士民族党议员西蒙·格林(Seimon Glyn)在英国广播电台的采访中认为非威尔士的移民最好学习威尔士语,引发英语社会对威尔士民族党的炮轰。这次语言争议对威尔士民族党的地区策略产生重要影响。

本文通过计算威尔士议会竞选宣言中"促进威尔士语复兴举措"的句数减去"阻碍威尔士语复兴举措"的句数,得到各政党的"地区策略指数",具体编码和示例见附录二。如表3,除2021年外,威尔士民族党在复兴威尔士语上的重视程度都不及其他几个政党,在2003年和2007年甚至出现弱化威尔士语复兴、强调双语社会重要性的情况,而2021年威尔士民族党对语言议题的重视主要体现在对工党政府语言计划的支持,其原创政策只有6句。综合可见,该党没有采取促进威尔士语复兴的激进地区策略。

表3 威尔士主要政党的地区策略指数(促进威尔士语复兴)

	1999年	2003年	2007年	2011年	2016年	2021年
威尔士工党	0	5	3	12	2	8
威尔士保守党	0	4	NA	9	3	3
威尔士自由民主党	7	NA	9	6	1	10

---

① Anwen Elias, "From Protest to Power: Mapping the Ideological Evolution of Plaid Cymru and the Bloque Nacionalista Galego," *Regional and Federal Studies*, Vol. 19, Iss. 4-5, 2009, pp. 533-557.

(续表)

	1999 年	2003 年	2007 年	2011 年	2016 年	2021 年
威尔士民族党	0	-2	-1	8	0	39

数据来源：http://www.maniffesto.com。2003 年、2007 年有数据缺失。

通过对威尔士民族党促进威尔士语复兴的过程追踪，大致发现三个阶段的变化："格林事件"阻碍复兴威尔士语、借力威尔士工党复兴威尔士语、监督威尔士工党复兴威尔士语。在权力下放初期，威尔士民族党有提出保护威尔士语的政策规划，然而，2001 年"格林事件"对推进该议题产生严重阻碍。由于格林的不当言论，威尔士民族党被威尔士工党轻松丑化为"激进主义者的例子"①，其作为一个公正政党的能力被大大弱化。由于害怕卷入种族主义歧视的风波中，威尔士语政策在此后一段时间变得"去政治化"，很少有政党和利益集团提起，威尔士语言委员会直到 2012 年解散前都不愿意公开谈论此事，威尔士民族党也害怕因为过于维护威尔士语而丢掉席位，只好转为强调双语社会的重要性，这也是该党 2003 年和 2007 年对威尔士语复兴的重视程度为负数的主要原因。

与此同时，格林事件给予威尔士工党合理理由重新将自己定位为"威尔士的工党"，不仅成功与选民建立起强联系，还趁机将"建设威尔士双语社会"提上政治日程。他们利用"格林事件"来占有语言议题的主导权，反对将威尔士语作为政治立场的分界线，在多次竞选宣言中承诺会联合威尔士语委员会、地区政府和其他机构一起保护和推广威尔士语，且推出多个重要的语言法案，而威尔士民族党只能以助力者身份推进这一议题。2007 年，威尔士工党与威尔士民族党联合推出《一个威尔士：威尔士政府的议程》协议，

---

① Richard Wyn Jones, *The Fascist Party in Wales? Plaid Cymru, Welsh Nationalism and the Accusation of Fascism*, Chicago: The University of Chicago Press, 2014, pp.21-22.

做出捍卫威尔士语的明确承诺,并列出几项重要举措。尽管该协议达成是由于威尔士工党鲜有反对这些语言措施,威尔士民族党的努力也促进了这一协议的达成。①

2011年后,威尔士民族党开始以监督者身份来推进该议题。在2014年发布的《威尔士语的未来:关于回应和建议的总结》中,威尔士民族党收集了威尔士民众对现有威尔士语政策的意见和建议,以促进威尔士政府的政策制定和实施。在2021年的竞选宣言中,威尔士民族党有28句支持工党政府的最新计划——《威尔士语2050》,还有5句支持工党政府之前推出的法案,这表明威尔士民族党在推动威尔士语复兴上难以突破,而是成为威尔士工党威尔士语计划的支持者和监督者,正在逐渐放弃将威尔士语复兴作为其核心地区策略,转向新的地区竞选策略。

3. 脱欧前新芬党的温和地区策略与助力解除北爱尔兰武装

新芬党(Sinn Féin)成立于1905年,活跃于北爱尔兰和爱尔兰共和国,是北爱尔兰最大的民族主义阵营政党,其政治目标是推动北爱尔兰与爱尔兰共和国合并。北爱尔兰武装冲突由来已久,主要体现为与新芬党联系紧密的爱尔兰共和军与统一主义阵营的厄尔斯特防卫联盟和忠诚派志愿军之间的冲突。1998年8月15日,爱尔兰共和军对奥马(Omagh)市中心进行炸弹袭击,造成29人死亡,数百人受伤,这是北爱尔兰自1979年以来最为严重的准军事袭击,解除准军事力量的武装成为民族主义者和统一主义者都在意的关键问题,也是北爱尔兰在权力下放初期最重要的地区利益。

由于北爱尔兰政党背后的军事力量支持,政党多以政治军事行动来表明对地区利益的站位,政党竞选宣言对分析北爱尔兰政党的地区策略帮助不大。因此,本文通过1997年8月由多方国际

---

① Catrin Wyn Edwards, "Language Policy, In-Migration and Discursive Debates in Wales," *Language Policy*, Vol.16, Iss.2, 2017, pp.165–188.

力量组建的"解除武装独立国际委员会"出具的 22 份报告,结合学者研究、新闻报道等资料来分析新芬党在解除北爱尔兰武装冲突中的作用,其主要体现为三个阶段的努力:去军事化、说服爱尔兰共和军封存武器、支持北爱尔兰政府的警力改革。

英国政府在 20 世纪 90 年代末与新芬党多次秘密通话,力图让爱尔兰共和军停火。1994 年,爱尔兰共和军第一次宣布停火,然而维持不久便在伦敦、里斯本引爆多枚炸弹。1996 年,新芬党宣布放弃弃权主义(Abstentionism),参加地区选举,标志着该党开始去军事化,走向政治化。1998 年,新芬党参与《耶稣受难日协议》的协商与签署。新芬党本来不同意建立北爱议会,直到中央政府支持释放早期的准军事囚犯,并将北爱尔兰政府与北-南部长理事会联系起来,使新芬党在行政决策上能主张全爱尔兰的情况,他们才转而支持权力下放。

加入政治体制竞争后的新芬党不仅要跟统一主义政党建立长期稳固的工作关系[1],还面临着获得统一主义阵营选民信任的难题,同时还保留让他们放弃留在英国的最终愿望。[2] 这意味着新芬党要与给地区带来暴力威胁的爱尔兰共和军开始"保持距离"。然而,在是否要封存武器的问题上,新芬党及其支持者仍感到不安,他们希望在危险时能获得爱尔兰共和军的保护。爱尔兰共和军在封存武器上的犹豫不决造成北爱尔兰多次局势紧张,新芬党多次起到关键的说服、调停作用,为解除北爱尔兰武装作出较大贡献。

在解除武装后的后冲突时代,为了保证权力共享和地区稳定,

---

[1] Eoin. Ó Broin, *Sinn Féin and the Politics of Left Republicanism*, London: Pluto, 2009, p.305.

[2] Jocelyn Evans, Jonathan Tonge, "From Abstentionism to Enthusiasm: Sinn Féin, Nationalist Electors and Support for Devolved Power-Sharing in Northern Ireland," *Irish Political Studies*, Vol.28, Iss.1, 2013, p.42.

北爱尔兰政府对警察力量的重组和改革尤为重要。新芬党曾拒绝参与改革警务委员会和地区警务合作伙伴关系等,并公开批评改革的意义。① 直到 2007 年,新芬党才同意接受重组的北爱尔兰警察局、法院和法治。然而,新芬党对解除北爱尔兰武装的助力并不预示着其已改变政治目标和服从英国利益②,从新芬党在英国脱欧公投后明确反对和英国一起脱离欧盟可以看出。

可见,新芬党对解除北爱尔兰武装的作用具有双重性,一方面新芬党和爱尔兰共和军的紧密联系造成潜在的武装威胁,违背地区共有利益的实现,但后来通过参加地区选举,这种威胁慢慢被消除;另一方面新芬党积极说服爱尔兰共和军封存武器,与统一主义阵营妥协,为解除北爱尔兰武装作出较多贡献,又推进了地区共有利益的实现,促使新芬党获得较好的选举表现。

4. 脱欧后新芬党的激进地区策略与稳步推进爱尔兰统一

2016 年 6 月 23 日,英国举行脱欧公投,公投结果决定脱离欧盟。这种外部结构变化的强烈冲击导致北爱尔兰的地区利益发生很大转变,因此有必要单独进行分析。1998 年,《贝尔法斯特协议》确立的"开放边界"对维持北爱尔兰地区和平起到关键作用,即通过强化英国和爱尔兰同属欧盟成员国的关系来增加爱尔兰岛内的人员流动和合作,来淡化族群差异和冲突。然而,英国一旦脱欧成功,北爱尔兰与爱尔兰共和国之间的边境将进行必要的监管,相当于在爱尔兰岛中间设立一条硬边界,对双方的经济、政治以及和平稳定都将产生很大影响。

2018 年 2 月,由约翰·加里(John Garry)领导的调研报告指

---

① David H. Bayley, "Post-Conflict Police Reform: Is Northern Ireland a Model?" *Policing: A Journal of Policy and Practice*, Vol. 2, Iss. 2, 2008, pp. 233-240.

② Matthew Whiting, "Moderation without Change: The Strategic Transformation of Sinn Féin and the IRA in Northern Ireland," *Government and Opposition*, Vol. 53, Iss. 2, 2018, pp. 288-311.

■ 地区议价能力、政党地区策略与地区性政党的选举表现：
基于英国三个地区性政党的比较分析

出,46.6%的北爱尔兰公民希望在英国脱欧后进行统一爱尔兰公投,超过37.1%的人不希望进行公投,16.3%的人表示不知道。① 乔恩·汤格(Jon Tonge)也指出,尽管北爱尔兰最近的民意调查证实了大多数人对宪法现状的支持,但差距已大大缩小,有更多受访者支持爱尔兰统一。② 尽管这些民意调查的准确性和有效性需要被合理地质疑,但越来越多的证据表明,英国脱欧尤其是硬脱欧特别增加了对统一爱尔兰公投的需求,催化了关于爱尔兰岛未来宪政格局的辩论,并使统一爱尔兰有更直接的可能性。③ 这些证据也表明,在英国做出脱欧决策后,北爱尔兰地区利益的天平已经从解除北爱尔兰武装、推进地区和平向反对英国硬脱欧、维护爱尔兰岛的整体利益上倾斜。

自英国宣布进行脱欧公投以来,新芬党主要通过以下行动来促进北爱尔兰地区利益:说服选民选择"留欧"、提出北爱尔兰"特殊地位"方案、推进统一爱尔兰公投。2015年,保守党政府当选后,新芬党承诺为英国留在欧盟进行竞选活动,这对有疑欧传统的新芬党来说并不是一个容易的决定。新芬党不仅在1972年爱尔兰是否要加入欧洲共同体和1975年英国是否要继续成为欧洲共同体的公投中都组织民众投反对票,也没有参加第一届欧洲议会的竞选,直到20世纪80年代才意识到在欧洲议会活跃能给他们主张成为"全爱尔兰岛的政党"带来更多可信度。1984年,新芬党开始派候选人参与欧洲议会竞选,直到2004年才有代表入选为欧洲议会议员。尽管欧盟为北爱尔兰划拨了数十亿的和平计划基

---

① John Garry et al., *Northern Ireland and the UK's Exit from the EU What do People Think? Evidence from Two Investigations: A Survey and a Deliberative Forum*, Belfast: Queens University Belfast, 2018, p.43.

② Jon Tonge, "General election 2019: Northern Ireland," *Political Insight*, Vol.11, Iss.1, 2020, pp.13-15.

③ Eileen Connolly and John Doyle, "Brexit and the Changing International and Domestic Perspectives of Sovereignty over Northern Ireland," *Irish Studies in International Affairs*, Vol.30, 2019, pp.217-233.

金,新芬党与欧盟的迅速和解却没有完全实现,从新芬党在爱尔兰关于阿姆斯特丹、尼斯和里斯本条约的公投中都提倡投反对票可以看出。但欧盟越来越不被视为对新芬党追求南北一体化政策不利的角色,而是被视为一个有缺陷的盟友。① 新芬党在脱欧公投中支持"留欧",标志着该党对欧政策演变的重要转折点,也表明他们为了促进爱尔兰统一,改变以往对欧盟的排斥倾向,甚至走向亲欧立场。

在脱欧公投后,有不少声音认为英国脱欧将是新芬党推进爱尔兰统一的最佳时机。但新芬党在2017年4月首先提出留在现行宪法框架的方案:指定北爱尔兰在欧盟的特殊地位,以对抗保守党的硬脱欧方案。新芬党对北爱尔兰"特殊地位"的追求代表着试图减轻英国脱欧的风险,而不是利用其机会。② 这与民主统一党不顾爱尔兰岛整体利益、坚持硬脱欧的做法截然不同。随着英国脱欧在北爱尔兰变得越来越政治化,"特殊地位"提案也成为新芬党和民主统一党的重要区别,也是新芬党塑造独特脱欧叙事的核心。由于该提案的实施涉及加强与欧盟的沟通,新芬党为此组织向欧盟议会内所有政治团体介绍该提案的简报会,并与个别欧洲议会议员和官员进行一系列密集接触,还定期与欧盟相关工作组进行会面。尽管2017年北爱议会停摆后,新芬党相对缺乏制度化的权力来影响脱欧协议谈判,但这些"外交"努力对最终英国和欧盟达成暂不设置"硬性"边界的《协定书》起到推动作用。

然而,这种局限在现行宪法结构下的"特殊地位"方案并没有

---

① Agnès Maillot, "Sinn Féin's Approach to the EU: Still More 'Critical' than 'Engaged'?" *Irish Political Studies*, Vol. 24, Iss. 4, 2009, pp. 559-574.

② Jonathan Evershed, Mary C. Murphy, "An bhfuil ár lá tagtha? Sinn Féin, Special Status and the Politics of Brexit," *The British Journal of Politics and International Relations*, Vol. 24, Iss. 2, 2022, pp. 243-258.

给新芬党带来选举利益。该方案与爱尔兰政府提出的应对方案较为相似,支持留欧的战略定位与爱尔兰统一公投的策略也有所冲突,导致他们在 2018 年爱尔兰大选、2019 年爱尔兰地方选举和欧洲议会选举等一系列选举中付出代价。随着强硬派鲍里斯·约翰逊(Boris Johnson)的上台和步步紧逼,新芬党也开始调整策略,将"特殊地位方案"转变为"统一爱尔兰方案",以更好地维护地区利益。在 2019 年威斯敏斯特竞选宣言中,新芬党重点强调"爱尔兰统一是英国脱欧的解决方案",并强调通过推进爱尔兰统一来重新进入欧盟,还使用大量民调数据来证明"统一才是民心所向"。而在 2022 年北爱议会竞选宣言中,新芬党已完全不提"特殊地位"方案,而是给统一爱尔兰公投设立了更为细致的议程,包括设立全爱尔兰岛公民议会、与爱尔兰政府和英国政府商定公投日期等,稳步推进统一爱尔兰公投的政治日程。

综合脱欧前后的案例分析来看,权力下放后新芬党对爱尔兰统一的立场先从极端走向温和,而当北爱尔兰的议价能力在英国脱欧后得到增强时,新芬党又从温和走向极端,目前正在稳步推进爱尔兰统一公投。具体而言,在前一个阶段需要解除北爱尔兰武装时,新芬党积极配合去军事化,说服真爱尔兰志愿军成功缴械,推进和平进程。而在地区利益因脱欧而严重受损时,新芬党先采取较为温和的应对态度,在碰壁后果断采取强硬的推动统一计划。

(三)地区性政党的选举表现:结果比较与原因分析

在英国权力下放之前,苏格兰和威尔士都是工党的主要票仓,地区性政党表现平平,而北爱尔兰的地区性政党还没进入政治体制,主要通过武装暴力来表达利益诉求。在地区议会成立后,苏格兰、威尔士和北爱尔兰的地区性政党执政情况出现较大差异。如表 4、表 5、表 6,苏格兰民族党经历了"在野—联合执政—独自执政"的过程,自2011年起单独执政苏格兰,且位置保持稳定。新芬党的政治影响力也在逐渐增加,第一届地区议会选举时席位数仅居地区第四,此后逐步攀升,2007年后稳居地区第二,成为民族主义阵营第一政党、主要执政党,2022年首次超过民主统一党,成为北爱尔兰第一大党。而威尔士民族党的历届选票数波动不大,只在2007年与威尔士工党有过短暂的联合执政,但不是第一大党,后续选举表现持续不佳。

表4　1999—2021年苏格兰议会的主要政党议席数和执政党情况

	1999年	2003年	2007年	2011年	2016年	2021年
苏格兰工党	56	50	46	37	24	22
苏格兰保守党	18	18	17	15	31	31
苏格兰民族党	35	27	47	69	63	64
苏格兰自由民主党	17	17	16	5	5	4
地区执政党	苏格兰工党和苏格兰自由民主党	苏格兰工党	苏格兰民族党和苏格兰自由民主党	苏格兰民族党	苏格兰民族党	苏格兰民族党

表5　1998—2022年北爱尔兰议会的主要政党议席数和执政党情况

	1998年	2003年	2007年	2011年	2016年	2017年	2022年
厄尔斯特统一党	28	27	18	16	16	10	9
民主统一党	20	30	36	38	38	28	25
社会民主工党	26	18	16	14	12	12	8
新芬党	18	24	28	29	28	27	27

(续表)

	1998年	2003年	2007年	2011年	2016年	2017年	2022年
地区执政党	厄尔斯特统一党和社会民主党	英国中央政府直接统治	民主统一党和新芬党	民主统一党和新芬党	民主统一党和新芬党	民主统一党和新芬党	新芬党和民主统一党

表6 1999—2021年威尔士议会的主要政党议席数和执政党情况

	1999年	2003年	2007年	2011年	2016年	2021年
威尔士工党	28	30	26	30	29	30
威尔士保守党	9	11	12	14	11	16
威尔士民族党	17	12	15	11	12	13
威尔士自由民主党	6	6	6	5	1	1
地区执政党	威尔士工党和威尔士自由民主党	威尔士工党	威尔士工党和威尔士民族党	威尔士工党	威尔士工党	威尔士工党

数据来源：www.parliament.scot；http://www.niassembly.gov.uk；https://senedd.wales

在权力下放的背景下，如何解释同一国家内地区性政党的选举表现差异？基于前面的分析，地区议价能力和政党地区策略是影响地区性政党选举表现的重要变量。在议价能力强的地区，地区性政党倾向于选择激进地区策略，有利于地区专属利益的实现，而地区议价能力弱直接限制了地区性政党采取激进地区策略，不利于其推进地区专属利益，会阻碍其成为地区执政党。此外，当地区议价能力变强的时候，地区性政党也会更主动选择激进地区策略，进而有助于其获得更好的选举结果。详细案例比较如图2所示。

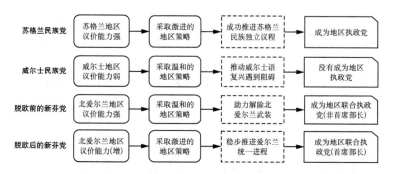

图 2　苏格兰民族党、威尔士民族党和脱欧前后新芬党的案例比较

具体而言,苏格兰在权力下放初期就获得了主要立法权,给苏格兰民族党推进公投法案的起草和落实提供重要权力基础,由石油利益归属带来的经济争议、民众较高的分离诉求为苏格兰民族党与国家进行利益博弈时提供了很大底气,增加了其选择激进地区策略的动力,为顺利推进苏格兰独立议程奠定了重要基础,由此获得地区选民信任,自2007年后主导苏格兰至今。

在北爱尔兰,由于严重的宗教冲突和较高的民众分离诉求,中央政府允许北爱尔兰在独立方面保留民族自决的权力,并积极吸纳新芬党进入地区议会,通过赦免军事犯人,在政府机构、警队成员中增加新芬党人员和基督徒比例等方式给予较多政治利益,这直接增加了新芬党去军事化和推动地区共有利益的动力,而北爱尔兰民众在脱欧后的分离诉求持续升高,也直接给新芬党推进爱尔兰统一增加了谈判资本,促使他们采取更为激进的地区策略,致力于推进爱尔兰岛的整体利益,并在2022年首次成为北爱尔兰第一大党,其党魁首次成为北爱尔兰首席部长。

然而,在议价能力较差的威尔士,地区经济实力不够意味着对英国政府的依赖,发展经济比维护地区语言更重要,产生了因移民问题带来的语言争议,直接限制威尔士民族党采取复兴威尔士语的激进地区策略,该议题也因此被威尔士工党拦截,导致威尔士民族党没有推进其创始时立志复兴威尔士语的政党目标和地区利益,直接阻碍了其获得地区执政权。

五、结语

要充分理解地区性政党的不同选举表现,我们需要了解地区性政党的两个面向。国内研究已关注到地区性政党作为代表地区的政党面向,他们常常以分离主义政党的面貌出现,直接或间接地推动分离主义运动的发展。[①] 但还较少关注到地区性政党作为渴望执政的政党面向,他们会采取不同的地区策略(组合)来竞选地区执政党。已有研究认为经济-地区双维度竞争策略模型是分析地区性政党竞选策略较为有效的分析工具[②],本文则进一步将政党地区策略区分为激进地区策略和温和地区策略,并分析其给地区性政党带来的选举表现差异。

地区性政党作为一个具有双重面向的特殊政党类型,也正是地区因素和政党因素共同影响其能否成为地区执政党。从英国地区性政党的案例比较结果来看,在议价能力强的苏格兰,苏格兰民族党倾向于选择激进地区策略,有利于其推动独立议题,并促使其成为地区执政党。而在议价能力弱的威尔士,威尔士民族党没有采取促进威尔士语复兴的激进地区策略,最终阻碍其获得地区执

[①] 胡莉:《政党政治动员与民族分离主义:苏格兰民族党在苏格兰分离态势形成中的作用》,《国际政治研究》2020年第2期;黄洋:《权力下放背景下苏格兰民族党和威尔士党分离主义策略的比较研究》,北京外国语大学博士学位论文,2020年;余涛、杜红娟:《当代苏格兰民族主义运动中的政党因素》,《中南民族大学学报》(人文社会科学版)2021年第6期。

[②] Anwen Elias, Edina Szöcsik and Christina Isabel Zuber, "Position, Selective Emphasis and Framing: How Parties Deal With a Second Dimension in Competition," *Party Politics*, Vol. 21, Iss. 6, 2015, pp. 839-850;李小丹:《政党政治地区化的两条路径:以权力下放后的英国为例》,《当代世界与社会主义》2022年第5期。

政权。当北爱尔兰的议价能力在英国脱欧后得到增强时,新芬党采取了更为激进的地区策略,正在稳步推进爱尔兰统一公投,该党也因此首次成为北爱尔兰第一大党。

在分离主义研究中,地区性政党的选举表现是不可忽视的重要变量。如果地区性政党成功发展为地区执政党,则容易助长地区的分离主义。反之,地区一般较为稳定。传统研究常以地区-文化差异来解释地区性政党的选举表现,新近研究却揭示了地区性政党采取不同地区策略的重要影响,本文试图综合这两大流派的观点,提出从地区议价能力到政党地区策略的解释框架,为解释地区性政党的选举表现和分离主义的演化提供一个补充视角。地区性政党的执政和分离危机不仅仅是民族国家内中心-边缘矛盾的简单再现,更是地区性政党和全国性政党地区分支在地区政治空间的竞争结果。从地区差异到政党差异的因果推导,有助于更全面地把握地区性政党成功执政地区的内在逻辑。

附录一 苏格兰政党地区策略指数(促进苏格兰独立)的句子编码规则和示例

句子编码的具体规则	句子示例	编码示例
促进苏格兰独立举措的句子编码为1	We Want to Give People in Scotland the Right to Choose Their Own Future Through an Independence Referendum. —Scotland National Party 2021	1
阻碍苏格兰独立举措的句子编码为-1	So the Only Way We Can Choose to Continue With Recovery is by Stopping that SNP Majority and Their Plans for Another Independence referendum. —Scotland Conservative Party 2021	-1

(续表)

句子编码的具体规则	句子示例	编码示例
与苏格兰独立相关,但不是举措的句子编码为0	On the INDEPENDENCE... By Definition a Devolved Parliament is limited in What it Can Do. ——Scotland National Party 1999	0
意思相同的n个句子只编1次码	We Are Seeking Your Permission at This Election for an Independence Referendum to be Held after Covid. We Are Seeking the Permission of the Scottish People in This Election for an Independence Referendum to Take Place after the Crisis. ——Scotland National Party 2021	1

附录二 威尔士政党地区策略指数(促进威尔士语复兴)的句子编码规则和示例

句子编码的具体规则	句子示例	编码示例
促进威尔士语复兴举措的句子编码为1	Promote and Support the Welsh Language With One Million Welsh Speakers by 2050. ——Welsh Conservative Party 2021	1
阻碍威尔士语复兴举措的句子编码为-1	While Committed to the Strengthening of the Welsh language and to Building a Bilingual Nation, We also Value and Will Promote the English language Tradition of Wales. ——Plaid Cyrum 2003	-1
与威尔士语复兴相关,但不是举措的句子编码为0	Our Welsh language is a National Treasure, Reflecting Our Long History. ——Welsh Labour Party 2021	0

(续表)

句子编码的具体规则	句子示例	编码示例
意思相同的 n 个句子只编 1 次码	Set a Target of 1,000 New Welsh language Spaces, Including Cultural Spaces and Workplaces, to Increase the Use of Welsh. Promoting the Use of the Welsh language in Arts Activities, Including New Welsh language Spaces. 　　　　　　　　—Plaid Cyrum 2021	1

Regional Bargaining Power, Party Regional Strategies and Regionalist Party's Performance: A Comparative Analysis of Three Regionalist Parties in the UK

Xiaodan LI　Junzhi HE

Abstract: While traditional research often uses regional-cultural variances to explain the electoral performance of regionalist parties, recent research has revealed the significant impact of regionalist parties' different regional strategies. This paper synthesizes these two models and proposes an explanatory framework from regional bargaining power to party regional strategies, and taking British as an example. The study found that in Scotland, where regional bargaining power is strong, Scottish National Party tends to adopt radical regional strategies that help it promote independence issues and become a regional ruling party. In Wales, where regional bargaining power is weak, Plaid Cyrum adopts a moderate regional strategy, which ultimately prevents it from gaining regional ruling power. While Northern Ireland's bargaining power was gaining strength after Brexit, Sinn Féin adopted a more radical regional strategy and was steadily advancing the Irish unity referendum issue, making it the largest party in the region for the first time. The causal inference from region variances to party variances contributes to fully understand the internal logic of regionalist parties' success.

Keywords: UK; Regionalist party; Regional bargaining power; Party regional strategies; Exclusive regional benefits

中国政治史

国家兴衰的精英基础
——精英吸纳、精英网络与魏、蜀、吴三国国家构建的不同命运[*]

黄 晨[**] 杨端程[***]

[内容提要] 精英如何组织国家是社会科学特别是政治学研究的母题之一,中国的国家治理经验虽已成为学界的焦点,但我们在理论上尚未真正超越"西欧中心论"。学界聚焦于与西欧相似的春秋战国、受西欧影响的现代中国这"一头一尾",但中间两千年的兴衰分合有哪些独特的经验?这两千年中尝试建设国家的精英团体比比皆是,为什么有时建成了强国家而有时只有弱国家?本文基于原创性的历史数据库,通过比较案例研究、描述性统计与社会网络分析相混合的方法,解释了著名的魏、蜀、吴三国国家构建的不同命运。魏国均衡而广泛地吸纳了各阶层精英,建立了相对团结的精英网络,因此国家能力较强;吴国面临着宗室和地方大族的垄断,精英也长期分裂,因此难以完成动员、汲取和战争;蜀汉精英先团结、后分裂,精英来源广泛但过于依赖中下层,因此国家能力先强后弱。综而观之,精英吸纳和精英网络不仅能解释传统中国的国家史,也能为现代的

---

[*] 本文系中国人民大学重大项目"中国现代国家史研究"(项目编号:2019030142)成果,作者感谢赵鼎新、陈明明、徐勇、时殷弘、杨光斌、王续添、贺东航、王裕华、张善若、孙砚菲、尤怡文、郦菁、张杨、许嫣然、刘露馨等学者的宝贵建议。

[**] 黄晨,中国人民大学国际关系学院副教授,历史政治学研究中心秘书长。

[***] 杨端程,华东政法大学政府管理学院讲师。

国家治理提供理论镜鉴。

[**关键词**] 国家构建；精英吸纳；精英网络；历史社会科学

本文旨在回答一个社会科学中公认重要却又有待探索的问题：什么样的人员结构才能造就强大的国家？因为无论是战争、经济还是国际环境在"制造国家"，它们都必须通过影响政治精英（political elites）来塑造国家机器。而中国不仅是国家理论的重要来源，历史上更是留下了浩如烟海的经验资料：无论是古代的秦始皇、唐太宗，还是现代的毛泽东、邓小平，显然都对如何发掘精英、对待精英留下了具体的经验。我们理应从这些尚未充分开采的历史富矿中，发展出既有本土解释力又有普遍适用性的历史社会科学理论。

一、精英与国家构建：用中国历史发展国家理论

众所周知，社会科学中的国家研究兴起于20世纪下半叶的美国，其经验主要来源于17世纪以来的西方民族国家历史。而中国虽然拥有更漫长的国家史和更丰富的经验，现有的研究却远没有形成系统的理论，发挥世界性的影响。其中一个重要原因就是社会科学理论和历史经验的明显错位：国内外社会科学界在提炼理论时，很少关注中国20世纪以前的历史经验；而历史学界虽然为中国历代的国家构建积累了丰富的事实性描述，但很少进行理论化和比较性的检验，以解决社会科学界的需要。针对这样的学术现状，我们自然需要分别检讨社会科学学和历史学两个领域的相关文献。

（一）社会科学领域的"第三波"国家构建研究及其不足

自20世纪下半叶至今，社会科学界依次出现了三波国家构建研究的浪潮。第一波以西达·斯考切波（Theda Skocpol）1979年的《国家与社会革命》为标志，可称为"找回国家"浪潮。但他们是以国家为自变量来解释其他的政治现象，尚未触及国家构建的过程。第二波以查尔斯·蒂利（Charles Tilly）1990年的《强制、资本和欧洲国家》为标志，可称为"国家形成"浪潮，因为他的名言"战争制造国家，国家也制造战争"①推动学界将国家当作因变量。在此后的20余年中，大部分国家构建和兴衰研究都没有超出蒂利范式，只不过大家聚焦的自变量不同，关注的国家也越来越多样。② 随着2000年以后蒂利范式影响到中国研究领域，不仅当代中国的国家构建成为研究热点，蔡泳、许田波和赵鼎新等华人学者还将视野上溯到中国与西欧最相似的春秋战国时期，揭示了早期战争与国家的互动关系。③ 在此基础上，弗朗西斯·福山④等非中国研究学者也开始将中国视为世界上国家构建的先行者。

---

① 蒂利早在1975年即提出这一论断，但产生全面影响则是后来的事。Charles Tilly, ed., *The Formation of National States in Western Europe*, New Jersey: Princeton University Press, 1975, p.42.

② 如 Brian Downing, *The Military Revolution and Political Change: Origins of Democracy and Autocracy in Early Modern Europe*, New Jersey: Princeton University Press, 1992; Michael Desch, "War and Strong States, Peace and Weak States?" *International Organization*, Vol.50, No.2, 1996, pp.237-268; Linda Weiss, "The State-Augmenting Effects of Globalisation," *New Political Economy*, Vol.10, No.3, 2005, pp.345-353.

③ Edgar Kiser, Yong Cai, "War and Bureaucratization in Qin China: Exploring an Anomalous Case," *American Sociological Review*, Vol.68, No.4, 2003, pp.511-539; [美]许田波：《战争与国家形成：春秋战国与近代早期欧洲之比较》，徐进译，上海人民出版社，2009年; Dingxin Zhao, *The Confucian-Legalist State: A New Theory of Chinese History*, Oxford: Oxford University Press, 2015.

④ 福山关于中国的章节引用的都是上述学者和美国汉学界的成果，参见[美]弗朗西斯·福山：《政治秩序的起源：从前人类时代到法国大革命》，毛俊杰译，广西师范大学出版社，2012年。

然而,本文为什么认为出现了第三波研究呢? 因为蒂利范式聚焦的是战争、经济、国际环境等国家之外的自变量,而把国家本身看作一个整体,亦即尚未真正打开国家的"黑箱"。传统的宏观研究更无法回答,为什么面对完全相似的外部环境,有的国家能力强,而有的国家却衰亡了? 其实蒂利晚年已经开始反思宏观研究的问题,提倡以中观层面的机制研究取代宏观层面的大理论,因为没有任何一个大理论能解释政治现象的全过程。① 在 2010 年以来的实证著作里,学者们也纷纷开始"拆散国家",考察这一黑箱内部的"组成部件"和"装部件的人"——政治精英。正如理查德·拉克曼(Richard Lachmann)所强调的,精英斗争是国家构建的核心机制:"只有当精英及其组织能力统一在一个单一的机构中时,国家才能建立起来。"②

尽管不同领域的学者分别使用"统治者"(ruler)、"派系"(faction)和"政治联盟"(political alignment)等不同概念来描述政治精英,精英本身已成为解释国家构建与兴衰的核心中介。在精英网络分析专家约翰·帕杰特(John Padgett)的影响下,一批学者聚焦近代政府与市场之间的精英互动。③ 丽萨·布雷德斯(Lisa Blaydes)和埃瑞克·钱尼(Eric Chaney)通过比较中世纪西欧与中东统治者与政治精英的关系,回答了为什么西欧能形成稳定的国家统治。④ 而随着以中国为代表的非西欧历史进入主流视野,那些与西欧民族国家不同的组成部件和机制也在不断浮现。按马

---

① Charles Tilly, "Mechanisms of the Middle Range," presented at Columbia University, July 22, 2007.
② [美]理查德·拉克曼:《国家与权力》,郦菁、张昕译,上海人民出版社,2013 年,第47页。精英斗争的亚洲经验则参见 Tuong Vu, *Paths to Development in Asia: South Korea, Vietnam, China, and Indonesia*, Cambridge: Cambridge University Press, 2010.
③ See John Padgett, Walter Powell, eds., *The Emergence of Organizations and Markets*, New Jersey: Princeton University Press, 2012. 但书中多数文章更关心近代市场组织而非国家的形成。
④ Lisa Blaydes, Eric Chaney, "The Feudal Revolution and Europe's Rise: Political Divergence of the Christian West and the Muslim World before 1500 CE," *American Political Science Review*, Vol.107, No.1, 2013, pp.16-34.

克·丁切科(Mark Dincecco)和王裕华的比较,虽然中国和西欧都经历过"战争制造国家",但春秋战国以后的中国在精英退出机制、权力分配、威胁来源等各个方面都与西欧不同,因此亟需探索新的解释机制。①

第三波研究为本文提供了从精英到国家的问题背景,但它们还存在明显的缺陷。目前的理论既没有充分发掘中国历史经验,超越"西欧中心论",也没有精确地给出精英吸纳和精英团结的具体机制,真正提供镜鉴。

首先,第二波和第三波研究已经聚焦于当代中国和春秋战国的国家构建,为什么还未真正超越西欧中心论呢?那些认为20世纪或者晚清以后才有国家构建的论著,往往将20世纪前的中国称为"帝国"(empire)"王朝"(dynasty),而非近现代西欧意义上的"民族-国家"(nation-state),这可称之为一种"当代中心论"。无论是主张当代国家源自西方冲击者,还是强调共产党建国的能动性者,都假定了西欧的民族国家才是现代国家形式,都假定了现代国家与传统国家的断裂,似乎中国的现代国家构建是"平地起高楼"。实际上,很多国内学者已经指出,当代中国国家虽然在民族-国家关系方面比较新颖,但在官僚制、中央-地方关系、国家-社会关系等很多方面都与历史是延续而非断裂的。② 因此,即便英国、法国、美国的国家构建理论始自近代,我们对中国国家构建的解释也必须深入古代,以拓展国家理论的深度与广度。

而前述以赵鼎新和许田波为代表的学者,的确将国家理论拓展到了古代,但也只能将其称之为一种"春秋战国中心论"。因为

---

① Mark Dincecco, Yuhua Wang, "Violent Conflict and Political Development over the Long Run: China versus Europe," *Annual Review of Political Science*, Vol. 21, 2018, p. 348.

② 例如徐勇:《历史延续性视角下的中国道路》,《中国社会科学》2016年第7期;杨光斌:《历史政治学视野下的当代中国政治发展》,《政治学研究》2019年第5期;陈明明:《中国政府原理的集权之维:历史与现代化》,《公共管理与政策评论》2021年第1期。

春秋战国与近代西欧的相似性,使得他们基本只关注中国这一次国家构建,认为后面的两千年没有太大变化,也没有太多可资借鉴的现代性因素:"在19世纪西方到来以前,没有任何力量在根本意义上动摇过儒法政治制度。"① 实际上,中国历史上的战争和国家竞争层出不穷,国家构建也绝不可能毕其功于一役。特别是秦汉王朝崩解后又进入魏晋南北朝的漫长分裂阶段,这与罗马帝国崩解后的中世纪西欧极为相似,但恰在这一阶段后,西欧逐渐走向分裂而有限的民族-国家体系,中国却再次建构起统一而强大的国家。新一轮的分化,恰恰证明了春秋战国以后历次国家构建的重要性,因此,也有世界史学者呼吁大家重视中西"近代大分流"之前"更早的大分流"。② 更进一步,如果我们用"儒法国家"(Confucian-Legalist State)这种宏观概念来分析这两千年,那么确如赵鼎新所言,很多朝代没有整体性的改变;但如果我们打开国家的黑箱,考察儒法国家构建的中层部件及其缔造的不同国家能力,就会发现它们的形成时间不同,衰亡原因不同,现代性的含量也不同,一些部件甚至直接被现代中国所沿用。

另一个缺陷是,第三波研究的故事很多而实证性不高,可以说是找到了国家这一黑箱里的"零件",却没完全揭示"制造零件"的手段和过程。例如,安德烈亚斯·威默(Andreas Wimmer)证明了跨族群的组织能帮助国家整合公民,却回答不了怎样才能让这些组织听国家的而不是各自为政③;拉克曼部分地回答了这个问题,他告诉我们这些组织的精英必须完成"国家化",但又没有回答到

---

① Dingxin Zhao, *The Confucian-Legalist State: A New Theory of Chinese History*, New York: Oxford University Press, 2015, p.294.

② Walter Scheidel, "From the 'Great Convergence' to the 'First Great Divergence': Roman and Qin-Han State Formation and Its Aftermath," in *Rome and China: Comparative Perspectives on Ancient World*, Oxford: Oxford University Press, 2009, pp. 20—23.

③ [瑞士]安德烈亚斯·威默:《国家建构:聚合与崩溃》,叶江译,格致出版社,2019年,第52—78页。

底何种手段才能将他们"国家化"。①

实证性不高的根源在于很多论著对精英与国家能力等关键概念缺乏精确的定义和检验。威默曾强调：此前的作品总在描述"指向现代化的抽象力量"，而今后需要"精确地识别和确定国家整合的发生过程"；此前的作品常常"收集说明性的例子来支持广泛的理论主张"，而今后需要"更高的分析精度和方法论的严谨性"。② 但他的著作也没有解决这个问题，《国家建构》前半部的比较案例横跨中国与俄罗斯、博茨瓦纳与索马里等情况迥异的国家，难以控制变量；后半部对世界各国进行计量检验，又难以说明其与前面定性叙事的关系。因此，选择合适的案例和实证方法是未来研究需要解决的另一件事。

总之，针对现有文献"非中国中心论"和实证性不够这两个问题，本文需要选择什么样的历史案例就呼之欲出了：第一，它需要是春秋战国以后、当代中国崛起以前的重要变革时期，以超越"当代中心论"和"春秋战国中心论"的局限；第二，它最好是一组可以控制变量的比较案例，以避免个案研究和纯粹量化研究的一些局限；第三，历史学领域对本案例提供了一定的材料积累，却又没有完成严格的解释，这就适合政治学家进一步去开拓。这样看来，春秋战国以后第二次长期战争与"大分流"的三国时期，正是满足这些条件的最佳案例之一。

（二）历史学领域的三国国家研究及其不足

前面提到，历史学领域对这些重大变革时期都是有研究积累

---

① 郦菁在《国家与权力》的译者序中也指出过，拉克曼还未对精英给出详细的辨识标准，参见[美]理查德·拉克曼：《国家与权力》，郦菁、张昕译，上海人民出版社，2013年，第Ⅹ页。
② [瑞士]安德烈亚斯·威默：《国家建构：聚合与崩溃》，叶江译，格致出版社，2019年，第4页。

的。那么本文的国家研究是否会与历史学家的解读重复,又如何超越这些解读?与三国故事家喻户晓的地位不相称的是,历史学界对这一分裂时期的关注度远不如对汉、唐、明、清等大一统王朝那样高,三国史研究也没有独立的学会。朱子彦甚至认为,三国史研究至今没有形成一支学术队伍。① 因此,目前高质量的历史学成果是有限的,可以分为如下三类。

第一类研究是 20 世纪上、中叶流行的"大历史"式兴衰解读。陈寅恪的名篇《魏晋统治者的社会阶级》运用阶级理论,强调曹氏与司马氏背后不同的阶级决定了魏晋的兴衰,最终导致了改朝换代。② 受其影响,万绳楠、唐长孺、王仲荦等魏晋史专家基本都以统治阶级内部的矛盾、统治阶级与被统治阶级的矛盾为线索来解释三国的变迁。③ 之所以称为"大历史",是因为它们揭示了阶级、经济等宏观因素的重要性,但也面临无法解释国家内部差异的困境。

第二类研究是 20 世纪末至今流行的"碎片化"④式解读。这类研究占据了历史学作品的多数,基本都在以考证弥补上一代研究的不足。上一代史学大家中的另类——吕思勉已表现出这种倾向,著作基本都按国家兴衰过程中的重要事件来编排。⑤ 田余庆、朱子彦等学者更进一步,对三国主要统治者的性格、决策、思想,以

---

① 朱子彦:《新时期三国史研究若干问题述评》,《探索与争鸣》2013 年第 11 期。
② 陈寅恪:《魏晋统治者的社会阶级》(附论蜀、吴),载万绳楠整理:《陈寅恪魏晋南北朝史讲演录》,贵州人民出版社,2012 年,第 2—26 页。
③ 参见万绳楠:《曹魏政治派别的分野及其升降》,《历史教学》1964 年第 1 期;王仲荦:《魏晋南北朝史》,上海人民出版社,2003 年;唐长孺:《魏晋南北朝史论丛》,商务印书馆,2010 年;唐长孺:《魏晋南北朝隋唐史三论:中国封建社会的形成和前期的变化》,中华书局,2011 年。
④ 与"大历史"相对应的"碎片化"也是历史学界专门用来形容 20 世纪末研究趋势的名词,例如《历史研究》组织的专题《笔谈:碎片与整体:历史体系的构建》,《历史研究》2019 年第 6 期。
⑤ 吕思勉:《秦汉史》(下),上海古籍出版社,1983 年,第 348—466 页;吕思勉:《三国史话》,四川人民出版社,2017 年。

及官渡之战、刘备入蜀、司马氏代魏等不同形式的精英斗争,都做了更详细的梳理。① 马植杰的三国史则在何兹全的基础上,对三国的官职、思想、经济地理和民族治理都做了详细介绍。② 这些中微观层面的研究,为本文提供了最多的史料参考。

第三类研究则是历史学和社会科学结合的产物。在中国台湾地区,毛汉光最早倡导用统计观察中古时期的精英,新一代学者则用更详细的数据展现了吴国官员的地域和派系。③ 仇鹿鸣则运用精英集团分析来描述司马氏是如何取代曹氏的。④ 虽然这类作品数量最少,重点也止于揭示历史过程,但它们在跨学科方法上提供了最大的启发。

三类历史学研究为我们发展社会科学理论提供了足够的史料和史实基础。但由于学科特点所限,它们在问题和方法方面也存在明显的不足。正是因为有这些不足,才说明政治学者介入历史案例是必要的。

就研究问题而言,历史学界从三国案例中提出的问题和答案解读基本都是碎片化的,远不如大一统王朝研究中那么系统。魏晋史专家韩昇专门指出,很多强盛王朝的制度都能追溯到前一个短暂的、分裂的时期,但历史学界过于轻视短暂时期,导致只有碎片化的事件史和人物史。⑤ 进一步说,如果只是想了解历史过程"是什么",做描述性(descriptive)研究,事件史和人物史积累到一定程度或许可以满足要求;但如果社会科学家想问历史背后的"为

---

① 田余庆:《秦汉魏晋史探微》,中华书局,2004年,第129—316页。朱子彦:《汉魏禅代与三国政治》,东方出版中心,2013年,第307—324页。
② 参见何兹全:《三国史》,北京师范大学出版社,1994年;马植杰:《三国史》,人民出版社,2004年。
③ 参见毛汉光:《中国中古社会史论》,上海书店出版社,2002年;黄炽霖:《从统计数据看孙吴地方行政官员的地域分布及政治派系》,天空数位图书有限公司,2018年。
④ 参见仇鹿鸣:《魏晋之际的政治权力与家族网络》,上海古籍出版社,2015年。
⑤ 韩昇:《序》,载仇鹿鸣:《魏晋之际的政治权力与家族网络》,上海古籍出版社,2015年,第1—3页。

什么",做因果性(causal)研究,那么就必须设定不一样的研究问题——例如本文挖掘的、案例背后的精英规律。

就研究方法而言,前两类历史研究大多是通过统治者身边的少数人物——即非代表性的个案或者小样本——来推断整个国家的整体特征,这会面临以偏概全的困境。例如,关于魏国精英的成分,万绳楠曾有一个经典的结论:曹氏依靠庶族为主的"谯沛集团",而司马氏依靠士族为主的"汝颖集团"。① 但毛汉光运用计量方法后发现,曹氏在兴盛时吸收了其他力量,司马氏篡权后也并未完全排除"谯沛集团"。② 三国史界的这一公案足以说明,通过政治科学的定性、定量方法来弥补传统历史学之短处,极为必要。那么,本文将采用何种方法来继承并超越现有成果呢?

二、如何超越传统研究:方法、数据与国家能力的测量

鉴于社会科学文献与历史学文献各自的优劣,最合适的选择自然是发挥社会科学的方法优势,以及历史学的史料优势。具体而言,本文将依次在方法论、数据来源、因变量的测量和对其他变量的控制等方面对传统研究进行修正。这样既能让接下来的解释建立在坚实的历史基础之上,也有助于我们思考历史政治跨学科研究的可行方案。

(一) 比较案例、统计与网络分析相混合的方法

对理论文献和案例文献的回顾反映了一种方法上的困境:仅仅依靠传统历史学的个案考证,会以偏概全;而仅仅依靠现代政治

---

① 万绳楠:《曹魏政治派别的分野及其升降》,《历史教学》1964 年第 1 期。
② 毛汉光:《中古中国社会史论》,上海书店出版社,2002 年,第 109—140 页。

科学特别是计量方法,又会面临裁剪历史的批评。因此,本文主张将定性方法与定量方法相结合,以兼得二者之长。在第三代的国家研究中,只有威默严格践行了这种混合方法,但本文与其仍有重要的不同。如前所述,威默的《国家建构》将精确的案例研究和大样本的计量检验分开实行,这两种方法在本质上并没有"混合"起来。① 而本文让计量方法服务于三个案例内部的检验,而非乐观地去"检验全世界"。因此,本文的核心方法是定性的、控制变量的比较案例研究,在其内部再运用定量的描述性统计和社会网络分析。

比较案例的设计必须保证分析对象之间的可比性,因为只有对象可比,尽可能地控制干扰变量,研究者才能证明是其关注的自变量发挥了作用——这也是前文认为很多国家构建研究实证性不高的原因。而三国这一组案例具有得天独厚的优势。一方面,三国从统一的东汉王朝几乎同时分裂而来,在相似的战争压力下相互竞争,但是三国的国家能力又随着时间推进而此消彼长。因此,对相同时空下的魏、蜀、吴进行比较,可以避免过去流行的"没有时间的横向比较"和"固定时间的纵向比较"两种缺憾②,因为其可比性要远高于斯考切波笔下不同时期法国、中国和俄国的可比性,也远高于许田波笔下春秋战国时期与近代欧洲的可比性。另一方面,得益于刘备政权极具戏剧性的地理流动和政治变迁,蜀国前期和后期的表现是不同的,这形成了一个巧妙的"半负面案例"③。这样,魏、蜀、吴三国分别代表了精英吸纳和精英团结的正面、半负面和负面案例,这种分类也有利于本文对所提机制的解释力进行检验。

---

① 这也正是部分方法论专家认为"目前不存在混合方法"的原因。
② 对两种缺憾的评论参见赵鼎新:《时间、时间性与智慧:历史社会学的真谛》,《社会学评论》2019年第1期。
③ 对半负面案例的定义和作用参见叶成城、唐世平:《基于因果机制的案例选择方法》,《世界经济与政治》2019年第10期。

案例设计之后,研究者对案例本身的分析,是否直接运用史料、加以叙述就足够了?前述大部分国家理论和历史研究都是这么做的,本文也将继承传统的叙述方法。但正如上一节指出的,基于个案或小样本的叙述代表不了该国的总体情况。因此,本文混合了两种计量方法,服务于三个案例内部的描述,以保证案例研究更深刻、更坚实。

本文在整合史料、衡量国家建构时,使用最多的是描述性统计方法。如何让统计方法更好地反映历史而非裁剪历史呢?20世纪下半叶计量史学的发展为我们奠定了良好的基础。经过何炳棣、许倬云、毛汉光等历史学名家的前期工作后①,如何统计国家的军队和户籍、哪些精英能被判定为"士族"等核心的操作问题都有了相对公认的标准。但正如包弼德(Peter Bol)所言,传统计量史数据的完整性和可视性有待提高。② 而本文既通过数据库建设将汉晋之间众多碎片化的信息整合起来,也运用 R 语言绘制了更精确可视的图表。

作为社会学研究中新兴的重要方法,社会网络分析能帮助我们识别精英聚合为国家的具体过程。③ 虽然在历史学界的精英研究中,类似于网络分析的方法由来已久,但主要依托文字描述,在解释范围上比较有限。例如,仇鹿鸣绘制的两张魏国的网络图,仅限于司马懿与王凌两个人的交往范围。④ 而本文的网络分析不仅

---

① 主要指 Ping-ti Ho, *The Ladder of Success in Imperial China: Aspects of Social Mobility*, 1368-1911, New Jersey: John Wiley & Sons, 1964;许倬云:《中国古代社会史论——春秋战国时期的社会流动》,广西师范大学出版社,2006 年;毛汉光:《两晋南北朝主要文官士族成分的统计分析与比较》,载《"国立中央研究院"历史语言研究所集刊》1966 年(下),第 741—781 页。

② [美]包弼德:《群体、地理与中国历史:基于 CBDB 和 CHGIS》,载陈志武、龙登高、马德斌主编:《量化历史研究》(第三、四合辑),科学出版社,2018 年,第 215 页。

③ Emily Erikson and Nicholas Occhiuto, "Social Networks and Macrosocial Change," *Annual Review of Sociology*, Vol. 43, 2017, pp. 234-236.

④ 仇鹿鸣:《魏晋之际的政治权力与家族网络》,上海古籍出版社,2015 年,第 87、130 页。

囊括了三国所有政治精英,而且将君主和他们之间的"任命""出征""结党"等不同关系加以量化,因此能够进行纵向和横向的比较。①

(二) 基于一手史料的原创数据库

前述这些方法是否成功,还取决于数据是否可靠。本文的数据来源分为两个部分。

首先,由于核心解释变量是在各级政府或者军队内部担任各级职务的政治精英,官修史书仍然是目前最可靠的数据来源。本文以《三国志》和《晋书》两部官修史书为主,以《后汉书》以及《华阳国志》《襄阳耆旧记》等地方志性质的史料的记载为辅②,将文言文的非结构化数据转换成结构化数据,建立了包含汉末晋初之际一共 1 419 名③政治精英的数据库。其中,魏国 655 人、蜀国 254 人、吴国 510 人,本文不仅收录了这些精英人物的出身、籍贯、历任官职以及下场等信息,还包括了这些精英人物的亲缘关系、社会交往关系以及被政权吸纳的地理位置——这也正是本数据库的创新之处。

其次,由于被解释的因变量是国家能力,而在经济数据非常稀少的中古战争年代,最容易测量的国家能力是军事能力和动员能力。因此,本文借助正史和《中国历代战争年表》④对三国时期的战争与叛乱的记录,建立了包含 72 起武装冲突在内的第二个数据

---

① 这被认为是社会网络分析中最好的表现形式,参见 Michael D. Ward, Katherine Stovel and Audrey Sacks, "Network Analysis and Political Science," *Annual Review of Political Science*, Vol.14, 2011, p.246.

② 对于历仕汉魏或魏晋两朝的人物,本文参考《后汉书》和《晋书》的记载进行建库。《华阳国志》为成汉散骑常侍常璩所著,《襄阳耆旧记》为东晋史学家习凿齿所著,分别为笔者判断精英的出身和相应的地理区划提供了补充材料。参见习凿齿:《襄阳耆旧记校注》,舒焚、张林川校注,荆楚书社,1986 年;常璩著:《华阳国志校注》,汪启明、赵静译注,四川大学出版社,2007 年。

③ 后妃、王子、社会人物等不任职者不计入内;自曹操、刘备、孙坚起的三国历代主公也不计入内。

④ 参见《中国军事史》编写组编:《中国历代战争年表》(上),解放军出版社,2003 年。

库。鉴于目前学界的中国历史数据库集中在唐代以后,本文建立的三国时期的两个数据库显然具有较高的原创性。

(三)常见国家能力测量方式的问题

比较三国的国家构建,首先需要确认本文试图解释的现象是否成立,即三国国家构建的最终结果——也就是国家能力——是否是魏强、蜀次而吴弱。在常人的印象当中,魏国最强并没有太大争议。早在三国正式建国之前,作为当事人的诸葛亮就指出了刘备与曹操之间的差距:"今操已拥百万之众,挟天子而令诸侯,此诚不可与争锋。"(《三国志·诸葛亮传》)在现代学界,王仲荦等史学家也如此评价:"中原经过五六十年相对安定的局面,实力已超过吴、蜀两国。"[①]但质疑也是存在的,例如:魏国建国三十年后权力重心就转移至司马懿家族,这是不是国家能力弱、不稳定的表现呢?至于吴、蜀的强弱就更有争议了,例如:吴国的版图和人口都比蜀国大,凭什么说它国家能力最弱呢?

在古代尤其是中古以前国家有效数据稀少的情况下,哪些指标才能辨别国家能力,需要严格地界定。社会科学和历史学界常见的两种测量方式——观察统治者是否稳定、比较国家能力的总量——都存在严重的问题。

首先要澄清的是,社会科学中所说的国家建构和国家能力指的都是"国家机器"的强弱与稳定,而非"一人一姓"是否更换。例如,在现代民主国家中,领导人更替是常事,但除非更替得太频繁,一般不会有学者认为这削弱了国家能力。古代国家也可以做出这种区分:既有王朝覆灭这种国家机器随姓氏更替而崩塌的情况,也有田氏代齐、武则天代唐这种不影响国家能力的例子。而司马氏代魏正是后一种情况,他们虽然取代了曹氏的领导地位,但继承了国

---

① 王仲荦:《魏晋南北朝史》,上海人民出版社,2003年,第125页。

家机器及其能力。因此,严谨的历史学家如吕思勉,虽然批评魏国对权臣掉以轻心,但他多次强调这是"魏氏衰乱""魏氏倾危",而没有说是"魏国"。① 前面王仲荦之所以说"中原"在"五六十年"间都实力强大,也是因为包含了从曹魏建国直至西晋灭吴的这段历史。

其次需要澄清的是,国家构建与国家能力不能用总量性质的数据去衡量,因为重点是"能力"和"效率"。如果真的是人口、面积、军队、GDP 等数据总量越高,国家能力就越强,那么一个发达小国的国家构建就永远比不上一个残破不堪的大国,鸦片战争时期英格兰的国家能力也应该不如数据总量惊人的清王朝②——显然这是不正确的。吴、蜀之间的比较同理,虽然吴国地跨扬、荆、交三州,人口和军队一直多于蜀国,但其统治深入程度和军事动员能力却不一定更强。正如陈寅恪、张大可等史学家指出的,吴国相当一部分政治权力被地方宗族势力所分割,军队也多半是他们的私家部曲。③

因此,本文从既有史料中挖掘出了两个相对有效的测量指标,实现了对因变量的操作化,也便于保证信度和效度。这两个指标分别是:战争获胜与叛乱比、军队人口比。

(四)魏、蜀、吴的战争获胜与叛乱比

自蒂利以来,发动战争都被看作国家能力的直接展现。本文更进一步,认为当一个国家发动战争的获胜次数较多,同时把国内的叛乱也控制在较低水平,我们才可以推断该国具有较强的国家

---

① 参见吕思勉:《魏氏衰乱》,载吕思勉:《秦汉史》,上海古籍出版社,1983 年,第 424—450 页;另载吕思勉:《三国史话》,四川人民出版社,2017 年。

② 因为清王朝不仅人口、面积和军队规模庞大,其 GDP 总量直至解体前仍然很大。据麦迪森(Angus Maddison)的著名估算,在 1850 年清王朝的 GDP 为 2 472 亿国际元,而英格兰仅为 633 亿国际元。参见[英]安格斯·麦迪森:《世界经济千年统计》,伍晓鹰、施发启译,北京大学出版社,2009 年,第 42、168 页。

③ 参见陈寅恪:《魏晋统治者的社会阶级》(附论蜀、吴),载万绳楠整理:《陈寅恪魏晋南北朝史讲演录》,贵州人民出版社,2012 年,第 2—26 页;张大可:《论孙吴部曲兵制》,载张大可:《三国史研究》,甘肃人民出版社,1988 年。

能力。因为战争获胜比越大,说明国家的军事能力越强;而战争叛乱比越大,说明国家的控制能力乃至维持政治合法性的能力越强。

本文的战争与叛乱数据库显示,从 220 年到 265 年,三国一共发生过 72 次被记录的战争或叛乱。我们将最终夺取对方城池或达成战略预期的战争记为"获胜",将其余记为"非获胜"。最终发现:魏、蜀、吴三国分别发起了 17 次、16 次和 14 次对外战争,并分别取得 9 次、4 次和 3 次胜利,三国内部则分别发生了 5 次、7 次和 13 次叛乱。由此算得战争获胜比与战争叛乱比如表 1 所示,魏、蜀、吴的表现差距明显。

表 1 220—265 年魏、蜀、吴的战争、叛乱及相应比值

	发起战争次数	获胜次数	叛乱次数	战争获胜比	战争叛乱比
魏	17	9	5	52.94%	3.40
蜀	16	4	7	25%	2.29
吴	14	3	13	21.4%	1.08

(五) 魏、蜀、吴的军队人口比

在战争压力下,一国拥有的职业军队规模在一定程度上也可以反映该国的国家能力。因为国家要维持这一规模,必然要不断向社会中招募兵员并汲取税赋,此即国家的动员能力和汲取能力。

裴松之在《三国志》的引注中记载了蜀、吴两国投降时的数据,这些数据是蜀、吴君主公布的,代表了国家能直接掌控多少人口和军队。① 蜀国"领户二十八万,男女口九十四万,带甲将士十万二

---

① 当然,由于战火动乱中遗失资料、民众依附豪强隐匿户口等现象普遍存在,一直有史学家推测三国时期的实际人口要远高于君主公布的数据,如葛剑雄认为三国末期恢复到了 3 000 万人(葛剑雄:《中国人口史》(第一卷),复旦大学出版社,2002 年,第 447 页)。但本文研究的恰恰就是国家直接掌控资源的能力,因此不讨论国家掌控之外的人口。

千,吏四万人"(《三国志·后主传》注引《蜀记》),算得蜀汉灭亡时的军队人口比为9.43%。吴国"户五十二万三千,吏三万二千,兵二十三万,男女口二百三十万,米谷二百八十万斛,舟船五千余艘,后宫五千余人"(《三国志·三嗣主传》注引《晋阳秋》),可知东吴灭亡时的军队人口比为8.96%。而魏国景元四年(263年)"除平蜀所得,当时魏氏唯有户六十六万三千四百二十三口,有四百四十三万二千八百八十一"(《通典·食货七》)。军队数据虽未明确记载,但258年司马昭平定诸葛诞叛乱时曾透露"今诸军可五十万"(《晋书·景帝文帝纪》),而诸葛诞方面"敛淮南及淮北郡县屯田口十余万官兵,扬州新附胜兵者四五万人"(《三国志·王毌丘诸葛邓钟传》)。双方的数字基本符合当时的兵力分布情况,相加约为65万,其军队人口比高达13.18%。① 从表2中可以看出,三国动员军队的能力都比较强。但细致而言,魏国在军队、人口总量和比值上都具有优势,而蜀国虽然总量最少,但动员能力高于吴国。

表2 魏、蜀、吴的军队、人口及其比值

	军队总数	人口总数*	军队人口比
魏(258年)	65万	493.3万	13.18%
蜀(263年)	10.2万	108.2万	9.43%
吴(280年)	23万	256.7万	8.96%

* 注:这些史料中通用的统计口径是将户口、军队和官吏分开计算,因此表中的"人口总数"是这些数字之和。

基于现有史料的两个指标,虽然不能反映当时国家构建与能力的全貌,但已可以推断魏、蜀、吴三国的国家能力排名:魏国最强,蜀国次之,吴国居于末位。不过,在实现了对因变量的可操作

---

① 这里有一个看似矛盾的数字,即《三国志·王毌丘诸葛邓钟传》描写司马昭平叛时"督中外诸军二十六万众,临淮讨之"。但这显然是淮南前线的军队,《晋书》中的"可五十万"是可以调动的军队总量,包括和蜀汉对峙的陇西军队和驻扎在其他边境的军队。

化后,还要排除对因变量差异的不同解释,才能保证本文的解释机制不受其他变量的干扰。

(六) 控制其他变量

根据已有共识的历史考证,由汉末诸侯壮大而来的魏、蜀、吴三国,除了资源总量不同外,它们国家构建的大部分关键条件都是相似的:统治时间均在40—50年;战争和叛乱的压力都持续存在;中央官制均继承了汉代的三公九卿制,只不过各国掌握实际权力的官员不同;地方体制均因为汉末刺史坐大而形成了州郡县三级管理体制。换言之,用时间、战争和制度安排等变量均解释不了它们国家能力的差异。

但是,仍有两个变量需要进一步控制。因为很多试图解释魏强、蜀次、吴弱的学者,都将其当作三国兴衰的根本原因——实际上它们也是可以被控制的变量。概括而言,传统史学家往往以帝王将相为中心,认为君主统一意志的不同导致了国家能力的不同;而当代社会科学家和马克思主义史学家关注经济社会基础,认为经济制度特别是魏国的屯田制产生了不同的影响(见表3)。

王夫之早就说过孙权乐意"安处于江东"(《读通鉴论·卷十》);后来也有史学家说"吴较为保守,所以其政治军事难以有大的作为"①:他们都把孙氏统一意志的薄弱看作决定国家兴衰的原因。但在历史上,除了曹刘人所共知的争夺天下,鲁肃给孙权制订的战略"榻上策"同样是统一长江以南而后进攻北方(《三国志·周瑜鲁肃吕蒙传》),孙权也常常下诏"将与勠力,共定海内"(《三国志·吴主传》)。因此,三国的开国君主都有增强国家能力来统一天下的意志和举措,这不是造成三国差异的原因,而是一个可以控制的变量。此外,正如时殷弘指出的,统一的意图也未必会带来强

---

① 王子今:《魏蜀吴三国政策优劣的历史比较》,《南都学坛》1996年第4期。

国家,蜀汉后期反而因战略透支拖垮了自己。①

经济基础显然也影响着任何国家的兴衰,不少学者据此认为魏国著名的屯田制改革是其胜过蜀、吴的"财政经济原因"。② 屯田制的贡献毋庸置疑,但在当时互相学习竞争的环境下,推行屯田制的并不止魏国一国:吴国的陆逊曾"抗疏请令诸将各广其田"(《晋书·食货志》);蜀国更是直接在交战前线"分兵屯田"(《三国志·诸葛亮传》)。因此,屯田制度的推行也属于可以控制的变量。如果三国在屯田最终的效果和粮食产量上出现了差异,那么一定存在别的原因。

表3 对魏、蜀、吴相关变量的控制情况

变量	魏	蜀	吴
统治时间	45年	42年	51年
战争压力	持续存在	持续存在	持续存在
中央体制	尚书台掌权的三公九卿制	丞相掌权的三公九卿制	都督/丞相掌权的三公九卿制
地方体制	州郡县三级制	州郡县三级制	州郡县三级制
君主目标	军事统一	军事统一	军事统一
屯田经济	试图推行	试图推行	试图推行
……			
精英结构	?	?	?
国家能力	强	中	弱

---

① 时殷弘:《从徒劳北伐到蜀汉覆亡:战略的蜕化、复兴和湮灭》,《世界政治研究》2018年第2期。
② 周红:《曹魏西晋统一方略的财政经济分析》,《中国社会经济史研究》2002年第3期。

三、"唯才是举,吾得而用之":三国不同的精英吸纳策略及其影响

怎样吸纳精英、吸纳什么样的精英才能铸就魏国这样的强国家呢?抽象而言,当然是需要"选贤与能"或者韦伯所谓"理性化选拔",同时避免血缘、地缘、名望、皇帝个人偏好等非能力因素的干扰。不过自秦朝速亡后,历代王朝就一直处于理性化选拔与传统习俗的角力之中。西汉行察举制,到了汉末,官僚和大族对选官的干扰已经造成了选官腐败、以名望取人、以宗族取人等问题。① 在群雄逐鹿的战争压力下,这样组成的政权显然不是最有军事和治理能力的。战争初期拥兵最多的袁术和袁绍兄弟,由于家门"四世三公"而吸纳了众多大族名士,却先后败给了曹操,就是著名的例子。因此,"选贤与能"只是一个抽象的方向,我们需要深入国家构建的现场,考察三个国家的具体做法。

(一) 古代君主精英吸纳的两个阶段

曹操、刘备和孙坚父子的精英吸纳,大致都分为两步:在起兵之初,往往需要有一个核心的小团体,而这个小团体往往是围绕主公的血缘、地缘或者朋友交往关系构建起来的,它不可避免地具有人格化、偶然性的特征;当势力扩大到数郡或者一州之地,亦即达到一个小国的程度,众多的将领、谋士和州郡官员就不可能全部仰仗一两个小团体,此时非人格化、制度化的选拔就变得重要起来。

就精英吸纳的第一步而言,曹操之祖、父皆为中央高级官员,这帮助他在已经腐化的察举制下还能举孝廉入仕。同时,庞大的

---

① 阎步克:《察举制度变迁史稿》,辽宁大学出版社,1991年,第80—91页。

宗族势力为他提供了以夏侯惇、夏侯渊、曹仁、曹洪、曹纯为代表的军事人才,最初起兵的军费也是卫兹等好友提供的(《三国志·武帝纪》注引《世语》)。这个发家小集团即万绳楠所谓的"谯沛集团"。① 而刘备和孙坚并非官绅之子,都是通过捕盗贼、讨黄巾等战功才被基层政府发掘。他们并没有曹操那样的宗族资本,刘备与关羽、张飞等人,以及孙坚与程普、黄盖等人,都是在战争中结成核心集团的。因此,在起兵之初,曹操其实比刘、孙更依赖传统的血缘地缘势力。不过我们知道,三国正式建国已经是曹丕和孙权在位了,到了第二代君主时,三国君主尤其是孙权已经有了广泛的亲族势力,即正史中记载的同姓"宗室"和异姓"外戚"。如果我们全面考察所有被国家吸纳的精英人物,人格化的比重到底是否仍然是魏国更高呢?

表4 魏、蜀、吴政治精英中宗室与外戚的占比情况②

	宗室	外戚	其他	宗室外戚总数	宗室外戚比例
魏	18	26	611	44	6.72%
蜀	1	0	253	1	0.39%
吴	54	21	435	75	14.71%

从表4可以看出,在整个国家构建的过程中,吴国的宗室外戚势力十分庞大,占到了精英总数的近17%。而这些孙氏精英不仅所授军队远多于异姓精英,还一直担任豫章、江夏、广陵等最重要郡所的军政大权,这无疑是为了保证孙氏统治的绝对优势。③ 但反过来说,吴国在精英吸纳的非人格化方面是进展最慢的。由于

---

① 万绳楠:《魏晋南北朝史论稿》,安徽教育出版社,1983年,第78—83页。
② 表中只统计家庭出身有明确记载的政治精英。"外戚"只包括女性成为后妃之后获得任职的亲属,因此,在她成为后妃前就掌权的精英不计入内,例如,张飞的女儿虽为刘禅皇后,但张飞早在此之前就任要职。
③ 详细考证参见赵昆生:《三国政治与社会》,中国社会科学出版社,2011年,第228—232页。

刘备是孤家寡人起家,除养子刘封外没有任何宗室外戚任职,张飞、糜竺等人也是先重用、后结亲。因此,蜀国最依赖于非人格化的吸纳,刘备的仁德之名也是由此而来。魏国的表现则介于蜀、吴之间,看起来,曹氏既利用了血缘地缘的优势,又控制了他们在整个国家中的比例。那么,是否这样构建出的国家就比蜀国更强呢?这还要分析精英吸纳的下一步,即那些非人格化的吸纳,到底用的是何种阶层、何种能力的精英?

(二)"唯才是举"的魏国

先看魏国。史家常常提到曹操著名的"求贤三令",即210年的《求贤令》、214年的《敕有司取士毋废偏短令》和217年的《举贤勿拘品行令》。其实,曹操发布"求贤三令"的时间已是赤壁之战后、魏国建国前,未必能揭示其前中期发展壮大的奥秘。就现存史料来看,曹操从官渡之战后就推出了制度化的选人措施,因为从那时起,曹操不仅开始统辖数州之地,更要思考如何对待从袁绍等处招揽的士族人才。自203年起,曹操亲下选拔人才之法令近20道。① 在最早的《论吏士行能令》中,曹操主张"治平尚德行,有事赏功能"②,道德与军功两种选拔方式并重,自是对士族及背后的察举制传统有所妥协。

但随着曹魏势力的扩张,不仅要像"拔乐进、于禁于行陈之间"(《三国志·武帝纪》注引《魏书》)那样扩大吸纳的阶层,还要照顾到西凉、幽燕等察举传统和儒家道德淡薄的地域。因此,到最后的《举贤勿拘品行令》中,曹操已经摒弃了阶层、道德、政治立场、宗族

---

① 包括《论吏士行能令》《学令》《选举令》《求言令》《选军中典狱令》《高选诸子官属令》和前述的求贤三令,以及多道专门征辟某人的法令。参见严可均辑:《全上古三代秦汉三国六朝文》(二),上海古籍出版社,2009年,第350—355页。

② 严可均辑:《全上古三代秦汉三国六朝文》(二),上海古籍出版社,2009年,第350页。

等诸多因素的重要性,认为"贱人""逆贼""污名"和"贪将"都不影响人才的治理能力。完全以一种工具理性的态度,唯"才"与"术"是举,留下了一段精英吸纳的经典文献:

"昔伊挚、傅说出于贱人,管仲,桓公贼也,皆用之以兴。萧何、曹参,县吏也,韩信、陈平负污辱之名,有见笑之耻,卒能成就王业,声著千载。吴起贪将,杀妻自信,散金求官,母死不归,然在魏,秦人不敢东向,在楚则三晋不敢南谋。今天下得无有至德之人放在民间,及果勇不顾,临敌力战;若文俗之吏,高才异质,或堪为将守;负污辱之名,见笑之行,或不仁不孝而有治国用兵之术。其各举所知,勿有所遗。"①

(三)"尽其器能"的蜀国

刘备和孙坚父子的传世文字远不如三曹多,正史和《全三国文》中所见求才诏令也寥寥无几,以致我们无法看到他们体系化的思想和制度。不过史料记载各地人才归附刘备、推举刘备的事例,并不亚于曹操。刘备从荆州入益州后奠定了蜀国的基业,此时如同官渡之战后的曹操一样,面对着北方和荆州旧部组成的"东州集团"与益州士族组成的"西川集团"②两类精英。虽然刘备以仁德立名,自称"操以急,吾以宽;操以暴,吾以仁"(《三国志·庞统法正传》注引《九州春秋》),给大众一种与曹操相反的印象。但到他在面对庞杂的人才和派系时,其实采取了和曹操一样唯才是举的策

---

① 严可均辑:《全上古三代秦汉三国六朝文》(二),上海古籍出版社,2009 年,第 355 页。
② 田余庆也将其称之为"新和旧""客和主",参见田余庆:《李严兴废与诸葛用人》,载田余庆:《秦汉魏晋史探微》,中华书局,2004 年,第 205 页。

略,像法正这样的一流谋士即便"擅杀"(《三国志·庞统法正传》)也不影响刘备的重用。因此,陈寿如此总结刘备对两派人才不计出身、私德而"尽其器能"的举措:

"先主复领益州牧,诸葛亮为股肱,法正为谋主,关羽、张飞、马超为爪牙,许靖、麋竺、简雍为宾友。及董和、黄权、李严等本璋之所授用也,吴壹、费观等又璋之婚亲也,彭羕又璋之所排擯也,刘巴者宿昔之所忌恨也,皆处之显任,尽其器能。有志之士。无不竞劝。"(《三国志·先主传》)

刘备逝世后,诸葛亮大体继承了其精英吸纳策略,时人谓其"赏不遗远,罚不阿近,爵不可以无功取,刑不可以贵势免"(《三国志·霍王向张杨费传》)。因此,田余庆准确地指出,诸葛亮以法治蜀的主要功绩就是"用人",而用人的核心就是"消除亲疏远近差别以安新旧人心"。①

(四)"世家大族"的吴国

如果说魏国精英是"谯沛集团+汝颍集团",蜀国精英是"东州集团+西川集团",那么吴国精英就是以"顾、陆、朱、张"四大家族为主。几乎所有的史家都注意到了这一区别,然而,本文要强调的是,吴国大家族的阶层属性与前两者非常不同。吴郡的顾、陆、朱、张四族,以及稍小的会稽郡虞魏二族,都属于社会中上层,有自己的势力。他们要么像陆绩、虞翻一样出自太守之家(《三国志·虞陆张骆陆吾朱传》),要么像顾雍一样效力孙氏之前就已是地方官(《三国志·张顾诸葛步传》),至于陆逊、陆抗、顾邵等子孙辈就更

---

① 田余庆:《秦汉魏晋史探微》,中华书局,2004年,第205页。

是士族精英的再生产了。

吴国的精英吸纳如此偏重士族,其原因主要有二:一是如史家所论,孙策作为袁术部曲攻下江东,又被地方精英刺杀,年少的孙权不得不吸取教训向地方势力让步①;二是就政治学维度的国家构建而言,秦汉政府在江南的统治一直不如北方深入,留给吴国的历史遗产也不如北方。如此一来,吴国既要向士族精英授官授兵,又要给宗室更大的职权和军队来制衡外姓,两者相加使其精英构成严重偏向社会中上层。

(五)对吸纳结果的纵向与横向检验

当然,以上的定性分析重在揭示三国国家构建的具体过程和动机,还未检验全部精英的结构。尤其是考虑到魏国在实行九品中正制后,大族门阀和道德标准又开始复兴,其精英吸纳能力会不会再次变差呢?因此,表5对数据库中1 419名政治精英的阶层进行了统计。部分精英出自古今史家公认的士族②,而其他精英本文以影响最大的毛汉光的标准为基础,分别归入宗室、外戚、士族、小姓、平民、未记载等六类③:

---

① 赵昆生:《三国政治与社会》,中国社会科学出版社,2011年,第225—228页;田余庆:《秦汉魏晋史探微》,中华书局,2004年,第263—290页。
② 陈寿和裴松之在撰写人物出身时会给出"大族""冠族"等表述。而在当代历史学界,中原地区的汝南袁氏、河内司马氏、颍川钟氏、颍川荀氏和吴郡朱张顾陆四姓等都是公认的士族。参见唐长孺:《东汉的大族与名士》,载朱雷、唐刚卯选编:《唐长孺文存》,上海古籍出版社,2006年,第1—25页;何启民:《中古南方门第——吴郡朱张顾陆四姓之比较研究》,《"国立"政治大学学报》1973年第27期。
③ 毛汉光对士族的定义是州郡级著姓,或父、祖、曾祖辈三代中有二代任刺史太守及两千石官者;小姓的定义是县级大姓及地方豪族,或三代中有二代任州郡掾属及千石以下官吏者,或三代中有一代任刺史太守及二千石官者;平民的定义则是三代皆未任大小官吏者。此外,史料中只记载"少好学""少知名"者统归为平民;而少年时期完全未知者则归为未记载。参见毛汉光:《中国中古社会史论》,上海书店出版社,2002年,第125—126页。

表 5　魏、蜀、吴政治精英出身阶层的分布与比例

	宗室	外戚	士族	小姓	平民	未记载	合计
魏	18	26	159	118	117	217	655
蜀	1	0	27	72	44	110	254
吴	54	21	114	55	61	205	510

	宗室	外戚	士族	小姓	平民	未记载
魏	2.75%	3.97%	24.27%	18.02%	17.86%	33.13%
蜀	0.39%	0	10.63%	28.35%	17.32%	43.31%
吴	10.59%	4.12%	22.35%	10.78%	11.96%	40.20%

从表 5 中可以看出，魏、蜀两国都有约 20% 的精英出自平民阶层，均高于吴国。从何炳棣、许倬云以来社会流动研究的视角而言，魏、蜀对下层精英的吸纳如同近世的科举制和现代的教育体制一样，让国家能充分挖掘被掩埋的社会人才。这不仅为国家机器提供了最大程度的智力支持，对个人而言也是最公平的办法——这反过来又强化了国家在普罗大众心中的合法性。为什么曹操敢说"今天下英雄，唯使君与操耳"？（《三国志·先主传》）为什么陈寅恪说魏、蜀的政治制度胜过东汉、袁绍与孙吴？① 曹、刘二人都善于挖掘人才并以之动员社会，正是背后的政治学原因。

但是，魏、蜀两国的精英吸纳有没有差距呢？由于我们已经考察了三国在人格化上面的差异，在这里我们在排除了宗室、外戚以及未记载出身的精英后对上面的出身类型做进一步的归类：我们将高门士族归为"社会上层"；有地域影响或任小官的小姓归为"社会中层"；出自平民、其他归为"社会下层"。在这个柱状图中，可以更直观地看出魏国吸纳社会精英和社会力量的特点：

---

① 万绳楠整理：《陈寅恪魏晋南北朝史讲演录》，贵州人民出版社，2012 年，第 26 页。

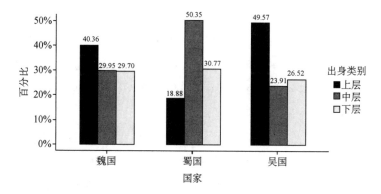

图 1　魏、蜀、吴吸纳社会上、中、下层的比例

蜀国由于地处西南,加之刘备白手起家,缺乏宗室和全国性大族支持,极度依赖社会中、下层力量,中层占比达到 50.35%。吴国恰好相反,向宗室和士族双重让步的吸纳策略使之极度依赖社会上层力量,上层占比达到 49.57%,而对社会中、下层的动员最弱。相比之下,魏国对社会上、中、下层的吸纳最为均衡。这不仅仅是精英个人能力的问题,正如威默反复强调的,这些精英背后都有其网络和资源,"新统治者将依靠这些现有的网络招募政治领导人并动员民众的政治支持"。① 荀彧这样的士族领袖能举荐众多有家学渊源的谋士和政治家;许褚和李典等小姓首领能带来数千部曲钱粮;放牛娃出身的邓艾则熟知各地山川及屯田进兵之道。这都是各阶层精英进一步增强国家动员能力的典型案例。

以上主要探讨的是精英在社会阶层这个纵向维度上的分野,除此之外,精英的地理分布也能反映国家在横向维度上的吸纳能力。笔者统计了魏、蜀、吴三国最初吸纳这些政治精英的地点②,

---

①　[瑞士]安德烈亚斯·威默:《国家建构:聚合与崩溃》,格致出版社,2019 年,第 52 页。

②　即各位精英最初被统治者任用或与其结识的地点。这些地点多数载于正史,正史未记载的参考《襄阳耆旧记》和《华阳国志》。如《三国志》未记载廖化出身,但《襄阳耆旧记》中记载廖化"世为沔南冠族"。参见习凿齿:《襄阳耆旧记校注》,舒焚、张林川校注,荆楚书社,1986 年,第 175 页。

然后分别投影到三国时期的地图上。同时,由于钟会、陆抗等"官二代""官三代"都是随父效力、无需再次吸纳,图2只绘制了第一代精英。从图2中可以看出,魏国的吸纳地点均匀地遍布中原、华北地区。蜀国的吸纳轨迹基本等于刘备个人的转战轨迹,从北方到荆州再到益州,人才吸纳越来越多,但益州的吸纳集中在成都周边。吴国的对比更为鲜明,君主用人基本都发生在扬州北部的吴郡、会稽郡周边——这也正是前面提到的几大士族所在地。总之,横向维度的考察也验证了魏国吸纳最广泛、吴国吸纳最狭窄的结论。

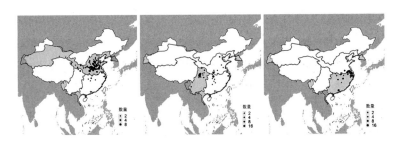

图2 魏、蜀、吴第一代政治精英吸纳地点的分布情况①

到此,本节通过历史过程分析与描述性统计,给出了解释国家构建成败的第一条因果机制/路径:首先靠一个人格化的小集团起兵,然后需要非人格化的精英吸纳以克服小集团的缺陷,这种吸纳在阶层和地理上越均衡、越广泛,构建出来的国家能力就越强。当然,有心者会注意到这条机制的最后一步还有些问题,即均衡、广泛的精英人才一定会构成一个强国家吗?难道他们不会造反或者破坏国家的稳定吗?这就需要考察下一个机制了。

---

① 本文绘图使用的三国地图 shape 文件取自哈佛大学包弼德团队对谭其骧主编的《中国历史地图集》中"三国(公元262年)"地图的电子化,https://worldmap.maps.arcgis.com/home/item.html?id=8c158ac741874a44938fbe2fb8b091c3。底图中的当代中国地图 shape 文件取自高德获自然资源部批准使用的地图[审图号为 GS(2019)6379号]。

四、"破散邪党"与"阻兵仗势":三国不同的精英网络结构及其影响

如果说精英吸纳意味着国家是否"有能力",那么精英网络则代表着这些被吸纳进体制的精英之间能否"形成合力"。不过当我们进入精英斗争的历史过程,会发现三国的精英网络既复杂,又随着不同统治者而发生变化。因此,本节将归纳不同时期精英网络的结构特征以及其代表政治精英形成合力的程度。

(一)魏国的"单中心网络"

曹操的权势人所共知,他先是在"挟天子以令诸侯"后,抑制了身边忠于汉献帝的精英群体。后来为了防止精英在立嗣问题上结党,曹操又打破了曹植周围的小团体,甚至处死了杨修等功臣,这也就为曹丕代汉奠定了最关键的基础。曹丕即位后,吸取了东汉因外戚乱政当政导致精英分裂和权力斗争的教训,下诏说:"群臣不得奏事太后,后族之家不得当辅政之任。"(《三国志·文帝纪》)曹叡更进一步,对曹爽、何晏、邓飏等人的小团体"皆抑黜之"(《三国志·诸夏侯曹传》),"破散邪党"(《三国志·程郭董刘蒋刘传》)。因此,裴松之才说曹睿是"一时明主,政自己出"(《三国志·张顾诸葛步传》裴注)。

司马懿和曹爽对峙时期是一个特殊阶段。虽然曹爽是魏国精英网络明面上的权力中心,但司马懿是传统士族的代表,并凭借抗蜀而掌控着关西军团——这意味着魏国的精英网络随时有分裂的倾向。然而,随着司马懿发动高平陵之变剪除曹爽集团,又采用通婚、授职、不将肃清范围扩大化等多重手段,笼络朝中人心,魏国的精英网络又开始重归单中心结构。司马懿死后,其子司马师、司马

昭更是行废立弑君之事。这虽然在道德上极度恶劣,给司马氏带来了合法性危机,引发了淮南的叛乱,却彻底将魏国大权收归己有。

那么,如何检验魏国这些举措的效果,尤其是检验司马氏父子是否控制了所有精英呢?基于前述的社会网络分析方法,可将史书出现的"以……为(某官)""从……征(某处)"和"(某人)共相表里"等三类描述,分别视为"任命""出征"和"结党"三类精英之间的关系。笔者以社会网络有向图中不同节点之间箭头的指向方向代表这些关系,众多节点交汇的中心则代表做出这些行为的统治者,从而绘制出魏国不同时期的精英网络结构图。

从图3可以清晰地看出,除第三个阶段出现了曹爽和司马懿两个中心外,其余时期魏国的精英网络都是以单中心结构为主,其本质特征没有发生改变。值得注意的是第四、第五两个阶段,先后发动淮南三叛的王凌、文钦、毌丘俭以及诸葛诞等人与精英网络主体部分的联系都极为有限,这就注定了他们的叛乱无法动摇国家上层。仇鹿鸣提出,晋代魏与一般的改朝换代不同,它不是推翻而

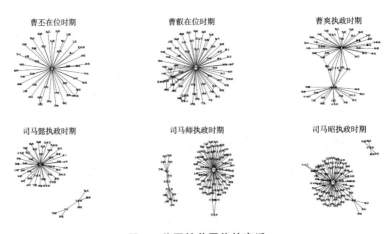

图3 魏国精英网络的变迁

是完整地继承了其精英网络①，在此得到了完整的验证。而这一精英网络不仅保证了国家机器在总体上的稳定，也成为最后西晋平吴、实现统一的基础。

（二）从"单中心"到"双中心"的蜀国

如上节所述，刘备虽然用人手段比曹操温和，但最终目的是相似的。从河北起事到入川建国，沿途精英都由刘备亲擢亲任，因此，刘备一直是蜀汉政权精英网络的唯一中心。刘备遗诏以诸葛亮辅佐刘禅，因此，"政事无巨细，咸决于亮"（《三国志·诸葛亮传》）。② 可以想见，蜀国在刘备、诸葛亮在世的两个阶段，一直有一个紧密团结的精英网络，这也是蜀国能与强大的魏国相抗衡的根本。

但随着诸葛亮的病逝，蜀国的精英网络开始走向分化。蒋琬和费祎先后以大将军、录尚书事的身份总领军政，显然是当时蜀国朝堂的中心。但与此同时，刘禅也在逐步任用亲信，打造以自己为中心的小圈子。而随着姜维与费祎"共录尚书事"时出现严重的战略分歧，分别主张北伐和保境（《三国志·蒋琬费祎姜维传》注引《汉晋春秋》），蜀国的政治精英正式开始分裂。费祎对姜维的军事行动"常制裁不从，与其兵不过万人"，就是精英分裂损害军事能力的典例。费祎遇刺身亡后，姜维领兵在外，受到益州朝廷的猜疑，而在益州朝廷内部，刘禅也任由宦官黄皓干政。右大将军阎宇甚至与黄皓密谋，取姜维而代之（《三国志·蒋琬费祎姜维传》）。到这一阶段，学界所谓的"诸葛之成规"已彻底被打破，埋下了国家覆

---

① 仇鹿鸣：《魏晋之际的政治权力与家族网络》，上海古籍出版社，2015 年，第 296 页。

② 关于诸葛亮通过政治整合推动中央集权国家建设的具体过程，参见杨端程：《诸葛亮治蜀与蜀汉的国家建构》，《天府新论》2021 年第 5 期。

亡的内因。①

图4检验了蜀国五个阶段精英网络的明显转变:刘备在位和诸葛亮辅政时期,精英网络是绝对的单中心结构;从蒋琬辅政开始,蜀国的精英网络逐渐形成了多中心结构。而蜀国的军事能力和稳定程度正好随着精英多中心化的进度越来越弱,最后还出现了刘禅和益州文官群体决定开城投降,而姜维还在前线与魏国主力对峙这样戏剧性的现象。

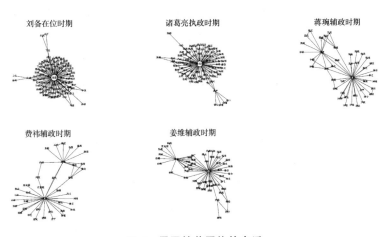

图4 蜀国精英网络的变迁

(三) 吴国的"多中心网络"

再来看吴国。因为孙坚父子以孙氏宗室和士族大姓的联盟为建国基础,导致其精英团结的逻辑与魏、蜀两国也大相径庭。不过在孙权统治前中期,江东的精英还是较为齐心:在军事上,周瑜、鲁肃、吕蒙、陆逊四任主将都是"虽身在外,乃心于国"(《三国志·陆逊传》);在内政上,孙邵、顾雍等丞相也是"随能所任,心无适莫"

---

① 张仲胤、张旭华:《"诸葛之成规"与蜀汉兴亡》,《中州学刊》2020年第5期。

(《三国志·张顾诸葛步传》)。吴国也因此能在魏、蜀的军事压力下鼎足而立。但到了孙权后期,东吴朝廷先后陷入吕壹、秦博弄权以及太子孙和与鲁王孙霸之间的立储之争。裴松之在《三国志·吴主五子传》中注引《通语》描述道:

> "丞相陆逊、大将军诸葛恪、太常顾谭、骠骑将军朱据、会稽太守滕胤、大都督施绩、尚书丁谧等奉礼而行,宗事太子,骠骑将军步骘、镇南将军吕岱、大司马全琮、左将军吕据、中书令孙弘等附鲁王,中外官僚将军大臣举国中分。"

由此,东吴的精英网络中出现了多个小团体,并成为日后吴国内乱的根源。孙权的遗诏与刘备截然相反,命诸葛恪、孙弘、滕胤、吕据和孙峻多达五位大臣辅佐幼主。而这五人从立储之争起,就有了难以调和的矛盾。先是孙弘被诸葛恪和孙峻联合诛杀,再是诸葛恪伐魏失败后被孙峻诱杀,孙峻与其弟孙綝先后专政,孙綝又逼死了滕胤和吕据。孙綝本来与司马氏一样,废孙亮立孙休,但其权力又远不及司马兄弟稳定,反被孙休联合大臣杀死——至此,孙权留下辅政的五位大臣或其家族均死于权力斗争。虽然吴国最后两任君主能够亲政,但也同刘禅一样放任宠臣和奸党。孙休的宠臣濮阳兴与张布"共相表里","邦内失望"(《三国志·诸葛滕二孙濮阳传》),也导致其死后太子再度被废。孙皓更是"肆行残暴"(《三国志·三嗣主传》),陆凯等大族领袖和丁奉等老臣试图废掉孙皓又未成功,以致朝中"政令多阙"(《三国志·陆抗传》)。

如图5所示,孙权后期以来的吴国的精英网络,长期存在着两个甚至多个权力中心。而这种多中心的结构不仅导致吴国内部政变频发,也使得君主与大臣之间、建业朝廷与荆州军队之间频繁内耗,叛乱次数远多于北伐,最终不可避免地走向衰亡。早在西晋灭吴之前,名将邓艾就清楚地看到了吴国的软肋:"吴名宗大族,皆有

部曲,阻兵仗势,足以建命。"(《三国志·王毌丘诸葛邓钟传》)

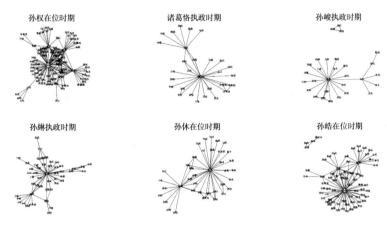

图 5 吴国精英网络的变迁

(四) 对军事精英下场的检验

上文的比较虽然完整揭示了三国不同的精英网络结构,但对这些网络结构导致的精英内斗和国家能力的内耗仍然以列举个案为主,还需要更全面的检验。特别是在三国时代叱咤风云的武将,他们是政治精英中执掌军队者(以下简称"军事精英")。他们是否卷入内斗,他们的下场是在内斗中牺牲还是在战场上"马革裹尸而还",直接反映了内斗对国家军事能力的影响。因此笔者提取出数据库最后任职执掌军权的军事精英①,分析他们之中有多少人被统治者②杀死,如表 6 所示:

---

① 三国时代刺史、太守有一部分领过兵,其军队是否是常备军难以判断,因此,我们只统计政治精英最后的任职是否是军事职务。这些职务包括四征/四镇将军、中领军、中护军、抚军将军、镇军将军、校尉、都尉、司马、参军、"都督诸军事"等,以及史籍明确记录"领部曲"的政治精英。

② 这里的"统治者"既包括享有皇帝头衔的君主,也包括君主不能亲政时代替他处于精英网络中心地位的宰辅,如魏国的司马氏父子、蜀汉的诸葛亮以及东吴的孙峻、孙綝兄弟。

表6 魏、蜀、吴被统治者杀死的军事精英数量与比例

	被统治者杀死的军事精英数量	军事精英数量	被杀者占军事精英的比例	被杀者占全体政治精英的比例
魏	10	272	3.68%	1.53%
蜀	6	130	4.62%	2.36%
吴	34	326	10.43%	6.67%

从表6可以看出,被统治者杀死的军事精英占军事精英的比例和占全体政治精英的比例,都以魏国最低,蜀国次之。但两国都保持在相对较低的水平,这为两国能够发动大规模战争提供了人才基础。相比之下,吴国死于统治者之手的军事精英数量和比例都是魏国的3—4倍,如果考虑到那些未经统治者命令而互相戕害的武将,数据甚至会更高。这种对国家军事能力的巨大破坏,更充分地解释了吴国内部叛乱多、对外战争少、战争获胜更少的结果。

到此,本节通过对三国之间的横向对比与三国内部精英互动的纵向对比,给出了解释国家构建成败的第二条因果机制/路径:被国家吸纳的政治精英会构成一个精英网络,如果这个精英网络的结构越接近单中心并能保持对军事精英的低排斥率,那么精英越能团结对外,由此构建的国家能力就越强。反之,多中心的精英内斗将不断损耗国家能力特别是军事能力,引发军事竞争中的失败。

五、结语:资料、历史与理论

随着历史政治学、历史社会学、历史法学等跨学科研究方向的兴起,用中国历史资源发展世界性理论的历史社会科学开始成为学界的共同目标。笔者之所以一方面整合现存的史料和历史学研

究,一方面运用相对严格的社会科学实证方法,正是为了保证本文的历史社会科学研究在资料基础、历史解释和理论形成上都有所贡献。

首先,历史社会科学必须以本土历史资料的丰富积累为前提,关于国家演进的资料更是重中之重。笔者依托目前可见的所有传世史料,在深度阅读的基础上人工建立了原创的三国政治精英和三国战争与叛乱数据库。这既可以最大程度地尊重原文语境,避免"以西方理论裁剪中国历史"的质疑,也将零散的历史资料变得完整化、结构化。未来笔者团队还会将其扩充为历代国家构建的大型数据库和史料库,为我们描绘更悠久的中国国家构建史和治理现代化经验打下坚实的资料基础。

其次,历史社会科学的主要任务就是对本国历史上的重大变革给出可靠的因果解释。中国人谈论三国时,常常想到"分久必合,合久必分";中国人谈论中国政治史时,常常想到"王朝循环怪圈"。这些模糊的描述恰好说明,我们即便积累了丰富的历史资料,还是需要社会科学意义上的努力,才能知道"为什么"。而本文得出的"精英吸纳均衡—精英网络单中心—强国家"这个"两步走"的机制,从传统国家最重要的统治者维度提供了一个因果解释。虽然历史是复杂的,任何一个维度都只能揭示冰山一隅,但如果学界能探索越来越多的可靠机制,我们就会越来越接近重大历史变革的真实逻辑。

最后,历史社会科学的最终目标就是形成有普遍意义的社会科学理论,毕竟只有普遍的理论才能为更广阔的学术案例和当前的政治实践提供镜鉴。就精英吸纳而言,蜀国吸纳社会中下层的路线在理论上偏"左",吴国倚靠社会上层的路线则偏"右",而现代大国的政党几乎都尝试过超越左与右,尽可能多地吸纳精英,这正说明了均衡吸纳的重要性。就精英网络而言,古代王朝所批判的"士大夫党争"、西方民主国家力图避免的"否决型政体"和一党执政的国家需要杜绝的"派系主义",也都在告诉我们精英网络单中心的重要性。因此,这两个规律不仅能解释传统中国,更是现代中国国家构建的本土法宝。从底层崛起的共产党之所以在国家能力上战胜资源雄厚的国民党,不正是因为它代表的阶层更广泛、精英的关系更团结吗?

从两千年前的国家构建到今日的中国式现代化,中国经验之丰富、教训之复杂都是世间罕有的。笔者也相信,随着历史与现实的贯通,随着资料积累到理论解释的发展,中国经验必将为现代国家治理贡献更多智慧。

The Elite Foundation for the Rise and Fall of Nations: Elite Recruitment, Elite Network, and the Different State Buildings of Wei, Shu and Wu

Chen HUANG Duancheng YANG

Abstract: How elites organize the state is one of the basic problems in social science, especially in political science. Although China's governance experience has become the focus of social scientists, we have not really gone beyond the western-centrism in theory. Scholars always focus on the Spring and Autumn period which is similar to Western Europe, or the modern China which is influenced by Western Europe. However, what are the unique experiences behind the rise and fall of the other two thousand years? There have been numerous elite groups who tried to build states in the two thousand years. Why did they establish strong states sometimes but give rise to weak states at other times? Based on original historical databases, this article explains the different fates of the famous states Wei, Shu, and Wu through a mix of comparative-case study, descriptive statistics, and social network analysis. The state of Wei recruited the elites of different classes in a balanced and extensive way and then established a relatively united elite network, so the state had strong capacity. The state of Wu was faced with the monopoly of imperial families and local families, furthermore, the elites was divided for a long time. As a result, it was difficult to implement mobilization, absorption and war. The Shu-Han elites split after a united period while their source depend too much on the middle and lower class. The state capacity is, therefore, strong in the first period and weakened in the end. To sum up, elite recruitment and elite network are not only able to explain the history of Chinese state, but also theoretically important for modern governance.

Keywords: state building; elite recruitment; elite network; historical social sciences

稿　约

1. "复旦政治学评论"为学术性与思想性并重的政治学研究类系列丛书,由复旦大学国际关系与公共事务学院组织编写,每年出版1—2辑。"复旦政治学评论"坚持学术自由之方针,以推动中国政治研究的发展为目标。欢迎海内外学者赐稿。

2. "复旦政治学评论"每辑专题由编辑委员会确定,除专题论文外,还刊载其他中文研究性论文,兼及译稿、研究评论、书评及其他相关撰述。译稿请注明原文语种及出处。稿件须为未在任何报章、刊物、书籍或出版物上发表的作品,会议论文以未出论文集为限。

3. 研究性论文一般以一万字至二万字为宜,其他类型的文字可在一万字上下。

4. 来稿可为打印稿,也可为电子文本。来稿须符合"复旦政治学评论"文稿体例。

5. "复旦政治学评论"实行匿名审稿制度,由学术委员会审定稿件。收到稿件后三个月内,"复旦政治学评论"编辑部即通知作者关于稿件的处理意见。文字打印稿恕不退还。

6. 凡在"复旦政治学评论"发表的文字,并不代表"复旦政治学评论"的观点,作者文责自负。

7. 凡在"复旦政治学评论"发表的文字,著作权归复旦大学国际关系与公共事务学院所有。未经书面允许,不得转载。

8. "复旦政治学评论"编辑部有权对来稿按稿例进行修改。不同意修改者请在投稿时注明。由每辑执行主编负责具体工作。

9. 来稿请附作者署名、真实姓名、所属机构、职称学位、学术简介、通讯地址、电话、电子邮箱地址,以便联络。

10. 打印稿请寄:复旦大学国际关系与公共事务学院"复旦政治学评论"编辑部(邮政编码:200433,地址:上海市邯郸路220号)。电子文本请发至:ChunrongLiu@fudan.edu.cn。

稿　例

一、来稿请按题目(中、英文)、作者、内容提要(中、英文各 200 字左右)、正文之次序撰写。节次或内容编号请按一、(一)、1、(1)……之顺序排列。正文后附作者简介。

二、正文每段段首空两格。独立引文左右各缩进两格,上下各空一行,不必另加引号。

三、正文或注释中出现的中、日文书籍,以及期刊、报纸之名称,请以书名号《》表示;文章篇名请也以书名号《》表示。西文著作、期刊、报纸之名称,请以斜体表示;文章篇名请以双引号""表示。古籍书名与篇名连用时,可用·将书名与篇名分开,如《论语·述而》。

四、正文或注释中出现的页码及出版年月日,请以公元纪年并以阿拉伯数字表示。

五、所有引注均须详列来源。注释一律采用"页下脚注"格式,注释序号为连续编号。参考文献置于正文之后。

六、注释与参考文献请参考以下附例。

(一) 书籍

1. 中文

(1) 专/编著:王沪宁主编:《政治的逻辑:马克思主义政治学原理》,上海人民出版社,2004 年,第 71 页。

(2) 译著:[美]罗伯特·吉尔平:《国际关系政治经济学》,杨宇光等译,经济科学出版社,1989 年,第 207 页。

(3) 文集中的文章:黄仁伟:《关于中国和平崛起道路的再思考》,载上海市社会科学界联合会编:《人文社会科学与当代中国》,上海人民出版社,2003 年,第 164—175 页。

2. 西文

(1) 专著:Aberbach, Joel D., Robert D. Putnam and Bert A. Rockman, *Bureaucrats and Politicians in Western Democracies*, Cambridge: Harvard University Press, 1981, pp.35-44.

(2) 编著: Kenneth Oye, ed., *Cooperation under Anarchy*, Princeton, N.J.: Princeton University Press, 1986, p.38.

(3) 译著: Nikolai Kondratieff, *The Long Wave Cycle*, trans. Guy Daniels, New York: Richardson and Snyder, 1984, chapter 2.

(4) 文集中的文章: Raymond Aron, "War and Industrial Society," in Leon Bramson and George Goethals, eds., *War: Studies from Psychology, Sociology, and Anthropology*, New York: Basic Books, 1968.

(二) 论文

1. 中文

(1) 期刊论文: 阎学通:《中国面临的国际安全环境》,《世界知识》2000年第3期。

(2) 报纸文章: 丁刚:《多边合作求安全》,《人民日报》2005年3月23日,第三版。

2. 西文

(1) 期刊论文: Samuel P. Huntington, "How Countries Democratize," *Political Science Quarterly*, Vol. 106, Iss.4, Winter 1991-1992, pp.579-616.

(2) 报纸文章: Robin Wright and Glenn Kessler, "Bush Aims for 'Greater Mideast' Plan," *Washington Post*, February 9, 2004, p.A-1.

七、注释或参考文献,如与上一引用完全相同,可简化为"同上"(英文用"Ibid."表示)。如与上一引用的作者、著作相同,页码不同,可简化为"同上书,第*页"(英文为"Ibid., p.*")。

八、互联网上下载的资料除应注明作者、题目、时间等信息外,还应注明完整网址及最后浏览日期。

九、请尽量避免使用特殊字体、特殊编辑方式或个人格式。

图书在版编目(CIP)数据

百年政治学与中国政治学自主知识体系的建构/陈明明主编.—上海：复旦大学出版社，2023.12
（复旦政治学评论）
ISBN 978-7-309-17190-7

Ⅰ.①百… Ⅱ.①陈… Ⅲ.①政治学 Ⅳ.①D0

中国国家版本馆 CIP 数据核字(2023)第 253890 号

百年政治学与中国政治学自主知识体系的建构
陈明明　主编
责任编辑/朱　枫

复旦大学出版社有限公司出版发行
上海市国权路 579 号　邮编：200433
网址：fupnet@fudanpress.com　http://www.fudanpress.com
门市零售：86-21-65102580　团体订购：86-21-65104505
出版部电话：86-21-65642845
上海四维数字图文有限公司

开本 787 毫米×960 毫米　1/16　印张 23.75　字数 297 千字
2023 年 12 月第 1 版
2023 年 12 月第 1 版第 1 次印刷

ISBN 978-7-309-17190-7/D·1183
定价：80.00 元

如有印装质量问题，请向复旦大学出版社有限公司出版部调换。
版权所有　侵权必究